Andrew MacLavan
4/95

Les activités industrielles
en France

Géographie générale physique et humaine

Les milieux « naturels » du globe, par J. Demangeot (*5ᵉ édition*).
Les littoraux, par R. Paskoff (*2ᵉ édition*).
Les mouvements de terrain et leur prévention, par J.-C. Flageollet.
Climatologie pratique, par G. Escourrou.
Climat et environnement, par G. Escourrou.
Climat et tourisme, par J.-P. Besancenot.
Les richesses naturelles du globe, par J. Bethemont.
Introduction à la géographie humaine, par A. Bailly et H. Béguin (*5ᵉ édition*).
Les démocraties industrielles, par G. Di Méo.
La nouvelle donne énergétique, par D.W. Curran.
Industrie et espace géographique, par A. Fischer.
Les industries alimentaires dans le monde, par J. Pinard.
Géographie des textiles, par V. Prévot (*2ᵉ édition*).
Pratique de la ville, par M.-J. Bertrand.
Géographie des technopôles, par G. Benko.
Villes et Campagnes, par J.-B. Charrier.
Géographie du tourisme, par J.-P. Lozato-Giotart (*4ᵉ édition*).

Géographie de la France

Le relief de la France. Coupes et croquis, par Y. Battiau-Queney.
Climats et cours d'eau de France, par P. Pagney.
La France : 22 régions de programme, par M. Baleste, J.-C. Boyer, J. Gras, S. Montagné-Villette et C. Vareille.
L'aménagement régional en France, par M. Michel.
L'économie française, par M. Baleste (*12ᵉ édition*).
La France face à l'ouverture européenne. Thèmes transfrontaliers, par B. Dézert.
La population de la France, D. Noin (*3ᵉ édition*).
Les activités industrielles en France, par J.-P. Charrié.
L'artisanat dans l'espace français, par B. Bachelard.
Agricultures et industries agro-alimentaires en France, par P. Limouzin.
Les ruraux français, par R. Chapuis et T. Brossard.
Les villes françaises, par P. Barrère, M. Cassou-Mounat.
Géographie du Grand Paris, par J. Bastié.
Le tourisme dans l'espace français, par D. Clary.

États ou groupes d'États

▷*Europe*

Le Marché Commun, par Cl. Berthaud (*4ᵉ édition*).
Transports et structuration de l'espace dans l'Union européenne, par J.-J. Bavoux et J.-B. Charrier.
L'économie de l'Espagne, par A. Huetz de Lemps (2ᵉ édition).
Le Portugal, par F. Guichard.
L'Italie, par J.-B. Charrier.
Les États méditerranéens de la C.E.E., par O. Balabanian et coll.
Le Royaume-Uni : Économie et Régions, par C. Chaline.
Pays-Bas, Belgique, Luxembourg, par J.-C. Boyer.
L'Allemagne fédérale, par R. Lebeau.
Méditerranée et tourisme, par J.-P. Lozato-Giotart.
Tourisme et aménagements en Europe du Nord, par J.-M. Dewailly.
U.R.S.S. : Régions et Nations, par J. Radvanyi.

▷*Amérique*

Les États-Unis : une géographie régionale, par J. Bethemont et J.-M. Breuil.
Les États-Unis : une géographie thématique, par J. Bethemont et J.-M. Breuil (*2ᵉ édition*).
Les villes des États-Unis, par Ch. Lefèvre, S. Body-Gendrot, G. Dacier, J. Davezies, G. Dupuis, J.-C. Mathio.
Diversité du Canada, par J. Pelletier.
Le Mexique, par A. Musset.
L'Amérique centrale et les Antilles : une approche géographique, par A. Musset.
Le Brésil, par H. Théry (*2ᵉ édition*).

▷*Afrique*

Le développement algérien, par J. Schnetzler.
Les villes du monde arabe, par C. Chaline.
L'espace Sud Africain, par Y. Baticle.
Les villes d'Afrique tropicale, par P. Vennetier (*2ᵉ édition*).

▷*Asie*

La Chine, par J.-P. Larivière et P. Sigwalt.
Les Chinois, par J.-P. Larivière.
L'Asie du Sud-Est, par R. de Koninck.

Géographie tropicale

Les quatre mondes du Tiers Monde, par R. Chapuis.
Les espaces naturels tropicaux, par J. Demangeot.
L'eau et les sols dans les géosystèmes tropicaux, par G. Riou.
L'homme et l'eau dans le domaine tropical, par G. Neuvy.
Les villes d'Afrique tropicale, par P. Vennetier (*2ᵉ édition*).

Techniques appliquées

L'expression graphique, par A. André.
Le document géographique, par P. Barrère et M. Cassou-Mounat.
La France des 36 000 communes, Méthode et documents pour une étude locale du territoire, par P. Chatelain et X. Browaeys.
L'étude géographique des populations, par D. Noin et P.-J. Thumerelle.
Introduction aux méthodes statistiques en géographie, par le Groupe Chadule (*3ᵉ édition*).
Initiation aux pratiques informatiques en géographie : Le logiciel Infogéo, par J. Charre et P. Dumolard.
Gestion de l'environnement et études d'impact, par M. Guigo et collab.
Gestion de l'environnement et systèmes experts, par M. Guigo et collab.

Le Secrétariat de la collection est assuré par Gérard Dacier.

Dans la collection *«Géographie des États»*
Les régions françaises, par P. Estienne
Tome I, 3ᵉ édition
Tome II, 3ᵉ édition

Collection géographie

Les activités industrielles en France

par

Jean-Paul Charrié

UFR de géographie Louis Papy
Université Michel de Montaigne - Bordeaux-III

Cartographie réalisée par
Jean Menault

MASSON

Paris   Milan   Barcelone

1995

DANGER

LE
PHOTOCOPILLAGE
TUE LE LIVRE

Ce logo a pour objet d'alerter le lecteur sur la menace que représente pour l'avenir de l'écrit, tout particulièrement dans le domaine universitaire, le développement massif du « photocopillage ».

Cette pratique qui s'est généralisée, notamment dans les établissements d'enseignement, provoque une baisse brutale des achats de livres, au point que la possibilité même pour les auteurs de créer des œuvres nouvelles et de les faire éditer correctement est aujourd'hui menacée.

Nous rappelons donc que la reproduction et la vente sans autorisation, ainsi que le recel, sont passibles de poursuites. Les demandes d'autorisation de photocopier doivent être adressées à l'éditeur ou au Centre français d'exploitation du droit de copie : 3, rue Hautefeuille, 75006 Paris. Tél. : 43 26 95 35.

© *Masson, Paris, 1995*

ISBN : 2-225-84741-X

ISSN : 0338-2664

Masson S.A.   120, bd Saint-Germain, 75280 Paris Cedex 06
Masson S.p.A.   Via Statuto 2/4, 20121, Milano
Masson S.A.   Avenida Principe de Asturias 20, 08012 Barcelona

Sigles cités

AEG : Allgemeine Elektricitäts Gesselschaft

AELE : Association européenne de libre échange

AMF : Accords multifibre

ANC : American national Can

ARBED : Aciers réunis de Burbach, Eisch et Dudlange

ATT : American telephon and telegraph

BIPE : Bureau interprofessionnel de prévisions économiques

BNP : Banque nationale de Paris

BSN : Boussois-Souchon-Neveusel

CAF : Coût, assurance et fret

CDF : Charbonnage de France

CCFA : Comité des constructeurs français d'automobiles

CEA : Commissariat à l'énergie atomique

CECA : Communauté européenne du charbon et de l'acier

CEE : Communauté économique européenne

CERC : Centre d'études des revenus et des coûts

CFP : Compagnie française des pétroles

CGE : Compagnie générale d'électricité

CII : Compagnie internationale pour l'informatique

CNES : Centre national d'études spatiales

CNET : Centre national des télécommunications

CNRS : Centre national de la recherche scientifique

COFAZ : Compagnie française de l'azote

COGEMA : Compagnie générale des matières nucléaires

CSF : Compagnie générale de TSF

DATAR : Délégation à l'aménagement du territoire

DGA : Délégation générale pour l'armement

DGT : Direction générale des télécommunications

DMC : Dolfus Mieg Cie

DREE : Direction des relations économiques extérieures

DRET : Direction de recherches, études et techniques

EDF : Électricité de France

ELF : Essence et lubrifiant de France

EMC : Entreprise minière et chimique

ENA : École nationale d'administration

ESPRIT : European Strategic Program for Research and Development in Information technology

FAB : Franco de port

FDES : Fonds de développement économique et social

FEDER : Fonds européen de développement régional

GAN : Groupement des assurances nationales

GATT : Accord général sur les tarifs douaniers et le commerce

GDF : Gaz de France
GEC : General Electric Company
GIAT : Groupement industriel des armements terrestres
IAA : Industrie agro-alimentaire
IBM : International Business Machine
INSEE : Institut national de la statistique et des études économiques
ITT : International, Telephon and Telegraph
IUT : Institut universitaire et technique
LVH : Louis Vuiton-Moët-Hennessy
MFL : Machine française lourde
NAP : Nomenclature d'activités et de produits
NEC : Nippon Electric Corporation
NED : Notes et études documentaires (revue)
NPI : Nouveaux pays industriels
OCDE : Organisation de coopération et de développement économique
OPA : Offre publique d'actions
OPEP : Organisation des pays exportateurs de pétrole
PC : Personal Computer
PE : Problèmes économiques (revue)
PIB : Produit intérieur brut
PME : Petite et moyenne entreprise
PMI : Petite et moyenne industrie
PSA : Peugeot société anonyme
PUF : Presse universitaire de France
PVD : Pays en voie de développement
R et D : Recherche et développement
RFA : République fédérale allemande
RTC : Radiotechnique
RVI : Renault véhicules industriels
SACILOR : Société des aciéries lorraines

SAGEM : Société d'applications générales d'électricité et de mécanique
SEP : Société européenne de propulsion
SESSI : Service des statistiques industrielles
SFENA : Société française d'équipements pour la navigation
SFIM : Société d'instruments et de mesures
SMIC : Salaire minimum interprofessionnel de croissance
SNCF : Société nationale de chemin de fer
SNECMA : Société nationale d'études et de construction d'avions à moteur
SNIAS : Société nationale industrielle aérospatiale
SNPE : Société nationale des poudres et explosifs
SOLLAC : Société lorraine de laminage continu
SOLMER : Société lorraine et méridionale de laminage continu
SSII : Société de services et d'ingénieries informatiques
TGV : Train à grande vitesse
TCE : Thomson Consumer Electronics
TPL : Tonnes de port en lourd
TPP : Trafic de perfectionnement passif
TVA : Taxe à la valeur ajoutée
TVHD : Télévision haute définition
UAP : Union des assurances de Paris
USINOR : Union sidérurgique du nord (de la France)
VEV : Vitos (Établissements Vitoux)
VW : Volkswagen-Audi
ZIRST : Zone pour l'innovation et les réalisations scientifiques et techniques

Table des matières

**Deuxième partie :
Les activités industrielles face à la globalisation des marchés
Analyses de cas**

Introduction générale

Parmi les pays appartenant à l'OCDE (Organisation de coopération et de développement économique), la France demeure une puissance industrielle malgré sa perte de compétitivité. La part de l'industrie manufacturière dans le produit intérieur brut (PIB) est de 21 %, comparable à celle de l'Italie et du Royaume-Uni, devancée nettement par la seule Allemagne et le Japon. Par ses parts de marchés en produits manufacturés, elle se hisse également à la quatrième place au sein des pays de l'OCDE avec 10,5 % de la production mondiale, derrière les États-Unis, le Japon et l'Allemagne, mais devant le Royaume-Uni et l'Italie.

Cependant, la place de l'industrie dans l'économie française et dans le monde est en recul. Au milieu des années 1950, l'industrie manufacturière employait 25 % de la population active. Cette proportion demeure stable jusqu'au milieu des années 1970 avant de tomber à 22 % en 1980 et à moins de 18 % en 1990. La même évolution se dégage quand on observe la place de l'industrie manufacturière dans la valeur ajoutée (au prix de 1980) : d'un peu plus de 20 % en 1973, on tombe à 17 % au début de 1990. Parallèlement on assiste à une tertiairisation de l'économie puisque le secteur du commerce et des services progresse tant en emploi qu'en valeur ajoutée.

On peut faire plusieurs lectures de ces mauvais indicateurs car ils traduisent à la fois les difficultés de l'industrie française, face à des marchés qui se mondialisent, et les mutations extraordinaires que connaît le secteur secondaire dans ces dernières années du XXᵉ siècle.

Les vingt dernières années s'accompagnent d'un fort ralentissement de l'activité industrielle en France et dans l'ensemble des pays industrialisés. Si le point de départ est le choc pétrolier de 1973, la durée de cette crise impose de trouver d'autres causes. La faiblesse de la demande est la raison majeure de cette récession : demande interne comme le montre la chute de la consommation des ménages en France, mais également perte de parts de marché dans le monde. Traditionnellement excédentaire, la balance commerciale des produits industriels plonge, à partir du début des années 1980. Cela tient à la montée des importations de produits meilleur marché venant de pays tiers, nos partenaires européens, des pays de l'OCDE et de plus en plus d'Asie, mais aussi à la perte de compétitivité des produits français sur les marchés extérieurs.

L'ensemble de la production manufacturière ne s'est accrue que de 0,7 % durant les années 1980, alors que la progression de la demande s'est maintenue en moyenne à 1,5 %. La différence a été comblée par des importations. L'arrêt de la croissance intérieure, le recul des exportations ont eu évidemment des effets immédiats sur l'emploi, effets qui se sont aggravés par l'augmentation de la productivité des entreprises et leur crainte de créer des emplois dans un environnement général peu favorable.

Si ces évolutions sont incontestables, faut-il cependant parler de désindustrialisation ou penser qu'il s'agit d'une véritable transformation des activités industrielles et par conséquent d'une évolution de notre perception de la société industrielle. Avec le recul qu'apporte une vingtaine d'années, on peut constater aujourd'hui que c'est la deuxième approche qui s'impose. En effet, nous sommes certainement passés d'une société marquée par les industries lourdes du XIXᵉ siècle à celle où l'immatériel et les services prennent une place considérable. La période des «Trente Glorieuses» est encore largement fondée sur l'industrie lourde, celle de l'acier puis de la chimie, au fur et à mesure que le pétrole est utilisé au rythme des découvertes de nouveaux gisements au cours des années 1950-1960. Mais déjà l'informatique et la robotique se manifestent dans les usines. L'investissement immatériel progresse et de nombreuses entreprises n'assurent plus que des tâches de création, laissant à des sous-traitants le soin de produire à meilleur coût, en jouant de leur spécialisation et d'une main-d'œuvre bon marché pour ceux qui sont implantés dans les pays en voie de développement. Dans cette optique, il paraît normal de considérer que l'industrie connaît la même évolution que l'agriculture, au cours du XXᵉ siècle, au moins en terme d'emplois, tant s'amplifie la diminution de la population active.

L'investissement reste fondamental dans l'activité industrielle. L'investissement matériel demeure le plus important, en raison du coût des acquisitions de moyens de production et de leur rapide renouvellement, en fonction du raccourcissement important de la durée de vie des biens de production. En effet, près de 80 % des investissements en matériels portent sur des matériels productifs : machines, outillage et, de plus en plus, électronique. Le reste correspond à des dépenses en bâtiment et matériel de transport.

Or dans ce domaine, la France a accumulé de terribles retards qui pèsent aujourd'hui sur sa compétitivité. Alors que l'investissement croissait au rythme de 6 % avant 1974, il tombe à moins de 3 %, sauf pour l'électronique, essentiellement en raison de la modicité des marges bénéficiaires. Il faut attendre 1984 pour constater une reprise des investissements matériels en même temps que redémarre timidement la demande française et internationale. L'amélioration des profits a permis aux entreprises d'investir de nouveau, mais le retard d'investissement de l'industrie française reste considérable par rapport à nos principaux partenaires de l'OCDE. Le vieillissement du capital n'est pas stoppé et cela pèse sur la compétitivité des firmes sur le marché international et national.

L'investissement immatériel se réalise de plus en plus sous la forme de capital intellectuel, par opposition au capital physique qui marque la période antérieure. Par investissement immatériel, on désigne des dépenses qui permettent d'améliorer les capacités de production de l'entreprise et qui ont une valeur patrimoniale pouvant être cédée sur le marché et amortissable sur une production future. Sa part par rapport à l'investissement matériel qui était de 20 %, au milieu des années 1970, est passée à 40 % en 1990. Son essor reste lié à celui des investissements matériels car les dépenses en recherche et développement (R et D) entraînent le renouvellement des équipements ou provoquent une accélération de la formation des personnels.

Ainsi l'industrie consacre de plus en plus de place à la recherche. Les sommes engagées n'ont cessé de croître même pendant la récession puisque les firmes ont pensé trouver, dans l'innovation, un palliatif devant la baisse de la demande. En 1990, elles se montent à près de 100 milliards de Francs dont 20 % sont pris en charge par l'État. Toutefois, ces dépenses en R et D sont le fait d'un tout petit nombre d'entreprises, le plus souvent les plus importantes et celles qui appartiennent au domaine des hautes technologies. En fait, une grande partie des firmes utilisent des recherches faites par d'autres et, en particulier, bénéficient de transferts en provenance de laboratoires universitaires, ou de travaux menés dans le groupe dont elles sont une filiale. Ceci permet de comprendre que plus de la moitié des entreprises ont mis sur le marché des produits nouveaux, mais 45 % seulement ont mis en œuvre des technologies vraiment nouvelles. Aujourd'hui, une entreprise sur quatre fait plus de 10 % de son chiffre d'affaires sur un produit qui a moins de cinq ans d'existence.

Ces nouvelles tendances donnent une idée des changements intervenus dans l'industrie française et des efforts qu'il reste à accomplir pour se hisser au niveau de l'Allemagne, du Japon et des États-Unis. Cependant, l'industrie ne forme pas un tout homogène. Elle comporte des secteurs d'activités qui réagissent différemment, devant les contraintes et la concurrence. Ainsi, toutes les activités industrielles ne manifestent pas la même résistance face à la concurrence internationale. Les contre-performances affectent principalement les biens d'équipement et, secondairement, les biens de consommation. A titre d'exemple, la demande intérieure en bureautique a progressé de plus de 10 %, mais la production française n'a augmenté que de 7 % et ce secteur pèse moins dans les exportations mondiales aujourd'hui qu'en 1980. On pourrait ainsi multiplier d'autres exemples de ces comportements différents. Si 60 % des entreprises sont considérées comme innovantes dans les industries manufacturières, cette part grimpe à 75 % dans l'électronique et dans l'automobile et tombe à moins de 40 % dans les industries du textile et de l'habillement.

L'objet de cet ouvrage est de montrer la variété des situations, des adaptations, des interactions, à travers l'analyse des activités industrielles. Mais, auparavant, il convient de définir les activités industrielles qui feront l'objet de cette étude. Nous ne nous étendrons pas sur la difficulté de déterminer si les entreprises appartiennent à l'industrie ou pas. La dématérialisation de l'économie rend cette distinction de plus en plus délicate. Mais ce n'est pas l'objectif de cet ouvrage et nous nous en tiendrons à la nomenclature d'activités et de produits (NAP) proposés par l'INSEE.

Trois concepts permettent d'appréhender le mot industrie : le produit, le secteur, la branche. Le *produit* est le fondement du classement, mais une entreprise peut fabriquer plusieurs produits. Son classement dans un secteur sera alors fondé sur son activité principale. Il est toutefois possible, notamment dans le domaine de l'emploi, de fractionner la production en autant de branches qu'il y a de produits différents. A ce titre, le *secteur* regroupe l'ensemble des entreprises qui ont la même activité principale, alors que la *branche* regroupe l'ensemble des fractions d'entreprises ou d'établissements qui ont la même activité[1].

La NAP répartit l'ensemble des activités économiques en 99 branches dont une partie seulement, de 4 à 55, concerne l'industrie. L'habitude est prise de

---

1. Dans le texte les termes de secteurs et de branches sont utilisés sans faire référence à cette distinction, sauf mention expresse. D'autre part, la source principale est fournie par le Service des statistiques industrielles (SESSI) dont les données sont tirées d'enquêtes portant sur les entreprises de plus de 20 salariés. Ces mêmes données ont servi à établir les cartes. Seules les très grandes entreprises sont mentionnées en Ile-de-France ainsi que dans les régions les plus industrielles.

procéder à des regroupements par famille d'activités. On distingue donc les *industries agro-alimentaires* (IAA), les *industries de biens intermédiaires,* où l'on place en particulier les industries lourdes, le secteur de l'énergie, les *industries de biens d'équipement* qui comptent l'automobile, les biens d'équipement professionnel et les biens d'équipement ménager. Restent *les biens de consommation courante* qui concernent essentiellement le textile, la parachimie et la pharmacie, le travail du bois et l'ameublement. Les *industries du bâtiment et des travaux publics* forment une catégorie à elles seules.

Dans les différentes publications internationales, on s'appuie sur la notion *d'industries manufacturières* qui correspond à l'ensemble des activités industrielles à l'exclusion des activités minières, de la production d'énergie, du bâtiment et des travaux publics. De plus, en France, les industries agro-alimentaires ne dépendent pas du ministère de l'industrie, mais de celui de l'agriculture. Ces dernières ayant été par ailleurs étudiées dans un ouvrage publié par le même éditeur, nous avons retenu, pour notre travail, les seules industries manufacturières, en excluant les IAA.

D'autres formes de regroupement des activités industrielles ont été avancées. On évoque les *industries lourdes* ou les industries de base pour caractériser, par exemple, les industries sidérurgiques et les industries chimiques qui alimentent les autres secteurs en produits semi-finis indispensables. L'irruption des industries électroniques, l'importance de la recherche et du développement (R et D), la part de personnel hautement qualifié, la place prise par de nouveaux matériaux, conduisent à parler, dans certains cas, *d'industries de pointe* ou, de manière plus appropriée, *d'industries de haute technologie.*

Plus récemment, afin de tenir compte des synergies qui se tissent entre certaines activités industrielles, est apparu le concept de *filière*. En insistant sur les complémentarités et les flux, on met en valeur des interactions et on tente de mettre en œuvre des politiques industrielles qui jouent de ces relations. La filière peut se constituer autour d'une matière comme le nucléaire, être fondée plutôt sur le produit comme celle de l'automobile, ou encore sur le marché comme dans le cas des industries de l'habillement. On peut «remonter la filière» quand l'entreprise améliore ses positions en amont, ou au contraire «conquérir les têtes de filière» en se rapprochant du marché.

Dans le cadre de cet ouvrage, il était impossible de traiter toutes les activités industrielles. D'autre part, nous avons souhaité éviter la seule analyse par activités alors que les interdépendances sont de plus en plus manifestes. Pour y parvenir, ce travail est scindé en deux grandes parties. La première tente de montrer que l'industrie française est de plus en plus concernée par la globalisation des marchés et par l'intégration, toujours plus grande, au sein de l'Union européenne. Ce n'est qu'ensuite, dans la seconde partie, qu'apparaît l'étude de quelques activités industrielles représentatives des évolutions récentes, de la sensibilité à la globalisation économique et des enjeux futurs.

Références bibliographiques

BALESTE M., *L'Économie française*, Masson, Paris, 1992, 12ᵉ édition, 326 pages.

BATTIAU M., *Aide-mémoire sur les industries françaises,* CCDP de Lille.

FOUQUIN M., (sous la direction de), *Industrie mondiale : la compétitivité à tout prix*, Economica, 1986.

FROMENT R., LERAT S., *La France*, Bréal, Paris, 1993, trois volumes.

HOLCBLAT N. et HUSSON M., *L'Industrie française*, La Découverte, Paris, 1990, 126 pages.

L'Innovation technologique, SESSI, ministère de l'Industrie et du Commerce, 1993-1994, 405 pages.

LAFAY G. et HERZOG C., *Commerce international : la fin des avantages acquis*, Economica, Paris, 1989.

Le système productif français : structures, mutations, stratégies, *Problèmes économiques,* n° 2368-2369, mars 1993, 80 pages.

Les chiffres clés de l'Industrie, SESSI, ministère de l'Industrie et du Commerce, 1992-1993, 221 pages.

LEVET J.-L., *Une France sans usines*, Economica, Paris, 1988.

LIMOUZIN P., *Agricultures et industries agro-alimentaires françaises*, Masson, Paris, 1992, 208 pages.

Stratégies industrielles mondiales, *Cahiers Français*, n° 243, décembre 1989, 68 pages.

TEILLAC J., *L'Économie française souffre-t-elle d'une insuffisance de la recherche ?*, Rapport au Conseil économique et social, avril 1989.

1

Les activités industrielles dans leur environnement économique

L'industrie française a bénéficié du soutien constant de l'État depuis la Libération. Les différents plans quinquennaux ont consacré la prééminence du secteur industriel dans l'économie française ce qui a permis de passer, en un temps relativement court, d'une société agricole à une société industrielle où la consommation tient une grande place. Ces choix ont pu être en grande partie réalisés, car les trente années qui ont suivi la Seconde Guerre mondiale ont été marquées par une forte croissance économique dans l'ensemble des pays industrialisés, tout en étant facilités par un début de libéralisation des échanges.

Ce contexte a été profondément transformé depuis le début des années 1970. La crise pétrolière qui apparaissait comme un accident de parcours, marque en fait une profonde rupture dans la croissance et la nature de la production industrielle. La reprise se fait durablement attendre et quelques années de relance ne masquent pas une évolution désormais chaotique.

Plus déterminants encore ont été les changements intervenus dans l'environnement international. Entrée en 1957 dans la CEE, après l'épisode réussi de la CECA (Communauté européenne du charbon et de l'acier), l'industrie française doit se déterminer par rapport à ses principaux partenaires européens. Cela se traduit par des regroupements d'entreprises afin de disposer de firmes capables de rivaliser avec celles des autres pays industrialisés. Aujourd'hui, alors que la globalisation de l'économie est de plus en plus forte, l'industrie française doit se réorganiser en coopérant plus avec les autres entreprises européennes et non plus seulement contre elles.

Ce sont ces changements fondamentaux qui constituent le fil conducteur des quatre chapitres qui suivent. De quelle manière les entreprises s'adaptent-elles à cette nouvelle donne? Quel peut être le rôle de l'État dans ce nouvel environnement marqué par une libéralisation accrue et les progrès spectaculaires de la déréglementation dans un pays influencé par plusieurs siècles de centralisme? Quelles sont les activités les plus aptes à résister à la concurrence des pays tiers et quelle peut-être la place de l'industrie française dans l'Union européenne?

1. Stratégie des entreprises et activités industrielles

La puissance et le dynamisme de l'industrie française repose en grande partie sur la capacité des entreprises à innover en matière de produits, à s'insérer sur les marchés internationaux, à résister face à une concurrence de plus en plus pénétrante. L'analyse de la structure du tissu industriel est donc fondamentale, non seulement pour apprécier le poids des groupes capables de s'imposer dans une compétition de plus en plus internationale, mais également pour évaluer les interactions entre ces grands groupes et la multitude de petites et moyennes industries qui dominent dans l'industrie française.

La stratégie industrielle des entreprises est influencée par la nature des activités. Certains secteurs se révèlent aujourd'hui plus porteurs de dynamisme que d'autres ce qui incite les firmes à diversifier leurs activités ou tout au moins à opérer des glissements vers des «créneaux» plus valorisants et susceptibles d'assurer une progression technologique et des résultats financiers acceptables. De même, certains secteurs se prêtent plus que d'autres à la formation de groupes de taille internationale alors que certains restent dominés par de petites et moyennes entreprises. L'industrie française étant de plus en plus internationalisée, seuls les groupes suffisamment puissants ont les moyens d'investir à l'étranger ou de résister à la concurrence des sociétés étrangères.

Or les entreprises françaises n'occupent pas les premières places dans la hiérarchie mondiale. L'ouverture de notre économie s'est accélérée au moment de l'entrée dans la Communauté économique européenne, puis s'est poursuivie en raison de nos échanges croisés de plus en plus intenses avec toutes les parties du monde, ce qui a obligé les entreprises françaises à regrouper leurs forces. Elles ont été aidées en cela par l'État, soucieux de disposer de «champions nationaux» pour conserver une certaine souveraineté. Mais les firmes ont de plus en plus une stratégie et des logiques de développement guidées par l'internationalisation et la pénétration des sociétés étrangères continue de progresser.

1. Taille des entreprises et nature des activités industrielles

Les différents classements d'entreprises publiés par les revues spécialisées font apparaître que le rang est souvent fonction de la nature des activités pratiquées et du degré de concentration que l'on observe suivant les branches. Au cours des dix dernières années les constructeurs d'automobiles, les firmes de la pétroléochimie, quelques-unes dans l'électronique et plus récemment des sociétés œuvrant dans le bâtiment occupent régulièrement les premières places.

TABLEAU 1. — *Classement des 10 premières entreprises industrielles en france en 1991*

Rang	Nom	Secteur	Chiffre d'affaires en milliards de francs	Effectif	% du C.A. à l'étranger
1	Elf	Pétrole, Chimie	200,60	86 930	63 %
2	Renault	Automobile	166,00	147 815	43 %
3	PSA	Automobile	160,10	156 800	56 %
4	Alcatel-Alsthom	Biens d'équipement	160,00	213 100	68 %
5	Total	Pétrole, chimie	143,00	46 000	67 %
6	Générale des Eaux	Eaux, BTP, services	135,00	198 550	27 %
7	Usinor-Sacilor	Sidérurgie	97,20	97 845	66 %
8	Lyonnaise-Dumez	Eaux, BTP, services	87,50	120 000	
9	Rhône-Poulenc	Chimie, santé	84,00	89 051	77 %
10	Saint-Gobain	Matériaux, emballage	75,00	104 653	72 %
11	Péchiney	Métaux	74,50	70 749	61 %
12	Thomson	Électronique	71,30	105 200	69 %
13	Michelin	Pneumatique	67,60	135 610	80 %
14	BSN	Alimentation	66,00	59 158	48 %
15	Bouygues	Bâtiment, TP	64,30	82 200	30 %
17	Schneider	Électroméca-nique	59,00	101 000	50 %

Source : *L'Expansion*, 16 décembre 1992.

Cette formation de grands groupes en relation avec quelques branches de l'industrie témoigne que la stratégie des entreprises doit s'adapter à la nature des activités industrielles, à leur plus forte intégration dans des marchés mondiaux. A priori simple, — renforcer leur présence sur les marchés et améliorer leur rentabilité ainsi que les profits dégagés —, la politique des entreprises se heurte en réalité à des situations complexes. Cette stratégie s'organise en effet autour de trois questions fondamentales : quel ensemble d'activités sélectionner, quelle forme de développement adopter et quels marchés conquérir?

A. Spécialisation ou diversification?

En ce qui concerne la première interrogation, qui porte sur l'adoption des activités, l'entreprise a le choix entre la spécialisation et la diversification. Dans le premier cas, la firme reste dans sa branche d'origine afin de renforcer les avantages qu'elle détient sur ses concurrents. Si au contraire elle souhaite s'orienter vers des secteurs plus dynamiques, elle doit opter pour la diversification en prenant en compte la plus ou moins grande cohérence industrielle de l'ensemble de ses activités. Ces choix sont d'autant plus complexes que les entreprises sont placées depuis plusieurs années dans une conjoncture économique difficile où les phases de récession se succèdent rapidement. En outre, elles sont confrontées à des produits dont la durée de vie est de plus en plus courte, quelques années à peine dans l'informatique, moins de dix ans pour les biens tirés de la chimie. Ainsi, tel secteur qui pouvait se révéler porteur, apparaît rapidement en difficulté. Après une phase de diversification qui correspond à la grande crise des années 1970, la période récente se caractérise-t-elle par un recentrage sur des « activités de métier », quitte à retenir les « créneaux » les plus porteurs?

Pendant la crise pétrolière de la fin des années 1970, les firmes ont été tentées par une diversification, sur le modèle des conglomérats américains, en prenant pied dans des secteurs industriels dynamiques, tel l'électronique, même si ce domaine était très éloigné de leur savoir-faire de départ. Saint-Gobain-Pont-à-Mousson constitue un bon exemple de cette volonté de diversification pour faire face à la crise alors même que le groupe, né du rapprochement de Saint-Gobain et de Pont-à-Mousson, sous l'égide de la Banque de Suez, exerce déjà trop de métiers. En vendant les Maisons Phénix, l'entreprise se dotait d'un trésor de guerre permettant de trouver un « cheval de course alors que les quatre-cinquièmes des activités sont des chevaux de labours ». C'est dans ce contexte que Saint-Gobain-Pont-à-Mousson envisageait de prendre pied dans l'électronique en prenant une participation dans le capital de CII-Honeywell-Bull avant de choisir, en dernier ressort, Olivetti. D'une autre manière, Renault a développé ses activités dans la robotique en cherchant à satisfaire ses propres besoins.

En raison du renforcement de la concurrence, de la moindre pérennité des produits, les entreprises ont progressivement abandonné cette idée de diversification au profit d'un recentrage sur les métiers de base assurant une position dominante sur le marché. Cela ne signifie pas que les firmes n'évoluent plus. Bien au contraire, puisqu'elles se placent sur des « créneaux porteurs » d'un point de vue technologique, mais en restant dans leur compétence. Ou bien elles élargissent leur savoir-faire, ce qui conduit parfois à abandonner leur secteur d'origine. Ainsi, les sociétés pétrolières ont progressivement conquis le domaine de la chimie, étendant leur champ vers la pharmacie et les produits de beauté. C'est ce que réalise par exemple Elf-Aquitaine à travers sa filiale Sanofi qui vient de prendre le contrôle de Yves Saint-Laurent dernièrement.

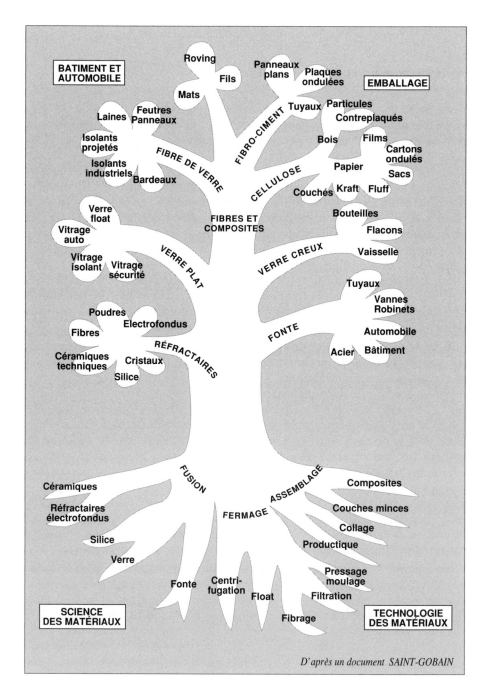

FIG. 1. — *Le « bonsaï » des matériaux Saint-Gobain-Pont-à-Mousson.*

Comme Saint-Gobain-Pont-à-Mousson, Rhône-Poulenc est le résultat d'un regroupement d'affaires, issues de Péchiney et de Saint-Gobain, ayant comme point commun la chimie. En 1969, par la volonté de l'État, se constitue ce groupe de taille européenne dont la fragilité se manifeste assez vite dès que la crise pétrolière devient sensible. Le groupe comprenait à la fin des années 1970 huit divisions opérationnelles au sein desquelles la pétrochimie et le textile représentaient près de 50 % du chiffre d'affaires. Or la branche textile est malade, responsable de plus de la moitié des pertes du groupe. Aussi, la firme s'est progressivement dégagée du textile, a cédé ses activités pétrochimiques à Elf-Aquitaine en 1980 et ses engrais à CDF-Chimie en 1983 pour se concentrer sur des créneaux plus dynamiques comme l'agrochimie et la chimie fine.

Thomson SA opère actuellement le même recentrage en cédant, en quelques mois de l'année 1992, sa production de semi-conducteurs (SGS-Thomson), plus récemment encore sa division électroménager (Thomson Électroménager), après avoir pensé se délester aussi de sa branche électronique grand public, (Thomson consumer electronic) pour ne garder que la division armement et aéronautique civile (Thomson-CSF). Thomson SA est placé dans la même situation que Philips, présent dans un trop grand nombre de secteurs pour être le meilleur partout et faire face à la concurrence. Ainsi Thomson SA se recentre à l'intérieur même de ses métiers et, comme le note un syndicaliste, « de recentrage en recentrage le groupe ne conserve plus aujourd'hui que deux des vingt-deux métiers que son président avait trouvés en 1981 ». Les exemples précédents montrent comment des groupes abandonnent des activités pour mieux se concentrer sur un nombre restreint d'entre elles.

Mais d'autres firmes choisissent une autre voie en souhaitant contrôler l'ensemble du secteur dans plusieurs domaines industriels à la fois. C'est particulièrement vrai dans la haute technologie où la stratégie est qualifiée de « grappes » ou de « bonsaï » japonais. Dans ce cadre, à partir de compétences technologiques de base considérées comme les « racines », on développe autour du tronc des « branches » et des « feuillages » qui sont autant de produits à la technologie plus complexe. C'est la politique de Saint-Gobain-Pont-à-Mousson qui a enrichi ses métiers traditionnels, le verre et la chimie, par des percées technologiques qui lui permettent d'être présent dans la filière automobile (vitrage de sécurité, isolant) aussi bien que dans l'emballage et la distribution de l'eau (fig. 1). Cette même logique vient de conduire Saint-Gobain à se séparer de la totalité de sa branche papetière, qui offrait peu de synergie avec les autres métiers du groupe, dont les usines étaient majoritairement implantées dans le Sud-Ouest.

B. Une concentration très variable suivant les branches industrielles

De telles stratégies exigent d'importants moyens financiers car les entreprises doivent avoir les moyens de réaliser de très gros investissements afin d'accomplir ces recentrages et parvenir à dominer un marché. Seules les grandes entreprises ont les moyens de ces politiques. Or toutes les branches industrielles n'ont pas atteint le même degré de concentration.

Certaines branches industrielles se caractérisent par une très forte concentration. Dans un quart des branches d'activités, les quatre premières entreprises réalisent au moins la moitié des ventes. Ce pourcentage est particulièrement élevé dans le cas de la fabrication de fils artificiels et synthétiques, dans la sidérurgie, la construction aéronautique et la production de matériel informatique. En revanche, la concentration est particulièrement faible dans 20 % des branches où les entreprises font moins de 10 % des ventes. Le tableau 2 en donne quelques exemples.

TABLEAU 2. — *Différences de concentration par branches en 1990*

NAP 100	Activités	Nombre de fractions d'entreprises	Part des 4 premières entreprises dans les ventes
43	Fils et fibres artificiels et synthétiques	19	88 %
12	Extraction métaux non ferreux	10	85 %
10	Sidérurgie	91	72 %
27	Machines de bureau et traitement information	278	70 %
33	Construction aéronautique	255	68 %
292	Fabrication de matériel électronique ménager	92	61 %
311	Automobiles, cycles et motocycles	1 419	61 %
291	Fabrication matériel électronique professionnel	2 059	32 %
15	Matériaux de construction, céramique	2 996	14 %
24	Production d'équipement industriel	4 545	9 %
50	Imprimerie, presse, édition	4 161	7 %
53	Transformation de matières plastiques	2 660	7 %
21	Travail des métaux	8 039	4 %
47	Industrie de l'habillement	3 431	4 %

Source : Enquête annuelle d'entreprise de 1990, SESSI.

Ces différences, importantes suivant les branches, tiennent à quelques facteurs déterminants. Le fait de fabriquer en grande série permet de changer les modes d'organisation et de production dans les établissements. C'est ce qui s'est passé dans l'industrie automobile avec l'introduction du travail à la chaîne dès que le marché a été suffisamment étoffé. La diminution des coûts de production, largement expliqué par des économies d'échelle, portant sur les quantités de produits comme sur le nombre d'équipes au travail, explique que les constructeurs automobiles ont dû suivre ce mouvement ou disparaître. La sidérurgie, les constructions aéronautiques, le matériel d'informatique ont connu les mêmes évolutions.

Des facteurs financiers jouent un rôle non moins important. Les groupes ou les plus grandes entreprises ont plus de facilité pour se procurer les ressources financières nécessaires à leur croissance. Or ces besoins financiers sont considérables, qu'il s'agisse du poids des dépenses de recherches et de développement qui permettent d'améliorer les produits ou les conditions de leur production, qu'il soit question des dépenses de publicité et de commercialisation pour tous les biens de large consommation.

L'accroissement de la taille d'une entreprise est donc un préalable à toute maîtrise de son environnement. Pour disposer d'une plus grande liberté de fixer les prix, l'entreprise est tentée par un mode de concentration horizontale, ce qui lui permet de s'assurer une part de marché plus importante pour un produit donné. En revanche, si l'entreprise souhaite réduire la part d'incertitude qui la menace, elle joue la carte de la concentration verticale en étant présente de l'amont à l'aval des processus, c'est-à-dire en prenant le contrôle de sociétés de distribution et en disposant parfois de magasins pour écouler ses produits.

Enfin la plus ou moins forte internationalisation de la production et des marchés peut pousser à la constitution de groupes extrêmement puissants quand la concurrence est forte, alors que les petites et moyennes entreprises industrielles se maintiennent dans des secteurs relativement protégés.

C. Groupes et PME

Évoquer la concentration des entreprises, mettre en exergue quelques grands groupes qui caracolent en tête des classements ne doit pas laisser croire que l'industrie française est dans les mains d'une poignée d'entreprises. La France, comme du reste l'Union européenne, est marquée par le phénomène des petites et moyennes entreprises industrielles.

Depuis la crise économique, en France, la tendance à l'accroissement de taille des entreprises s'est inversée et les PMI occupent désormais une place majeure dans l'emploi industriel avec 54 % en 1990 contre 41 % en 1974. Les PMI ont ainsi montré leur capacité d'adaptation et leur aptitude à répondre plus rapidement à la reprise de la fin des années 1980. Mais les grandes entreprises conservent leur prépondérance si on considère la valeur des ventes (55 %) et, plus encore, les investissements (63 %) et le montant des exportations (73 %). Malgré leurs difficultés, les grands groupes continuent de jouer un rôle déterminant dans l'industrie. Mais qu'est-ce qu'un groupe ?

Il s'agit de l'ensemble des sociétés dépendant d'un même centre de décision, appelé tête de groupe, reliées financièrement entre elles par des relations de

TABLEAU 3. — *Répartition des entreprises par taille en 1974 et 1990 (en %)*

Taille	1974			1990		
	Nombre	Effectif	Ventes	Nombre	Effectif	Ventes
10-19	27,1	2,7	2,1	34,7	3,5	3,7
20-49	35,7	8,2	6,5	36,8	13,1	9,0
50-99	15,2	7,7	6,5	12,9	10,1	7,6
100-199	9,0	9,0	7,4	6,5	10,0	8,2
200-499	6,4	14,0	12,6	4,3	14,5	13,7
500 et +	4,2	57,6	61,6	2,4	45,8	55,9
Non classées	2,3	0,8	3,2	2,3	0,8	2,2

Source : Enquête annuelle d'entreprises, SESSI, 1990.

détention. Une entreprise tête de groupe contrôle au moins une autre entreprise. Elle peut être privée, publique ou étrangère. La France de cette dernière décennie en compte moins de 2 000.

TABLEAU 4. — *Les groupes et les entreprises sous leur contrôle en France en 1987*

	Groupes			Entreprises	Salariés (1 000)
	Français	Étrangers	Total	Total	Total
0 à 499 salariés	726	166	892	3 361	161
500 à 1 999 salariés	451	227	678	3 560	682
2 000 à 9 999 salariés	166	62	228	3 419	971
10 000 et plus	68	10	78	5 512	2 727
Ensemble	1 411	465	1 876	15 852	4 541

Source : Enquête liaisons financières, 1987/Suse-INSEE.

Ainsi un peu moins de 2 000 groupes, au sens défini plus haut, contrôlent 15 900 entreprises et donnent du travail à plus de 4,5 millions de salariés soit 40 % de l'économie marchande. Certes ces données portent sur l'ensemble des activités, y compris le tertiaire, mais c'est dans l'industrie que ceux-ci sont les plus présents. Car, comme on pouvait s'en douter, plus l'entreprise est de petite taille, moins les liens avec les groupes sont grands. Ainsi, 4 % seulement des entreprises de 20 à 49 salariés dépendent d'eux. En revanche, ce pourcentage grimpe avec la taille pour atteindre 91 % dans le cas des entreprises qui emploient de 1 000 à 1 999 salariés. Deux groupes sur trois ne contrôlent qu'une seule entreprise et seulement 6 % en coiffent plus de cinq. Le plus souvent ce sont des filiales de la tête de groupe.

TABLEAU 5. — *Exemple d'un groupe et de ses filiales : Alcatel-Alsthom*

	Filiales	*Activité principale*	*Chiffre d'affaires en milliards de francs*	*Effectif*
Alcatel-Alsthom		Biens d'équipement	160	213 100
	Alcatel-Câbles	Câbles électriques	27	22 604
	CEGELEC	Ingénierie électrique	16	27 000
	Alcatel-CIT	Télécommuni-cation	11	12 200
	Alcatel-System	Téléphone	10	13 800

Source : L'Expansion, n° Spécial, 16 décembre 1992.

Les principales filiales du groupe Alcatel-Alsthom montrent bien que la constitution de ce dernier est le résultat du rapprochement de la Compagnie générale électrique et d'Alcatel, plutôt spécialisé dans les télécommunications. Certaines de ses filiales principales ont elles-mêmes des filiales, comme Alcatel-câbles. La plupart des grands groupes de ce type se retrouvent dans les branches industrielles qui ont connu de profondes concentrations au cours des dernières années. Dans le haut du tableau on relève un seul groupe dans la sidérurgie (Usinor-Sacilor), dans l'électronique (Thomson) ou dans les pneumatiques (Michelin), deux dans l'automobile (Renault et PSA), dans la pétrochimie (Elf-Aquitaine et Total), dans l'emballage (Péchiney et Saint-Gobain-Pont-à-Mousson), et, plus nouveau, deux dans les services avec une orientation marquée dans la distribution de l'eau et le bâtiment-TP (Générale des Eaux et Lyonnaise-Dumez).

Bien des PMI sont plus liées qu'on ne le croit à ces grands groupes quand elles jouent le rôle de sous-traitant et qu'elles dépendent d'un seul donneur d'ordre. Combien d'affaires sont tenues de respecter un tel cahier des charges qu'on peut admettre qu'elles sont presque devenues des filiales de groupes ? C'est souvent le cas parmi les équipementiers de l'automobile.

Près de la moitié de la sous-traitance industrielle est liée à la production de biens d'équipement professionnels surtout dans l'industrie aéronautique (21 %)

et les fabricants de matériel électrique et électronique (13 %). La sous-traitance est plus modeste dans le domaine des biens de consommation courante car les grands groupes y sont plus rares.

TABLEAU 6. — *La sous-traitance industrielle suivant les secteurs d'activités en 1990*

	Nombre de donneurs d'ordre	*Sous-traitance industrielle en %*	*Sous-traitance industrielle*
			Production (en %)
Biens intermédiaires	1 232	23,0	4,4
Biens d'équipement professionnel	1 098	46,0	10,6
dont construction aéronautique	76	21,6	26,0
Biens d'équipement ménager	42	0,3	1,0
Automobile, cycle, matériel ferroviaire	227	7,2	2,4
Biens de consommation courante	1 522	23,6	6,9
dont textile habillement cuir et chaussures	798 102	11,0 1,4	13,1 9,6

Source : Enquête annuelle d'entreprises industrielles, SESSI, 1990.

Pour cette raison aussi, les PMI ont un poids plus grand dans les biens de consommation en réalisant plus de la moitié du chiffre d'affaires, des investissements et 60 % de la valeur ajoutée de ce secteur. Ceci traduit bien l'absence de firmes de grande taille qui occupent en général à elles seules une part considérable du marché. Le rôle des petites et moyennes entreprises est ainsi déterminant dans quelques secteurs industriels où elles font plus de 60 % du chiffre d'affaires. C'est le cas de la tannerie, du travail mécanique du bois, de l'industrie de l'ameublement, de la transformation des matières plastiques, du tissage et d'industries textiles diverses. Mais on peut les rencontrer également dans les biens intermédiaires, notamment le travail des métaux et la fabrication de machines-outils.

2. L'internationalisation des entreprises dépend aussi de la nature des activités

Quel que soit le dynamisme des secteurs industriels, les entreprises ne peuvent se contenter de construire leur développement sur le seul marché national. Les stratégies d'expansion internationale s'observent dans presque tous les domaines, de préférence chez les grands groupes, mais les PMI ne sont pas écartées de cette globalisation de l'économie. La survie de bien des sociétés passe par une meilleure intégration dans les marchés mondiaux et, de ce point de vue, les industriels français sont entrés dans des réseaux d'alliance internationaux. Il ne sera question ici que des seuls investissements qui permettent aux entreprises étrangères de prendre pied dans la métropole et aux firmes françaises d'élargir leur marché dans les pays les plus industrialisés. Si l'industrie n'est pas la seule à pratiquer cette ouverture internationale, — les services connaissent une évolution similaire —, c'est dans son cas que l'impact est peut-être le plus grand en termes d'emplois, de progrès technologique, de maîtrise des marchés. Mais toutes les branches n'y participent pas de la même manière.

A. *Les raisons d'une stratégie d'internationalisation*

Les stratégies d'internationalisation ne sont pas nouvelles, mais le mouvement s'est considérablement accéléré au cours des dernières années. Si on s'en tient aux dernières années, on se rend bien compte que les entreprises françaises sont de plus en plus impliquées dans des prises de contrôle de sociétés étrangères aux États-Unis et en Europe. De même, les exemples de pénétration en France sont presque aussi nombreux. Quelles sont les raisons d'une telle évolution?

Des explications traditionnelles tiennent au cycle de vie des produits, ce qui conduit à implanter des unités de production dans des pays à bas coût de main-d'œuvre. C'est un point capital sur lequel nous aurons l'occasion de revenir, notamment en traitant des industries textiles. Trois autres éléments sont plus pertinents, en terme de stratégie, si on s'en tient à la maîtrise d'un marché. Des mesures protectionnistes incitent les entreprises à s'installer dans un pays étranger afin de contourner ces barrières aux exportations. Ainsi, les entreprises Japonaises et celles des États-Unis ont ouvert des usines sur le territoire européen en général et en France en particulier. La recherche d'une taille critique est un autre élément à prendre en compte. En s'associant avec une firme étrangère, la firme peut atteindre une dimension qui l'autorise à rester compétitive au plan international. D'autant que cette association ou cette prise de contrôle peut fournir des acquis technologiques et un savoir-faire qui renforcent son influence sur le marché national et sa présence sur les marchés internationaux.

Géographiquement on observe que cette internationalisation se fait au sein de la «triade», c'est-à-dire d'un marché partagé en trois grands pôles : les États-Unis, l'Union européenne et le Japon. Là se trouvent les grands centres actuels de consommation, mais c'est aussi dans ces grands ensembles commerciaux que le dynamisme est le plus marqué, en raison de la richesse des pays et de leur haut niveau technologique. En s'implantant sur le marché nord américain, plus ouvert que le japonais, une firme française est assurée de disposer d'un vaste marché de consommation et peut espérer, par le jeu des fertilisations croisées, élargir ses compétences dans tel ou tel domaine. Les exemples abondent pour ces dernières années, que ce soit Péchiney reprenant le numéro un américain de l'emballage aluminium ou Bull acheteur de Zenith en informatique. De plus, en prenant pied dans cet espace on peut espérer élargir ensuite la pénétration dans les zones voisines. Ainsi s'explique l'intérêt porté, notamment par les entreprises des États-Unis et du Japon, aux pays d'Europe, dans la perspective du marché unique.

On conçoit que la taille de l'entreprise et la nature des activités tiennent une place déterminante dans cette stratégie d'internationalisation. En ce sens, les PMI françaises font plutôt l'objet de reprises de la part des sociétés étrangères qui veulent s'installer en France, alors que les grands groupes ont seuls les moyens financiers indispensables à un rachat, une fusion ou une large participation dans une entreprise concurrente dans un pays extérieur. Certes, des PMI très performantes dans leur créneau comme Essilor (verre de lunettes) ou Vuiton (maroquinerie de luxe) se montrent capables d'investir à l'étranger, mais le plus souvent ce sont les grands groupes déjà évoqués qui se mettent en évidence. La palme revient d'ailleurs aux firmes de la chimie, d'autant plus contraintes que leurs ressources se trouvent souvent hors de France.

A côté des prises de contrôle directes, on rencontre des alliances de compétences, pour une durée plus ou moins courte, afin de réduire les coûts de recherche et d'être en mesure de ne pas subir la rapidité des mutations en cours. Ces alliances, qu'on peut qualifier de stratégiques concernent les industries de l'électronique, des télécommunications, de l'aéronautique, de l'automobile et le nouveau domaine de la bio-industrie. L'Aérospatiale a passé des accords de ce type avec des concurrents allemands ou britanniques. PSA et Renault ont des accords avec FIAT. Dans le cadre des programmes de recherches européens, les grandes firmes françaises de l'électronique et des télécommunications ont des projets avec des entreprises de l'Union européenne. Ces alliances n'entravent pas la compétition, comme le prouve la dépendance française en matière de brevets par rapport aux Japonais et aux Américains. Le taux de couverture des brevets et licences est de 45 % en 1990.

B. L'internationalisation des firmes françaises est encore imparfaite

Dans une économie de plus en plus ouverte, les entreprises françaises ont dû accroître leurs investissements dans les pays étrangers. Selon le recensement effectué par la Direction des relations économiques extérieures en 1991, on comptait 10 000 filiales d'entreprises françaises installées à l'étranger qui employaient 1,8 million de personnes. La très grande majorité d'entre elles appartiennent à l'industrie manufacturière (61 %) du fait du poids de quelques grands groupes nationaux dans quelques secteurs d'activités industrielles.

Cinq secteurs industriels représentent à eux seuls 71 % des effectifs contrôlés à l'extérieur. Le matériel électrique et électronique vient nettement en tête avec 27 % de l'effectif, grâce principalement aux groupes Alcatel-Alsthom, Thomson et Schneider. Il est suivi par la construction automobile qui compte pour 15 %, en raison des filiales de Renault et de PSA à l'étranger. Les matériaux de construction sont presque aussi bien placés, avec 11 % en relation avec les investissements de Lafarge et des Ciments Français, de même que le caoutchouc (11 % également) par l'intermédiaire de Michelin, un des géants du pneu dans le monde. Enfin Rhône-Poulenc et Atochem permettent à la chimie de base de contrôler 7 % de l'effectif salarié étranger.

TABLEAU 7. — *Les dix premières filiales françaises dans le monde (au 1er janvier 1991)*

Nom de la filiale	Pays d'implantation	Nom de la maison mère française
1 Société générale de Belgique	Belgique	Suez
2 Standard Elektrik Lorentz	Allemagne	Alcatel-Alsthom
3 Gec- Alsthom	Royaume-Uni	Alcatel-Alsthom
4 FASA Renault	Espagne	Renault
5 Norton	États-Unis	Saint-Gobain
6 Uniroyal Goodrich	États-Unis	Michelin
7 Michelin Allemagne	Allemagne	Michelin
8 Alcatel Standard Electrica	Espagne	Alcatel-Alsthom
9 Michelin Grande-Bretagne	Royaume-Uni	Michelin
10 Michelin Espagne	Espagne	Michelin

Source : DREE, enquête sur les implantations françaises à l'étranger.

Dix groupes français possèdent des filiales de plus de 10 000 salariés et seul le premier ne présente pas un caractère industriel, encore que la Société générale de Belgique possède en son sein quelques activités industrielles dans un ensemble qui est plutôt orienté vers les services. Mais les autres correspondent bien aux grands groupes industriels que nous avons déjà analysés. Michelin et Alcatel-Alsthom dominent largement en possédant respectivement quatre et trois filiales de plus de 10 000 salariés quand Renault et Saint-Gobain n'en comptent qu'une.

En prenant en compte les dix premiers groupes industriels français en 1990, on constate qu'ils ont en moyenne 43 % de leurs salariés à l'étranger. Par rapport à cette moyenne, Renault, Peugeot, Usinor-Sacilor et Schneider se placent au-dessous, alors que les autres se signalent par des pourcentages plus élevés ; c'est notamment le cas de Péchiney (56 %) de Saint-Gobain (66 %) et plus encore de Michelin (70 %). Il s'agit donc de groupes très internationalisés qui réalisent en outre une part importante de leur chiffre d'affaires à l'étranger.

Ceci est le résultat des investissements réalisés par les entreprises françaises à l'étranger ces dernières années. D'environ 22 milliards de francs au début des années 1980, ces sommes ont atteint plus de 100 milliards en 1991, après un maximum de 150 milliards en 1990. Certes ces flux portent sur l'ensemble des entreprises, y compris les banques et assurances, mais les investissements industriels sont considérables. Ils montrent que les groupes les mieux implantés à l'étranger sont aussi ceux qui ont une bonne maîtrise du marché intérieur.

Ces investissements creusent de manière spectaculaire nos échanges de capitaux car, depuis quelques années, nous investissons plus à l'étranger que l'inverse. Est-ce un signe de force du capitalisme français, de sa meilleure intégration mondiale? La réponse ne peut être que nuancée, certains économistes estiment même que bien des décisions sont inquiétantes pour la santé des groupes français, en raison de leur faible rentabilité et de leur taille souvent modeste. Les opérations récentes d'acquisitions apparaissent plus comme des opportunités qu'il s'agissait de saisir que comme une politique cohérente des firmes. Ainsi le rachat de Zenith par Bull est un élément actuel des difficultés de ce groupe informatique, d'autant que son emprise sur le marché national est faible et que celui-ci est très concurrentiel. Un certain nombre de choix paraissent plus institutionnels qu'industriels, c'est-à-dire sans véritable réflexion à long terme sur le devenir de l'entreprise. Rares seraient les entreprises comme Saint-Gobain, Rhône-Poulenc ou Lafarge-Copée qui auraient investi dans la durée pour tirer parti des avantages que peut procurer l'internationalisation.

Finalement, seule une petite partie de l'industrie manufacturière présente les caractéristiques d'une internationalisation en position dominante. Cette catégorie concernée comprend des industries de base comme le verre, le ciment, le béton et le caoutchouc et, dans une moindre mesure, d'autres secteurs tels que les télécommunications et les industries électriques. Tout cela ne représente que 20 % de l'industrie française, mais les firmes présentes dans ces secteurs ont réussi à asseoir leur domination sur le marché intérieur et à conquérir de nouvelles parts à l'extérieur. Ce sont les grands groupes cités précédemment. La chimie peut être rapprochée de ce groupe dans la mesure où les firmes sont aussi assez présentes dans les pays étrangers. Un deuxième ensemble comporte des activités comme l'électronique grand public, l'informatique, le matériel de précision, la transformation des matières plastiques. Quelques grands groupes sont présents internationalement et investissent, tel Bull, mais ils n'occupent pas une position dominante dans la métropole et leur pénétration est trop récente, voire hasardeuse.

TABLEAU 8. — *Ventilation par secteurs investis (en millions de francs au 31 décembre 1988)*

	en capital	Total	% par secteur
Produits manufacturés	72 135	152 184	49 % du total
dont Produits chimiques	20 810	42 293	27
Matériel de transport	7 050	20 166	13
Matériel électrique électronique	7 134	16 809	11
Alimentation, boisson, tabac	9 659	16 755	11
Minéraux non métalliques	12 279	17 435	11

Source : Banque de France, note d'information, juillet 1990.

Une autre source, celle de la Banque de France, qui ne retient pas les seuls flux directs, fournit des résultats différents, mais permet de mieux cerner la répartition entre les grands secteurs industriels en 1988 et de montrer que l'industrie manufacturière totalise près de la moitié des investissements réalisés à l'étranger par des entreprises françaises. Mais encore une fois, leur nombre est peu élevé au regard des sommes engagées et on retrouve les mêmes groupes, plus quelques autres, comme Air Liquide, Rhône-Poulenc, Beghin-Say, BSN et la Compagnie générale d'électricité.

TABLEAU 9. — *Répartition géographique des implantations françaises à l'étranger en 1990*

Pays ou zones	Nombre d'entreprises	Effectifs employés	Répartition des effectifs en %
Total	9 600	1 830 000	100
OCDE	7 200	1 241 000	68
CEE	49 00	869 000	47
Royaume-Uni	1 000	232 000	13
Allemagne	1 100	190 000	10
Belgique	800	174 000	9
États-Unis	1 400	250 000	14
Hors OCDE	2 400	589 000	32

Source : DREE.

Ces investissements se font prioritairement dans les pays de l'Union européenne et aux États-Unis. Pour l'année 1988, la part des filiales industrielles est de 68 % des investissements dans l'Union européenne, de 82 % aux États-Unis, mais d'à peine 50 % dans les pays qui n'appartiennent pas à l'OCDE. La percée étrangère des firmes françaises a été spectaculaire aux États-Unis. Certes cela ne représente que 4 % des montants cumulés, et la France arrive loin derrière le Royaume-Uni, mais la progression est sensible dans le courant des années 1980. Après Péchiney et Hachette en 1988, une dizaine de sociétés françaises se sont signalées par des prises de participation dépassant un milliard de francs. BSN, Michelin, Bull, Rhône-Poulenc ont été récemment suivis de Usinor-Sacilor, Biderman, tandis que l'intérêt des firmes pour le secteur de la santé est manifeste actuellement. Au total, les investissements français aux États-Unis concernent plutôt les industries de base, notamment la chimie et les industries métallurgiques, de tels choix se justifiant par l'existence d'un marché important et souvent protégé.

L'Union européenne constitue le deuxième pôle des investissements des firmes industrielles françaises. La mise en place du marché unique n'est pas étrangère à cette tendance. Toutefois, la pénétration est variable en relation avec la plus ou moins grande ouverture des économies. Les entreprises françaises ont surtout investi au Royaume-Uni ou aux Pays-Bas et accentuent leur rôle dans les pays de l'Europe méridionale. Près de 40 % des acquisitions françaises en Europe se placent au Royaume-Uni où la France occupe la deuxième place. Les secteurs industriels concernés sont différents suivant les pays mais, globalement, ce sont les industries légères qui sont privilégiées dans le cas de l'Europe. L'électrique et l'électronique dominent aux Pays-Bas, l'agro-alimentaire au Royaume-Uni, le matériel de transport en Espagne, les machines en Italie, tandis qu'en Suisse il s'agit du textile et de l'habillement.

C. L'ouverture des secteurs industriels aux firmes étrangères

Au moment où les entreprises françaises accroissent leur pénétration à l'étranger, l'attractivité de notre territoire s'est dégradée. L'explication la plus fréquente repose sur la mauvaise image de la France à l'étranger. Plusieurs enquêtes, notamment américaines, auprès de 10 000 industriels donnent, de fait, une perception négative d'un pays considéré comme plutôt nationaliste, miné par des grèves, au dynamisme industriel freiné par une bureaucratie trop importante. Et selon le travail réalisé par le World Economic Forum, la France ne parviendrait qu'en quinzième position d'un classement réunissant les vingt-trois pays les plus développés.

Une étude du Commissariat au Plan tente de dresser un panorama des atouts et des handicaps de l'espace français, face aux perspectives d'investissements étrangers. La France ne souffre d'aucun handicap majeur sur les facteurs fondamentaux de l'attractivité industrielle que sont les coûts salariaux, la fiscalité, les infrastructures, la taille du marché. Ce serait donc les perceptions négatives des entreprises étrangères qui contribueraient à donner cette mauvaise image. En fait, dans le détail, des difficultés secondaires apparaissent quand on analyse plus en profondeur chacun de ces facteurs fondamentaux. En ce qui concerne les coûts salariaux, les enquêtes font ressortir des pénuries régionales ou sectorielles de main-d'œuvre qualifiée associées à un manque de mobilité et à une formation insuffisante en langues étrangères. La fiscalité française n'est pas plus élevée que la moyenne européenne et le niveau relativement fort des charges sociales est en grande partie compensé par la faiblesse du salaire net et des impôts directs et indirects. Toutefois, le système français paraît trop complexe aux étrangers et certaines dispositions fiscales sont moins intéressantes pour les entreprises.

Les aides à l'implantation de nouvelles activités industrielles sont peut-être un peu plus faibles que dans les autres pays. Mais, le principal handicap serait plutôt leur attribution par l'État alors qu'elles sont plus fortement régionalisées en Allemagne et au Royaume-Uni, donc plus souples dans leurs applications et leur mise en œuvre. Elles sont aussi pour cette raison moins décelables par la Commission européenne dont le souci majeur est de veiller au respect de la libre concurrence. La contrainte bureaucratique est également mal perçue par les firmes étrangères. Or l'OCDE a souvent critiqué la France pour son attitude de fermeture vis-à-vis des capitaux extérieurs, et cela fait trop peu de temps que les choses commencent à évoluer dans un sens différent. Enfin, les patrons étrangers regrettent le trop grand nombre d'interlocuteurs publics, les conflits possibles entre l'État et les régions, entre les régions elles-mêmes, tant elles sont en concurrence pour attirer des sociétés étrangères susceptibles d'améliorer la situation de l'emploi localement. De plus, quand le choix d'installation est fait, on trouve souvent notre réglementation trop tatillonne, notamment pour tout ce qui touche le social.

Ces approches critiques permettent de comprendre que la France soit peu prisée pour y installer les quartiers généraux des multinationales américaines et japonaises. Sur 949 sièges recensés en Europe en 1989, la France n'en compte que 99 dont la très grande majorité (86) sont américains. La situation ne s'est pas arrangée si on considère les créations entre 1984 et 1989, puisque notre pays n'en fixe que 14, soit à peine 10 % des 133 implantations de firmes américaines et japonaises en Europe. Ces quelques données doivent être tempérées par le fait que la part des entreprises industrielles sous contrôle étranger n'est pas fondamentalement différente en France par rapport à nos principaux partenaires. A la fin des années 1980, le capital étranger participait pour 22 % au chiffre d'affaires de l'industrie et pour 22 % des emplois en 1989. Malgré cette perte d'attractivité la France arrivait en troisième position dans le monde avec 15 % des investissements étrangers de l'Union européenne. Outre le fait que l'intérêt des sociétés étrangères ne se soit jamais complètement démenti, on assiste à une progression des prises de participation liée au recentrage déjà évoqué des entreprises de l'hexagone. Ces abandons partiels d'activités profitent surtout aux étrangers. La vente par Poliet, en 1991, de ses activités de plâtre à la firme britannique British-Platerboard en est une illustration.

Les 2 859 entreprises françaises dont au moins 50 % du capital est détenu par des participations étrangères emploient près de 800 000 salariés dans des firmes de plus de 20 personnes. Cela représente à peu près le cinquième du total. Ces mêmes entreprises étrangères réalisent un peu plus du quart du chiffre d'affaires. Ce taux de participation majoritaire, correspond à la situation la plus fréquente de pénétration des capitaux étrangers. Mais on considère également comme étant sous contrôle étranger toutes celles dont la participation extérieure atteint 20 %. L'indice de pénétration représente la moyenne des taux de contrôle des entreprises et il est pondéré par un des ordres de grandeur retenus. Le tableau donne la liste des secteurs où cet indice est supérieur à la moyenne en matière d'investissements, mais par convention on admet comme secteurs de forte implantation étrangère ceux où cet indice est égal ou supérieur à 30 %.

La présence étrangère est fortement marquée dans le domaine des biens d'équipement professionnels et dans la chimie. En ce qui concerne le premier, c'est dans la fabrication de machines de bureau que l'indice de pénétration est le plus élevé (proche de 70 %), mais on y rencontre également les fabricants de machines-outils, de matériel de manutention et de biens destinés à la sidérurgie, équipements industriels, matériel de mesures et de précision, entreprises de l'électrique et de l'électronique. La chimie constitue un deuxième pôle de focalisation des capitaux étrangers : chimie de base aussi bien que parachimie, pharmacie et transformation des matières plastiques. Il est vrai que les pétroliers américains ou les grands groupes chimiques allemands se sont installés depuis longtemps sur notre territoire.

La pénétration dans les autres secteurs est plus originale et parfois récente. C'est le cas des industries du bois et du papier où l'indice de pénétration est supérieur à 40 %. Cela reflète la pression des grands groupes étrangers, notamment scandinaves dans cette branche. Leur prise de participation a été longtemps retardée par

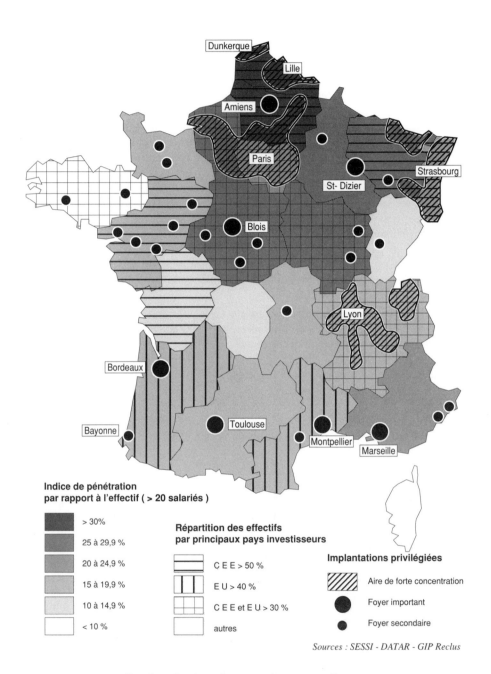

**Indice de pénétration
par rapport à l'effectif (> 20 salariés)**

> 30%

25 à 29,9 %

20 à 24,9 %

15 à 19,9 %

10 à 14,9 %

< 10 %

**Répartition des effectifs
par principaux pays investisseurs**

C E E > 50 %

E U > 40 %

C E E et E U > 30 %

autres

Implantations privilégiées

Aire de forte concentration

Foyer important

Foyer secondaire

Sources : *SESSI - DATAR - GIP Reclus*

FIG. 2. — *Les investissements étrangers en France.*

TABLEAU 10. — *Répartition selon quelques secteurs
des entreprises à participation étrangère (1990) (entreprises de 20 salariés et plus)*

NAP	Secteurs	Nombre	Effectif (en milliers)	Indice de pénétration pour l'effectif	Indice de pénétration pour les investissements
27	Fabrication de machines de bureau	27	31	54	68
18	Parachimie	193	55	48	54
25	Fabrication de matériel de manutention	64	19	35	52
19	Industrie pharmaceutique	102	36	48	51
50	Industrie du papier et du carton	106	33	30	42
17	Industries chimiques de base	127	40	37	41
22	Fabrication de machines agricoles	30	7	30	41
23	Fabrication de machines-outils	83	13	34	41
34	Fabrication d'instruments et de matériel de précision	90	21	32	41
24	Production d'équipements industriels	248	51	25	33
14	Production des minéraux divers	15	2	21	32
53	Transformation des matières plastiques	182	27	23	29
29	Fabrication de matériel électronique	175	60	26	28
28	Fabrication de matériel électrique	140	48	25	27
46	Industrie de la chaussure	20	10	22	27
52	Industrie du caoutchouc	45	21	24	26
15	Production de matériaux de construction	130	25	23	23
	Total	2 859	765	22	26

Source : Direction du Trésor, SESSI, 1990.

l'État soucieux de l'indépendance nationale dans ce domaine, mais de multiples difficultés chez les firmes françaises ont accéléré les prises de contrôle. En 1988, les pouvoirs publics refusaient au Suédois Modo la reprise de la Chapelle-Darblay en pleine faillite. Mais deux ans après on ne pouvait empêcher le Finlandais Kymmene d'en prendre le contrôle. Enfin, on ne sera pas étonné de découvrir que la pénétration étrangère est faible voire nulle dans les secteurs où les entreprises publiques sont omniprésentes, telles la sidérurgie et les constructions aéronauti-ques, mais aussi dans des branches peu ouvertes et dominées par les PMI comme dans l'ameublement ou l'industrie du cuir.

L'Union européenne et, plus largement, l'Europe investissent en France. Mais les États-Unis dominent largement dans un classement par pays en contrôlant 20 % des entreprises, 30 % des salariés et 35 % du chiffre d'affaires hors taxes des entreprises à participation étrangère. Malgré le recul de l'attractivité de la France au cours des dernières années, les projets d'investissements des entre-prises américaines se maintiennent de telle manière qu'en 1992 celles-ci ont permis de créer ou de maintenir 5 300 emplois, tout comme en 1991. Avec un peu plus de 100 projets réalisés en 1992, les États-Unis arrivent largement en tête, totalisant 41 % des opérations étrangères prévues cette année. Toujours pour l'année 1992, on observe que les entreprises des États-Unis ont privilégié cinq secteurs qui correspondent à ceux où la participation étrangère est déjà forte : électronique, télécommunication, automobile, chimie lourde et fine et agro-alimentaire. Les firmes justifient ces orientations par l'existence d'une main-d'œuvre qualifiée dans la mécanique, par la présence d'espaces en ce qui concerne la chimie, par l'existence d'une population âgée qui intéresse les indus-triels de la pharmacie.

Parmi les projets les plus importants on peut relever l'usine Coca-Cola de Dunkerque, la venue du géant pharmaceutique américain Merck à Signes, dans le Var, pour fabriquer des molécules de bases, l'investissement de 340 millions de francs de Ford à Charleville-Mézières dans une unité de composants automo-biles. Géographiquement, le Sud-est, l'Alsace et les régions de l'Ouest ont la préférence des entreprises américaines. Mais c'est toujours la grande région pari-sienne qui fixe l'essentiel des créations (fig. 2). Le Bassin parisien regroupe près du tiers des projets de l'année 1992 et il n'y a guère que le Sud-Est qui puisse rivaliser, en offrant un environnement attractif pour les multinationales.

Les investissements japonais en France ont toujours présenté un caractère plus conflictuel en raison du manque de réciprocité. Mais en ces temps de crise, tout projet créateur d'emplois est recherché, si bien que les investissements japonais sont désormais recherchés. Au cours des dernières années, le nombre d'opéra-tions japonaises en France oscille entre une dizaine et une quinzaine, soit beaucoup moins que les États-Unis. Mais, cela représente en moyenne 2 000 à 3 000 emplois par an et la France, avec 95 projets cumulés, se place au deuxième rang en Europe, loin derrière le Royaume-Uni, mais devant l'Allemagne. Les entreprises japonaises investissent dans les mêmes secteurs que les Américains. Sur un total de 241 implantations en 1990, on comptait 35 implantations nippones dans l'électronique et la bureautique, 24 dans la chimie, 22 dans la mécanique et les machines-outils. Seule différence notable, l'intérêt porté par les firmes japonaises au domaine des cosmétiques. Shiseido, numéro un dans son pays, emploie 200 personnes dans son usine de Gien.

Contrairement aux Américains, les firmes nippones ont préféré s'installer dans la moitié nord de la France, pas forcément dans les régions qui bénéficient de primes de reconversion puisque Minolta est un des rares exemples d'installation de ce type, à Eloyes dans les Vosges. La greffe de Canon en Bretagne a bien pris puisque ce groupe en est à trois établissements et qu'un centre de recherches vient d'être installé à Rennes. De même, Sony multiplie les usines en Aquitaine autour de Bayonne. La région parisienne au sens large ainsi que Lyon et l'Alsace demeurent les pôles privilégiés de l'implantation japonaise. Dernièrement, Hitachi (disques magnétiques), Shiseido (cosmétiques) et Koyo-Seiko, en accord avec Renault, ont respectivement choisi Orléans, Gien et Lyon.

Les entreprises tiennent un rôle déterminant dans la dynamique industrielle et, plus précisément, dans le développement des secteurs d'activités. C'est le jeu de leur stratégie, influencée certes par le contexte international et l'évolution des productions, qui conduit au marasme de certaines activités ou à l'essor de technologies nouvelles. Pour être dans la course, pour s'imposer face à des concurrents toujours plus agressifs, il faut rapidement abandonner certaines branches pour s'appuyer sur celles qui sont momentanément plus rentables. Les entreprises doivent être capables de s'adapter toujours plus rapidement à un contexte international en perpétuel changement.

Ces mutations restent dépendantes du marché et de ses contraintes. Mais l'industrie française a pour particularité d'être demeurée plus que d'autres sous l'influence de l'État. Ce n'est pas un hasard si les grands groupes appartiennent souvent au secteur public et si la décision d'implantation des firmes étrangères est influencée par les choix des pouvoirs publics. Dans la phase de croissance économique de l'après Seconde Guerre mondiale, les entreprises françaises ont pu bénéficier de ce dirigisme. Celui-ci est de moins en moins en phase avec les stratégies des firmes qui souhaitent plus d'indépendance tout en continuant d'espérer profiter des appuis financiers de la puissance publique. C'est toute l'ambiguïté de cette situation qu'il convient maintenant d'aborder.

Références bibliographiques

GILLY J.-P. et MORIN F., *Les groupes industriels en France, concentration du système productif depuis 1945*, NED, n° 4605, février 1991.

HATEM F. et STOFFAËS Ch., La France dans ses réseaux d'alliance industriels et mondiaux, *Chronique d'actualités de la SEDEIS*, 15 décembre 1991, publié dans PE n° 2262, 7 pages.

HATEM F., *Investissements étrangers : atouts et handicaps de l'espace français*, Commissariat au Plan, avril 1992, publié dans Problèmes Économiques n° 2289, 7 pages.

L'implantation étrangère dans l'industrie au 1er janvier 1990, SESSI MICE et Direction du Trésor.

Le poids des sociétés étrangères, La France des entreprises, n° spécial INSEE-l'Entreprise, novembre 1991.

Le recours à la sous-traitance industrielle en 1990, SESSI MICE, SESSI Statistiques n° 121, octobre 1992.

Les implantations françaises à l'étranger, DREE résultats, n° 6, janvier 1992, publié dans PE n° 2273, 5 pages.

Les investissements directs français à l'étranger : une analyse du stock, Note d'information de la Banque de France, juillet 1990, publié dans PE n° 2199, 7 pages.

Les stratégies industrielles des entreprises, IFRI RAMSES, 1987, Édition Economica, extrait publié dans PE n° 2056, 6 pages.

MORIN F., *La structure du capitalisme français*, Calmann-Lévy, Paris 1974.

Palmarès des 1 000 premières entreprises françaises, *L'expansion*, n° spécial, 16 décembre 1992.

SAVARY J., *Les multinationales françaises*, PUF, 1981, 244 pages.

TEMAM D., *La concentration des entreprises*, Dossier d'Alternatives Économiques n° 80, octobre 1990, 4 pages.

THOLLON POMMEROL, de BARRY Ch., *Groupes et PME en France*, dossier de 244 pages de l'Entreprise, Octobre 1991, dont un extrait est donné par PE n° 2257, 4 pages.

2. L'État et les activités industrielles

L'industrie en France n'a jamais été complètement dissociée de l'État. Par tradition colbertiste, en raison de l'insuffisant dynamisme du patronat, par idéologie au moment du Front populaire, de la Libération et de l'arrivée au pouvoir de la gauche en 1981, l'État a pris progressivement la tête d'un secteur public pesant de plus en plus lourd dans la production industrielle finale. Il a souhaité également définir des stratégies inspirées tout à la fois par le souci de l'indépendance nationale, dans des domaines qui apparaissaient comme déterminants pour le développement économique du pays, et par la nécessité de réduire le retard pris, par rapport aux grands pays industrialisés dans le domaine des industries de haute technologie.

Les investissements de l'État ont été considérables permettant à des entreprises sous-capitalisées de se faire une place dans la hiérarchie mondiale. Ces appuis ont été constants, toujours aussi marqués malgré les changements d'hommes et d'idéologie. Bien au contraire, l'arrivée de la gauche au pouvoir en 1981 a réactivé une politique nationale atténuée par la politique plus libérale de la fin des années 1970. La crise économique, une sensibilité plus grande au commerce communautaire et international, mettent-elles un terme à ces engagements soutenus depuis plus de trente ans?

1. Les politiques industrielles de l'État entre libéralisme et dirigisme

Même si la France est un des plus anciens pays industrialisés du globe, les activités industrielles n'ont jamais occupé une place centrale dans son économie. Doit-on incriminer une société demeurée profondément rurale, plutôt conservatrice, qui aurait constitué un frein à l'innovation et au développement de nouvelles technologies industrielles? Doit-on souligner que le patronat était resté au stade d'un archaïsme pré-capitaliste, le plus souvent replié sur des positions défensives? Faut-il dénoncer une attitude volontairement protectionniste de l'État qui a annihilé les contraintes de la concurrence? Doit-on dénoncer ce que certain dénomment le capitalisme «composite» de la IIIᵉ République en raison de l'incapacité du capitalisme financier à unifier son propre développement, incapacité qui a conduit chaque secteur à favoriser sa propre logique de croissance, puisque c'est seulement après la fin de la Seconde Guerre mondiale que l'industrie se trouve au cœur du dispositif économique? Des années 1950 jusqu'en 1974, puis avec des aléas ensuite du fait des crises, on peut parler de «centralité» industrielle. C'est une véritable révolution politique et culturelle qu'a connue la France en faisant de l'industrie le moteur de la croissance économique durant les «Trente Glorieuses». Pour y parvenir, il n'y a pas eu une politique industrielle, mais des politiques influencées par les hommes au pouvoir, par les choix idéologiques en 1981, par un contexte international nouveau, en raison de l'entrée de la France dans la CEE et par un mouvement de globalisation de l'économie.

A. Le remembrement du système productif

La période de la IVe République se caractérise déjà par une progression significative de la production industrielle. Les discours deviennent productivistes et la France entre dans l'ère du «fordisme» dont les salariés feront d'ailleurs les frais dans un premier temps. Le Plan appuie ce mouvement en établissant les bases du socle industriel sur un important secteur public issu de la première vague de nationalisation de l'immédiat après guerre. Le contrôle du secteur énergétique (charbonnage, EDF et GDF), la nationalisation d'une partie du crédit (grandes banques de dépôts et compagnies d'assurances) fournissent quelques leviers dont usent les pouvoirs publics pour faciliter l'adaptation de l'industrie à son nouvel environnement : déclin de l'Empire colonial, intégration européenne avec la mise en place de la CECA en 1951.

TABLEAU 11. — *Poids des 500 premières entreprises dans l'ensemble du système productif entre 1958 et 1977* (par rapport aux capitaux propres)

Année	Poids des 500 (en %)	Année	Poids des 500 (en %)
1958	31,4	1969	38,5
1959	34,9	1970	46,0
1960	31,1	1971	40,8
1961	33,6	1972	54,2
1962	35,0	1973	57,4
1963	32,2	1974	57,9
1964	29,8	1975	57,0
1967	36,2	1976	59,0
1968	37,5	1977	61,0

Source : LEREP, Toulouse et *Nouvel Économiste.*

Le changement institutionnel de 1958 joue un rôle important sur le plan industriel. L'État est désormais assez fort pour être en mesure de faire des choix qui vont engager l'industrie française dans des mutations telles qu'on a pu dire que

« les structures industrielles se sont transformées en dix ans (1966-1975) plus que durant le demi-siècle précédent ». Il s'agit du projet gaulliste d'une France industrielle forte capable d'indépendance vis-à-vis de nos principaux partenaires et concurrents. Il faut s'adapter au désengagement colonial et s'intégrer à la construction européenne en acceptant une baisse rapide des droits de douane sur les biens industriels.

En vingt ans le poids des 500 premières entreprises de production a pratiquement doublé. C'est la démonstration de cet effort de l'appareil productif français, sous la responsabilité des pouvoirs publics, pour construire des groupes industriels de taille internationale. Ce sont ces mêmes groupes dont nous avons souligné le rôle dans le chapitre précédent. Plusieurs phases peuvent être distinguées à partir de ce tableau, mais il est évident que la période décisive est celle qui va de 1966 à 1970, pendant laquelle on assiste à une restructuration très importante des sociétés, surtout des vingt premières. La première étape de 1958 à 1965 est celle de l'adaptation du tissu industriel à l'ouverture des frontières afin de faire face à la pénétration des capitaux étrangers. C'est donc dans la seconde phase, celle de 1966 à 1970, que les pouvoirs publics, avec l'appui d'une partie du patronat, interviennent massivement pour aider certaines entreprises à pénétrer le marché international et à évoluer vers une multinationalisation. La fin des années 1970 permet de consolider ce remembrement, d'ancrer un peu plus les groupes dans l'internationalisation de l'économie, mais on ne fait que prolonger un mouvement lancé avant et accentué par la crise économique qui commence à secouer l'appareil industriel.

Les années 1966-1970 constituent donc une période charnière au cours de laquelle l'État met en place un dispositif très complet d'aide aux fusions, ce qui explique que la part des 500 premières entreprises passent de 28 % à 46 % en quelques années. Pour la seule année 1966, on assiste dans le secteur public à la création de Elf-ERAP qui devient la troisième entreprise française par la taille. Mais c'est au sein du secteur privé que les restructurations sont les plus fortes. On note ainsi l'absorption de Hotchkiss-Brandt par Thomson-Houston, la fusion d'Ugine avec Kulhmann et la Société des produits azotés, l'absorption par Boussois de la verrerie Souchon-Neveusel qui donne naissance au premier groupe verrier d'Europe. Les regroupements vont bon train dans la sidérurgie autour d'Usinor, au cours de l'année 1966 et de Sidelor et de De Wendel en 1968. Un peu plus tardivement, on peut y ajouter les créations de quelques groupes importants comme Creusot-Loire (1970), Saint-Gobain-Pont-à-Mousson (1971) et Imétal (1974) dans le domaine des biens intermédiaires, celles de Beghin-Say (1972) dans les industries agro-alimentaires, de l'Oréal (1973) dans la parachimie, ainsi que la prise de contrôle de Citroën par Peugeot (1974).

Cette évolution était inscrite dans le VIe Plan (1966-1974). « Le Plan propose de constituer ou de renforcer, lorsqu'ils existent, un petit nombre de firmes ou de groupes de taille internationale capables de soutenir la compétition des groupes étrangers dans l'indépendance technologique, les séries de production, la taille de services commerciaux. Dans la plupart des secteurs le nombre de ces groupes devrait être limité à un ou deux ». C'est la politique des « champions nationaux » qui doivent être aptes à répondre au « défi américain » au moment où les multinationales américaines font peser quelques menaces sur l'industrie automobile et où on assiste à la prise de contrôle de Bull par General Electric en 1964.

Il serait faux de dire que l'État est à la source de tous ces regroupements. Les patrons y sont favorables et les banques d'affaires (Paribas, Suez, Lazard...) poussent dans ce sens. C'est la tentative d'offre publique d'achat (OPA) de BSN sur Saint-Gobain qui conduit paradoxalement à la fusion de Saint-Gobain et de Pont-à-Mousson avec l'appui de la banque de Suez. Mais, dans tous les cas, fusions et absorptions doivent avoir l'aval de l'État d'autant que celui-ci accorde des facilités d'emprunt ou des avantages fiscaux aux firmes qui opèrent cette concentration qu'il souhaite. Ainsi la loi du 12 juillet 1965 institue en particulier les agréments fiscaux qui permettent de réévaluer les actifs, en cas de fusion afin de prendre en compte les effets de l'inflation. Cette pratique permet d'accroître les possibilités de provision et, par la même occasion, de réduire l'impôt sur les bénéfices des sociétés. Cette mesure a joué un grand rôle dans les concentrations de cette période. Bien qu'on ait souhaité le contrer, le capital étranger a largement participé à cette restructuration surtout dans le domaine de l'énergie et des industries électriques et électroniques.

Comme il a déjà été signalé auparavant, cette concentration débouche sur la constitution des conglomérats financiers composés d'actifs qui ne sont pas toujours industriels et qui ne savent pas tirer parti des synergies liées à ces remembrements. Aussi, si la concentration se poursuit après 1974, elle demeure limitée car ces groupes se trouvent placés devant de graves faiblesses structurelles que la crise économique, liée au pétrole, n'a fait qu'exacerber. C'est le temps des surcapacités de production, des doubles emplois, d'une insuffisante spécialisation aggravée par un tissu de PMI trop peu performantes si on les compare à leurs homologues allemandes. C'est dans ce contexte que la gauche arrive au pouvoir pour impulser une autre politique, à partir de 1981.

B. La nationalisation des activités stratégiques

Le débat sur les nationalisations a été au centre de la campagne présidentielle de 1981, alors que l'industrie demeure considérée comme un élément fondamental du développement économique de la France. Pour la gauche, les nationalisations allaient permettre de doter le pays d'entreprises qui seraient le fer de lance de la sortie de la crise économique, les outils d'une véritable politique industrielle et les « enfants modèles du Plan ». Pour leurs adversaires, ces nationalisations allaient plonger la France dans un profond déclin et couper les firmes françaises de leurs partenaires étrangers, en interdisant toute interpénétration des capitaux et des technologies ; c'était la voie ouverte à la soviétisation et à la bureaucratisation. L'exposé des motifs du projet de loi portant sur les nationalisations fournit de bonnes indications sur la manière dont les socialistes envisageaient cette nouvelle politique industrielle.

La nationalisation est envisagée comme un remède à la sous-capitalisation des groupes industriels. Jean Peyrelevade, socialiste et président de Suez, la banque d'affaires nationalisée, considère que l'État est devenu industriel du fait de la passivité du capital national privé dans notre pays. D'autres patrons estiment que seul l'État était en mesure de sauver des firmes au bord de la faillite et de leur permettre de se débarrasser de leurs activités en déclin.

Mais la nationalisation est présentée aussi par les socialistes comme le moyen de sauvegarder un patrimoine industriel national. Elle peut être en effet envisagée comme une socialisation des coûts de la mutation industrielle rendue indispensable du fait de la crise. A ce titre, la gauche peut présenter cette politique comme une opération ponctuelle de socialisation du capital qui ouvre la voie au retour au marché dès que les comptes sont apurés. A cette notion, assez générale, du capitalisme français s'ajoute la peur du cosmopolitisme. Les nationalisations doivent permettre d'éviter de brader les groupes industriels nationaux, de faire obstacle à la division internationale du travail et ainsi de sauvegarder des emplois.

Les nationalisations ont été conçues également pour être des relais d'influence. Le capitalisme français était suspecté de préférer la rente au dividende, d'inciter les entreprises à se renforcer en se vendant à l'étranger, en cas de problèmes. C'est inadmissible pour un gouvernement de gauche qui fait de l'emploi la priorité absolue et de la croissance un impératif. Grâce à la nationalisation, l'État se donnait aussi les moyens d'influencer l'activité économique. Pour y parvenir le gouvernement a accru les transferts sociaux, accepté les déficits budgétaires les deux premières années, créé des emplois, contrôlé les changes.

La nationalisation est un des quatre éléments, à côté de la planification, de la démocratisation et de la décentralisation, qui doit constituer la base des transformations de l'économie face à la crise. Pour les experts du parti socialiste, la crise était liée à l'austérité du gouvernement précédent (R. Barre) ainsi qu'aux faiblesses structurelles du capitalisme français et à son incapacité à investir dans de nouvelles technologies. C'est dans ce sens que le poids du Plan est renforcé, que des compétences nouvelles sont données au ministère de l'Industrie.

L'application de ce programme n'a pas été aussi aisée que la gauche l'imaginait et le bilan que l'on peut dresser des nationalisations est en demi-teinte. Durant une première phase, qui ne dure que quelques mois, sont mises en place les nationalisations et se poursuit la formation de grands groupes qui seront les champions nationaux du développement industriel de la France. Ce que certains ont qualifié de « délire étatiste » ne correspond pas véritablement à une politique industrielle car P. Dreyfus, ministre de l'Industrie considère que celle-ci est du ressort des dirigeants nommés par l'État à la tête des entreprises nationalisées. Pour cette raison, l'État conserve des patrons chevronnés comme R. Fauroux, et J. Gandois, fait appel à des nouveaux comme G. Besse (Renault) et A. Gomez (Thomson SA).

Jusqu'en mars 1983, qui coïncide avec l'interruption du plan de relance, se place la phase de prolifération des plans sectoriels impulsés par le nouveau ministre de l'Industrie et de la Recherche, J.-P. Chevènement. On atteint le sommet dans la vision « industrialiste » de l'économie avec ce « grand ministère » animé d'un grand dessein pour le pays. Les nationalisés doivent être les « fers de lance », les préfets sont conduits à se mobiliser pour l'industrie tandis que des décisions peu démocratiques bloquent des projets de rapprochements ou en suscitent d'autres qui ne sont pas vraiment acceptés par les nouveaux dirigeants.

Des contrats de plan sont bien signés mais n'auront aucun effet. La Banque nationale d'investissements ne verra jamais le jour.

La période du gouvernement Fabius est celle de la normalisation. La rentabilité devient un impératif car la contrainte budgétaire ne permet plus de transferts massifs vers les nationalisés. Les entreprises publiques doivent reprendre le chemin de la Bourse pour trouver les moyens financiers qui leur manquent. La politique industrielle de l'État se rapproche alors de celle qui était pratiquée jusqu'alors : ménager les transitions sociales dans les secteurs en difficulté, favoriser les nouvelles technologies de pointe. Surtout, cette politique industrielle très volontariste n'est plus en phase avec l'alignement de la gestion française sur celle de ses principaux partenaires. Bruxelles ne peut tolérer des dotations de capital qui sont contraires à la libre concurrence.

Par une mauvaise prise en compte du contexte international, par méconnaissance du fonctionnement de l'entreprise, mais aussi faute de temps, le grand dessein industriel de la Gauche n'a pas eu le succès escompté. Certes, comme nous le verrons un peu plus loin, il y a des réussites dans cette politique industrielle de l'État socialiste, mais aussi de nombreuses désillusions. En ce qui concerne la recapitalisation des groupes en faillite, on constate que les pertes cumulées, d'environ 65 milliards de francs entre 1981 et 1985, n'ont pas été couvertes par les dotations de l'État, exception faite de la CGE et de Bull. C'est par le biais des capitaux levés sur le marché financier, grâce à leurs filiales, que les groupes ont pu sortir du rouge. Après une aide importante de l'État, tout au début, c'est en fait une dénationalisation partielle ainsi que des innovations financières qui les ont complètement tirés d'affaires. Pour les nationalisés, le rôle de relais en économie, d'influence en matière de politique sociale, a conduit à une aggravation des résultats. En effet, il leur a fallu investir quand le marché ne s'y prêtait pas, embaucher pour satisfaire la politique d'emplois quand il fallait comprimer les coûts. En fait, durant cette phase de politiques industrielles volontaristes, on a redécouvert les déterminants essentiels du fonctionnement de l'entreprise. Les incitations des pouvoirs publics n'ont rencontré le succès que lorsqu'elles entraient dans un projet que la firme avait déjà imaginé. L'entreprise reste un agent rationnel qui n'intègre les injonctions de l'État et ses financements que pour mieux réussir une délocalisation, une percée technologique ou toute autre opération.

C. La fin des politiques industrielles classiques ?

Les aides de l'État à l'industrie vont perdurer, mais le ressort est cassé. «L'État ne prétend plus diriger l'industrie ni même la protéger du marché» écrit E. Cohen. La politique industrielle consiste seulement à permettre aux entreprises de dégager des profits qui devraient déboucher sur des investissements qui seront les emplois de demain. L'industrie est-elle d'ailleurs au centre des préoccupations quand on considère la place prise par la finance dans le fonctionnement de l'économie ? Non seulement des commis de l'État sont recrutés par des groupes bancaires, comme Simon Nora directeur de l'ENA, ou des chefs d'entreprise abandonnent l'industrie pour la finance, comme J.-P. Brunet, ancien président de la CGE, mais l'industrie «se met à faire de la finance» à la fin des années 1980.

En premier lieu, pour trouver les ressources financières qui leur manquent, les firmes s'adressent désormais au marché financier et non plus au seul guichet des banques depuis la réforme mise en place par le ministre de tutelle, P. Bérégovoy. Mais le marché offre aussi des opportunités de placements au moment où la crise industrielle réduit les marges de manœuvre des entreprises. Si quelques grands groupes se contentent d'une salle de change et d'une direction de trésorerie, d'autres sautent le pas et entrent dans les banques. Vincent Bolloré prend une participation dans la banque Duménil-Leblé, le groupe l'Oréal crée l'Oréal Finances pour gérer quatre milliards de liquidités. C'est aussi Hachette-Matra qui demande l'autorisation de fonder sa banque. Pour beaucoup d'experts, c'est une situation malsaine car l'appareil de production doit viser le long terme dans sa stratégie alors que le marché est particulièrement sensible et fonctionne à très court terme.

TABLEAU 12. — *Les liaisons banques-industries à la fin de l'année 1989*

Sociétés présentes	Banques	Sociétés contrôlées
CFP-Total, Schneider, L'Oréal Compagnie générale des eaux	Paribas	Beghin-Say, BSN, Fives-Lille Compagnie générale des eaux
Cerus, Elf, Pernod-Ricard, Saint-Gobain	Suez	Saint-Gobain, Lyonnaise des eaux, Bouygues,
Peugeot, CGE, Rhône-Poulenc, Pernod-Ricard, Michelin	Société générale	CGE, Devanlay, Pernod-Ricard, Salomon
Lafarge, Thomson, Rhône-Poulenc, CGE	Crédit commercial de France	CGE, Lafarge, Facom
Thomson	Crédit Lyonnais	Pinault, Bouygues, DMC

Source : Usine Nouvelle, novembre 1989.

Déjà marquées dans le passé, les liaisons entre grandes banques et entreprises industrielles se sont renforcées après les privatisations de 1986. Fin 1988, Paribas possédait pour 21 milliards de francs de participations industrielles tandis que chez Suez ces participations représentaient plus de 35 % de l'activité de la banque d'affaires. Les banques ont autant besoin des industriels que les entreprises des banques. Ceux-ci peuvent compter sur des recettes en provenance de services bancaires qui augmentent plus vite que toutes les autres et les banques permettent aussi d'être présent sur les marchés monétaires internationaux. Pour les banques, il est tout aussi important de tisser des réseaux d'entreprises et de participer à la restructuration du tissu industriel. Le Crédit Lyonnais constitue un bon exemple de cette mixité entre banque et industrie. En 1989, avec l'aval du gouvernement, le Crédit Lyonnais a accru son portefeuille de participations stables dans les grands groupes de 38 % (18 milliards de francs au total), de 73 % parmi les PMI et de 86 % dans les entreprises naissantes. Les liens entre Thomson-SA et le Crédit Lyonnais n'ont cessé de se renforcer, si bien qu'au mois de juillet 1993, la part de Thomson dans le capital du Crédit Lyonnais est estimée à 20 %.

Si la politique industrielle n'a pas complètement disparu, les stratèges des ministères sont empêtrés dans un contexte international qui empêche l'État de cibler facilement ses actions. Globale, l'activité des entreprises se place dans un monde où la circulation du capital, des biens et du savoir-faire est instantanée. Les innovations ne se font plus automatiquement dans le pays le plus riche en épargne ou en travail qualifié, si bien que la notion de secteurs stratégiques perd en grande partie de son sens du point de vue national. Dans ces conditions, l'aide de l'État doit s'adapter, privilégier l'environnement sans perdre de vue totalement les secteurs puisque la spécialisation fait partie de la contrainte de l'internationalisation de l'économie industrielle.

Une longue tradition de colbertisme, des liens trop étroits entre des hauts fonctionnaires et des entrepreneurs, issus souvent des mêmes grandes écoles (ENA, Mines, Pont-et-Chaussées et Polytechnique), plaident en faveur de la poursuite de l'interventionnisme de l'État dans le domaine industriel. Mais, l'accent est désormais mis plus souvent sur des aides à l'environnement économique et scientifique, plutôt que sur des transferts financiers aussi importants que dans les années 1960 ou au début du projet socialiste des années 1980. Ceci apparaît nettement lorsqu'on aborde l'étude des politiques sectorielles.

2. Les politiques sectorielles

Les instruments de la politique industrielle de l'État ne sont pas forcément orientés vers un développement de certains secteurs par rapport à d'autres. La phase des champions nationaux pendant la présidence de G. Pompidou ou celle, de même nature, des premières années de gouvernement socialiste, aboutit à former des conglomérats dont les synergies ne sont pas évidentes, même si la notion de filière prend une dimension importante dans la restructuration des années 1980. Il n'en est pas moins vrai que le rôle de l'État prend toute sa signification quand il développe une stratégie en faveur de quelques secteurs. Soit parce que ceux-ci appartiennent à des branches jugées stratégiques et qu'on ne peut condamner, malgré leurs difficultés, soit parce que dans un souci d'indépendance nationale, les pouvoirs publics jugent de leur devoir de soutenir de vastes programmes de recherches. Dans tous les cas, cette action sectorielle de l'État se fait en utilisant des ressources financières considérables qu'il est souvent le seul à pouvoir dégager, sans espoir d'une rentabilité immédiate.

A. L'aide financière sectorielle à l'industrie

Il est particulièrement difficile d'évaluer les apports de l'État à l'industrie car tous les ministères sont concernés à des degrés divers et leurs interventions sont insuffisamment coordonnées. On peut supposer que l'État engage 100 milliards de francs en moyenne par an, en faveur de l'industrie.

TABLEAU 13. — *Les actions sectorielles de l'État (en millions de francs courants)*

Contributions diverses	1984	1985	1986	1987	1988
Total grands secteurs	20 075	20 877	9 087	19 574	14 461
– Sidérurgie	3 415	4 617	– 6 032	5 547	5 325
– Électronique	1 680	2 512	2 204	2 004	1 990
– Chantiers navals	5 920	4 564	2 795	2 573	1 463
– Aéronautique	2 235	2 004	2 700	2 100	2 500
Plan textile	1 243				
Autres (machine-outil, papier…)	1 748	2 009	1 961	572	566
Total contributions diverses	23 066	22 886	11 048	20 146	15 207
Dotations en capital					
Total grands secteurs	10 926	12 883	13 013	13 666	13 963
– Sidérurgie	5 500	5 868	5 343	7 566	1 363
– Automobile	1 916	3 030	5 000	3 000	9 000
– Aéronautique	210	485	270	1 600	3 000
– Électronique	3 300	3 500	2 400	1 500	600
Autres (chimie)	2 500	1 910	430	3 270	1 100
Total dotations en capital	13 426	14 793	13 443	16 936	15 063
Total actions sectorielles	36 492	37 679	24 491	37 082	30 270

Source : ministère de l'Industrie.

Au milieu des années 1980, au cours de cette période charnière qui voit les socialistes changer de politique et le retour de la droite au pouvoir, 30 à 40 milliards de francs ont été distribués sous la forme de contributions diverses (subventions d'exploitation et aides à l'investissement) et de dotation de capital aux entreprises nationalisées. Ces aides financières ont profité à deux types de secteurs industriels. Tout d'abord, celui des branches en déclin dont on n'accepte pas la disparition et les conséquences sociales. A ce titre, la sidérurgie l'emporte largement en masse financière, en recevant en moyenne annuelle quelque cinq milliards de francs sur la période concernée. Seuls les charbonnages ont profité d'une aide identique. Un deuxième groupe bénéficiaire est constitué par des secteurs considérés comme stratégiques tels l'électronique pour les retombées technologiques que l'on attend et l'aéronautique étroitement liée à l'armement et la défense du territoire. Ce groupe participe aux progrès technologiques surtout quand on a des applications civiles. Comme les champions nationaux de ces mêmes secteurs connaissent presque tous des résultats négatifs, les dotations en capital complètent, dans les mêmes ordres de grandeur, les aides.

A ces sommes, il convient d'ajouter les contrats de recherche publics dont les montants ont régulièrement progressé durant la fin des années 1980 pour approcher 20 milliards de francs en 1989. A 80 % ces sommes sont destinées au domaine militaire, lequel, d'ailleurs, alimente une grande partie des dépenses faites pour le compte des marchés publics, ce dont profitent surtout les secteurs de l'électronique et de l'aéronautique. Enfin, d'une certaine manière, car les entreprises n'en sont pas directement bénéficiaires, les allocations spéciales versées aux salariés, victimes des restructurations peuvent être aussi comptabilisées. Le Fonds national pour l'emploi a distribué plus de 12 milliards de francs en 1988 et la convention nationale de la sidérurgie près de 6 milliards. Les 100 milliards sont atteints si on intègre les incitations fiscales ou les avantages qui sont accordés aux firmes qui investissent en matériel ou dans la recherche.

Il est particulièrement difficile d'évaluer les effets de tels transferts sur les secteurs industriels, d'autant que les objectifs varient suivant les années et les changements de gouvernement. On voit dans le tableau les conséquences de la nouvelle politique libérale du gouvernement Chirac en 1986. Toutefois, l'année suivante, on retrouvait les valeurs des années antérieures. Il est certain que les réussites relatives de l'État dans les secteurs du nucléaire, des télécommunications ou encore de l'aéronautique (Airbus, domaine spatial) ont été possibles parce qu'on a dépensé sans compter, pendant longtemps et en perdant beaucoup d'argent. Un haut fonctionnaire reconnaissait que la France n'a réussi sa politique d'aide aux industries que lorsqu'il y a eu une forte connivence entre l'État et les entreprises. Le plan de modernisation de nos équipements téléphoniques en est une bonne illustration, de même que, dans un autre domaine, le nucléaire. On verra plus tard que ces retombées sont souvent liées à l'effort de défense militaire du territoire.

B. Les politiques de secteurs

Les pouvoirs publics utilisent plusieurs voies pour conduire de telles politiques. Il peut s'agir de favoriser certaines entreprises qui ont la même production principale et de les pousser à se regrouper pour constituer les champions nationaux déjà évoqués. Cette solution est fréquente dans les secteurs en déclin, comme les charbonnages, la sidérurgie, mais aussi le textile avec le Plan de 1983. En clair, il s'agit de restructurer des branches soumises à une rude concurrence internationale et à la crise. L'autre orientation privilégie le développement de nouvelles branches comme les télécommunications, l'électronique et, de manière plus large, tout ce qui concerne les hautes technologies. Le Plan en faveur des machines-outils, dont le résultat est finalement désastreux, se situe à l'intersection de ces deux possibilités. L'État peut également choisir de mobiliser des entreprises de nature différente autour d'un programme qui touche le plus souvent la défense nationale ou porte sur des objectifs civils exigeant des investissements énormes. L'espace, l'Airbus et le nucléaire appartiennent à cette troisième catégorie.

L'étude des activités donnera l'occasion d'évoquer quelques-unes de ces politiques de secteurs. Toutefois, pour démonter les mécanismes de l'action sectorielle de l'État, on présentera, à titre d'exemples, trois illustrations de politiques industrielles appartenant aux deux cas de figure évoqués. En effet, la machine-outil, la sidérurgie et l'informatique illustrent de manière convenable le volontarisme sectoriel de l'État dans sa continuité. Quels que soient les gouvernements, le contexte international, le changement idéologique qu'a constitué l'arrivée au pouvoir des socialistes, l'objectif a été pratiquement le même : constituer des groupes puissants et conserver une maîtrise dans des branches jugées stratégiques pour l'indépendance nationale. La sidérurgie sera traitée à partir de sa phase de concentration tandis que l'informatique sera abordée à travers le Plan calcul dont on connaît les désillusions.

Le secteur de la machine-outil est essentiel pour l'ensemble de l'équipement industriel plus précisément dans le cas des industries métallurgiques, mécaniques, électriques et du bois. Or cette activité est particulièrement morcelée du fait d'une répartition entre une multitude de petites entreprises aux moyens financiers insuffisants pour s'adapter aux transformations technologiques et pour résister à la concurrence des firmes des autres pays, allemandes et japonaises notamment. En particulier, l'électronique, grâce à la commande numérique, a révolutionné des machines, libérant l'usinage d'une présence humaine constante. Or les petites entreprises françaises avaient pris un retard considérable dans cette évolution au cours des années 1970.

L'arrivée des socialistes au pouvoir en 1981 s'accompagne d'une politique volontariste dans ce domaine. La machine-outil constitue en effet la base d'un certain nombre d'activités, notamment celles de l'armement et de l'aéronautique jugée stratégiques. Le nouveau gouvernement impose donc un regroupement de la myriade des petites affaires travaillant dans ce secteur en pôles spécialisés. Les machines lourdes auront comme leader Machines françaises lourdes (MFL), les machines dites «catalogue» seront organisées autour de Intelautomatisme et les «rectifieuses» autour de Gendron. C'est un plan très ambitieux qui rassemble près de 60 % de la production et même plus s'y on y adjoint Renault qui réalise au début des années 1980 20 % de la production de la machine-outil. Le plan machine-outil s'accompagne de financements de l'État, près de 4 milliards à partir de 1982, qui vont permettre de donner aux entreprises les moyens de se restructurer et de se moderniser.

A la fin des années 1980, on doit dresser un constat d'échec de cette politique engagée par l'État. Les effectifs sont tombés à près de 10 000, soit deux fois moins qu'en 1981, la production a régressé même si une reprise a été enregistrée à la fin des années 1980. Les firmes constituant l'ossature de cette politique volontariste ont disparu comme MFL qui a dû déposer son bilan quand l'aide de l'État s'est tarie pendant le gouvernement de J. Chirac, ou bien elles ont été reprises par des sociétés étrangères. Le japonais Amada a repris Promecam, l'allemand Gildmeister est entré dans le capital de Sonim et l'italien Comau, filiale de FIAT a racheté Intelautomatisme. Seul Num, filiale de Télémécanique, apparaît comme un rescapé de cette politique puisqu'elle contrôle aujourd'hui 80 % du marché de l'hexagone en ayant repris ses principaux concurrents tout en réussissant à pénétrer sur le marché européen.

Cet échec résulte d'une conjoncture catastrophique entre 1982 et 1984, période pendant lesquelles les commandes diminuent d'un tiers, puis d'une nouvelle dépression du marché depuis 1990 qui fait suite à une période assez euphorique de 1988 à 1990. Comme on pourra le constater, à maintes reprises, par la suite, l'intervention de la puissance publique est soumise à la conjoncture internationale et ne peut se limiter au seul territoire national. La crise du début des années 1990 montre, cependant, que le bilan n'est pas totalement négatif puisque les constructeurs français résistent mieux que leurs homologues européens et que la part du matériel à commande numérique représente plus des deux tiers de la production contre un petit tiers au début des années 1980.

La sidérurgie fournit une autre facette de l'intervention de l'État dans sa volonté de restructurer les secteurs qui lui apparaissent fondamentaux. Les entrepreneurs de la sidérurgie ont vécu à l'abri d'un protectionnisme qui explique que la profession soit particulièrement émiettée en 1950, date à laquelle on comptait 110 sociétés et 150 usines, assez ignorantes de la situation du marché international, puisque la phase de reconstruction nationale leur assurait de substantiels débouchés. La sidérurgie est prioritaire au cours des trois premiers plans, mais les résultats sont plus satisfaisants en terme de production que de concentration de l'appareil, chacun profitant des investissements engagés pour maintenir sa position. La création d'Usinor remonte à 1948 pour pouvoir profiter de la manne du Plan Marshall tandis que Sidelor et Sollac naissent en Lorraine. Alors que la sidérurgie entrait dans la CECA, l'État l'enferme dans une politique de blocage des prix qui aura des conséquences, par la suite, au moment de la crise économique de 1975. En même temps, les pouvoirs publics signent un Plan professionnel sous la forme d'une convention collective générale qui s'inscrit dans les orientations du Ve Plan (1966-70). Contre un engagement des entreprises à se moderniser et à se restructurer, l'État prêtera près de 30 % des dépenses de modernisation, soit 2,7 milliards de francs à des taux très avantageux pendant trente ans. De fait, deux grands groupes émergent à la suite de cet accord : Usinor qui domine dans le Nord par absorption de Lorraine-Escaut, Sacilor-Sollac, en Lorraine, par fusion de De Wendel-Sidelor et Creusot-Loire.

Le bilan n'est guère satisfaisant si on considère qu'à la veille de la crise des années 1970, la sidérurgie est en état de surproduction, n'a pas achevé sa restructuration du fait de la réticence du patronat et manque de rentabilité en partie du fait du blocage des prix et de sa faible ouverture extérieure. Commence alors une faillite dont l'aboutissement est une quasi-tutelle de l'État, la constitution de deux grands groupes avant une nationalisation effective en 1981. Cet exemple montre que le volontarisme de l'État reste plutôt incitatif quand les entreprises sont suffisamment puissantes et le marché porteur.

Ce n'est pas le cas de l'informatique puisqu'aucune firme française n'est en mesure de s'opposer à la suprématie des géants américains. Pour autant, la série de plans qui se succèdent, notamment le Plan calcul, montre l'indécision des gouvernements face à un secteur industriel où l'ouverture internationale prime tout nationalisme. Le Plan calcul, décidé en juillet 1966, est né d'une double contrainte extérieure liée à la prise de contrôle des machines Bull par General-Electric et au refus par les États-Unis de vendre un ordinateur de forte puissance. De manière autoritaire, l'État regroupe de petites filiales de Schneider, Thomson-CSF et la CGE pour donner naissance à la Compagnie internationale informatique (CII) coiffée par un holding où sont représentées ces entreprises. En échange du leadership de Thomson, la CGE obtient le champ libre dans les télécommunications.

Pour réussir son pari et déboucher sur des résultats commerciaux satisfaisants, l'État n'a pas lésiné sur les instruments d'intervention ni sur son aide financière. Aux marchés d'études, s'ajoutent les prêts du FDES, des lettres d'agrément pour obtenir des moyens auprès des banques. Mais, le plus important tient à l'ouverture des marchés des administrations aux produits CII. La Délégation à l'informatique est chargée de la formation des fonctionnaires tandis que la Commission interministérielle de l'informatique coordonne les programmes d'équipement des corps de l'État.

Malgré la succession des «Plans calcul», tous dotés de ressources financières non négligeables, on peut parler d'assassinat du Plan calcul. En effet, la volonté de l'État de parvenir à une coopération européenne (structure commune appelée Unidata), en matière informatique, échoue en grande partie en raison de l'opposition des principaux partenaires de CII (CGE et Thomson) à un rapprochement avec Siemens et Philips. Sous la présidence de V. Giscard d'Estaing les pouvoirs publics optent pour une solution américaine en acceptant la participation de Honeywell, nouveau partenaire de Bull, tout en conservant la majorité dans le capital (53 %). Si la nouvelle société, CII-Honeywell-Bull conserve un marché réservé de plus de 4 milliards de francs sur quatre ans et obtient plus de 1,2 milliard de subventions on abandonne les développements techniques de la CII. Aussi, le gouvernement pousse-t-il d'autres entreprises, telle Thomson, à développer leur technologie dans l'informatique pour ne pas abandonner le marché aux Américains.

Les déboires de l'informatique publique se poursuivront pendant la vague de nationalisation et malgré un volontarisme encore plus marqué au temps des gouvernements socialistes, notamment pendant le grand ministère de l'Industrie de J.-P. Chevènement. On aura l'occasion de détailler cela en étudiant la filière électronique. Mais cet exemple montre déjà que les stratégies sectorielles nationales ne peuvent être isolées d'un contexte européen, d'une association à d'autres groupes d'origine étrangère. De même que la politique industrielle relève de plus en plus du pilotage à vue, l'action sectorielle est rendue plus difficile par cette internationalisation de la production et le renouvellement très rapide des biens, surtout dans la fabrication des machines de bureau.

C. Quelles stratégies sectorielles pour l'avenir?

Il est donc devenu de plus en plus difficile à l'État de cibler des actions sectorielles ayant un caractère d'indépendance marquée, comme dans les années 1970. Dans le domaine des technologies de pointe, la coopération entre les grands groupes devient la règle, non sans susciter des craintes. La France peut-elle continuer de conduire une politique nationale dans le domaine des semi-conducteurs quand les firmes américaines, européennes et japonaises s'allient entre elles pour fabriquer les puces de la nouvelle génération? Peut-on empêcher Renault de trouver des solutions industrielles avec les Japonais comme le font les autres grands constructeurs européens. Même un choix européen peut être remis en question, comme le prouve la norme de télévision D2Mac pour la télévision haute définition. Nous aurons l'occasion de constater que Thomson a travaillé conjointement dans plusieurs directions, notamment aux États-Unis afin de dominer la numérisation des images, norme qui devrait triompher à la fin des années 1990.

TABLEAU 14. — *Les technologies « stratégiques » selon les États-Unis*

Matériaux	Production	Information et communication
Traitement des matériaux Céramiques, composites Métaux et alliage performants	Gestion de production assistée par ordinateur Fabrication assistée par ordinateur Technologies et gestion des systèmes complexes	Logiciels Micro-électronique Réseaux et ordinateurs haute performance Images et écrans haute définition Stockage des données
Biotechnologies et science	*Aéronautique et transport*	*Énergie et environnement*
de la vie Biologie moléculaire appliquée Technologies médicales	Aéronautique Technologie de transport de surface	Technologies de l'énergie Gestion et traitement des déchets Réduction de la pollution

Source : Bureau des technologies de la Maison Blanche, *Le Monde* du 6 avril 1993.

Bien que l'électronique soit présente dans presque toutes les technologies dites «critiques», la complexité des recherches à conduire, les financements à trouver permettent de dire qu'il n'est plus possible de tout faire. Les actions sectorielles de l'État relèvent plutôt de l'environnement de l'entreprise et non plus de politiques de secteurs comme précédemment. Cela n'exclut pas un retour aux pratiques antérieures, comme pendant la période de gouvernement de Mme E. Cresson que certains ont qualifiée de réveil industriel et qui s'est traduit par la construction d'un pôle électronique fort autour du CEA. Mais ce «méccano industriel» n'a pas résisté à la réalité des faits et aux divergences de stratégie des entreprises. Aussi, les interventions de l'État suivent des voies plus diffuses.

Il s'agit de fournir aux entreprises les plus performantes, sans oublier les PMI, des conditions favorables à leur développement dans les technologies stratégiques. Pour cela, l'État tente de créer les conditions de la libre concurrence et joue sa partie au niveau de l'économie en général : politique du franc fort, défense des intérêts nationaux vis-à-vis de la concurrence des pays en voie de développement, aides à l'exportation… C'est le sens des décisions actuelles de l'État qui souhaite que l'accord automobile avec les Japonais soit renégocié et que la défense du secteur textile soit mieux prise en compte dans le cadre de l'Union européenne. En ces temps budgétaires difficiles, l'État n'a pas de mal à se convaincre que l'initiative doit venir de la base, des entreprises que les pouvoirs publics soutiendront quand cela sera nécessaire. Cette approche de type «environnement» n'exclut pas quelques plans sectoriels, mais la priorité est l'emploi et non plus seulement la maîtrise des technologies de pointe. Qu'en sera-t-il dans quelques années?

3. Entreprises publiques et secteurs industriels

Depuis le Front populaire et la Libération, le secteur public a toujours occupé en France une grande place. Mais, en ce qui concerne le domaine des industries manufacturières, cette présence était limitée à des secteurs assez précis. A côté des filiales chimiques des Charbonnages de France, de celles des groupes pétroliers Elf-Aquitaine et Total (SANOFI et ATO), de EMC (chimie), de Renault dans l'automobile, l'essentiel des entreprises publiques industrielles se concentrait dans l'aéronautique et l'armement, de manière directe ou indirecte : SNIAS, SNECMA, SNPE. Les nationalisations de 1981 ont constitué un tournant car jamais l'État n'avait été à la tête d'un ensemble industriel aussi puissant et diversifié. Cela constitue une caractéristique française parce qu'aucun de nos partenaires dans la Communauté européenne ne dispose d'un tel appareil aux mains de l'État. En fait, au fil des années 1980, la séparation entre privé et public se fait moins nette. Des groupes publics sont privatisés ou vont l'être tandis que, par le jeu de prises de participation, capitaux publics et privés s'interpénètrent un peu plus chaque année.

A. *Un poids variable suivant les secteurs*

Les nationalisations de 1981 portent sur cinq grands groupes industriels qui font l'objet d'une prise de contrôle à 100 % : CGE, Thomson-Brandt, Saint-Gobain-Pont-à-Mousson, Péchiney-Ugine-Kulhmann et Rhône-Poulenc. Les groupes sidérurgiques Sacilor et Usinor font l'objet d'une loi spéciale, dans la mesure où l'État est déjà le principal actionnaire depuis 1978. Quant à Dassault et Matra, ces deux sociétés font l'objet d'un contrôle à 51 %. Enfin trois groupes sous tutelle étrangère sont nationalisés : Honeywell-Bull, la CGCT et Roussel-Uclaf. En procédant ainsi, l'État devient un très gros employeur avec 15 % des effectifs de l'industrie et les firmes qu'ils dirigent réalisent quelque 30 % du chiffre d'affaires hors taxes.

A la suite de la vague de privatisation en 1986 et 1987, le secteur public est amputé de quelques entreprises et sa part dans le chiffre d'affaires hors taxes n'est plus que de 20 % environ. Cependant, la liste des secteurs dont la part dans le chiffre d'affaires est supérieure à cette moyenne montre que la répartition des entreprises publiques est toujours aussi forte dans le domaine des biens intermédiaires et des biens professionnels. Son poids est déterminant dans la sidérurgie, la métallurgie des non-ferreux, l'extraction des minerais, notamment la bauxite, la chimie et le secteur des fils et fibres synthétiques. Son poids est toujours marqué, mais à un degré moindre dans le domaine de l'électronique, de l'informatique et de l'armement, de même que dans l'automobile par l'intermédiaire de Renault. Dans toutes les autres branches, sa représentation est faible, voire dérisoire dans les biens de consommation.

TABLEAU 15. — *Poids des entreprises du secteur public en 1990 (en %)*

NAP	Secteur d'activités	Nombre	Effectif	Chiffre d'affaires hors taxes
10	Sidérurgie	47	88	90
33	Constructions aéronautiques	14	70	78
43	Fils, fibres artificiels et synthétiques	33	79	74
17	Chimie	23	69	65
13	Métaux et demi-produits non ferreux	23	63	65
12	Extraction de minerais non ferreux	50	60	59
11	Premières transformations acier	17	28	40
31	Autos, motos, cycles	2	27	31
14	Minéraux divers	11	39	26
29	Matériel électronique	3	22	26
27	Bureautique, Informatique	2	34	20
19	Pharmacie	9	17	20
	TOTAL INDUSTRIE	1	14	19,5

Source : INSEE et SESSI au 1er janvier 1990.

Le poids du secteur public s'exerce surtout par la taille des groupes qui le constituent. En effet, en dehors de la sidérurgie et dans une moindre mesure du secteur de l'extraction, la part de l'État dans le nombre d'entreprises de la branche est faible. En revanche, ce pourcentage est élevé en termes d'effectif et de chiffre d'affaires grâce à quelques firmes qui ont une dimension internationale. Trois d'entre elles, Renault, Saint-Gobain et Thomson comptent plus de 100 000 salariés et, au total, la douzaine de groupes publics recensés dans le tableau emploient près de 900 000 personnes, soit un peu plus de 20 % de l'emploi dans les industries manufacturières. Elf-Aquitaine se classe au premier rang des entreprises françaises, mais ce groupe n'exerce qu'une partie de ces activités dans l'industrie manufacturière, aussi Renault est en fait la première société publique et occupe le cinquième rang. La majorité des autres se placent entre la vingtième et la cinquantième place.

On ne peut se contenter d'observer le secteur public en terme de poids. Sa force résulte plutôt de l'utilisation que les pouvoirs publics vont en faire pour dynamiser l'industrie française et mener la politique sectorielle rendue encore plus nécessaire par l'évolution fordiste de l'industrie mondiale.

TABLEAU 16. — *Le poids des grands groupes publics parmi les 1 000 premières entreprises en 1990*

Rang	Entreprises	Secteurs	Chiffre d'affaires	Effectif	Part du CA à l'étranger
1	Elf	Chimie	200,60	86 930	63 %
5	Renault	Automobile	166,00	147 815	43 %
20	Usinor-Sacilor	Sidérurgie	97,20	97 845	66 %
25	Rhône-Poulenc	Chimie	84,00	89 051	77 %
29	Saint-Gobain	Verre	75,00	104 653	72 %
32	Péchiney	Métaux	74,50	70 749	61 %
34	Thomson	Électronique	71,30	105 200	69 %
47	Aérospatiale	Aéronautique	49,60	43 200	65 %
50	C.E.A. Industrie	Nucléaire	39,00	37 270	28 %
54	Bull	Informatique	33,50	39 878	65 %
69	SNECMA	Aéronautique	24,00	26 600	57 %
93	EMC	Chimie	16,00	13 500	46 %

Source : *L'Entreprise*, décembre 1990.

B. Groupes publics et politique sectorielle

L'État exprime sa volonté industrielle par des investissements et pour la première fois, à partir de 1982, la liaison entre ceux-ci et le secteur public est devenue vraiment significative. Or les pouvoirs publics se trouvent en face de groupes qui perdent beaucoup d'argent et qu'il faut donc soutenir financièrement. A titre d'exemple, tous les groupes sont dans le rouge en 1982, à l'exception de Saint-Gobain et de la CGE qui sont d'ailleurs les seuls à avoir des excédents de manière régulière. Pour tous les autres groupes, les pertes sont importantes et peuvent même être considérables : – 8 milliards dans la sidérurgie, – 4 milliards chez Péchiney, – 2,2 milliards dans l'électronique. Cette même année 1982, l'État versait plus de 8 milliards de dotation aux seuls grands groupes et accordait pour 5 milliards de prêts. Ces sommes étaient doublées l'année suivante et reconduites en 1984. Aussi, au moment où l'investissement décline dans l'industrie, celui des entreprises publiques progresse. Certes, cela s'explique en partie par l'importance de la représentation dans les biens intermédiaires où la capitalisation est nécessairement plus forte, mais on constate que seul le secteur public a réellement investi, pendant cette période, alors que près de 145 milliards ont été investis dans l'industrie, entre 1982 et 1983.

Toutefois, ces apports massifs de l'État posent le problème de leur affectation sectorielle, avec le risque d'un surinvestissement dans les biens intermédiaires et de sous-investissement dans les biens d'équipement. De fait, les investissements stagnent dans l'aéronautique et le matériel de transport terrestre alors qu'ils progressent fortement dans la sidérurgie au moment ou se dessinent des surcapacités de production. Ces errements ont aussi résulté de la concurrence que peuvent se faire des entreprises publiques dans un même secteur, de leur capacité à défendre leurs intérêts en intervenant comme des groupes de pression. D'où le regroupement d'Usinor et Sacilor et la création d'un pôle chimique plus affirmé. On entre ainsi dans une politique de restructuration des groupes publics dans le sens des filières et d'une position dominante d'un groupe par branche.

Dans le secteur des biens intermédiaires, les pouvoirs publics ont profondément transformé la physionomie de plusieurs groupes suivant le principe d'un recentrage de chacun sur son métier de base. L'exemple le plus significatif est le démantèlement de Péchiney-Ugine-Kulhmann, vaste conglomérat sans véritable synergie. Péchiney doit céder les activités chimiques de Kulhmann aux deux autres groupes publics (ATO et CDF-Chimie), sa branche Ugine-acier à Sacilor, ainsi le groupe peut se recentrer sur son activité de base, l'aluminium, tout en retrouvant son ancienne dénomination. A l'inverse CDF-Chimie voit son chiffre d'affaires passer de 18 à 25 milliards de francs par incorporation de Kulhmann mais aussi de la division engrais de Rhône-Poulenc. De même, Elf est obligé de renforcer son pôle chimique par reprise des filiales de Total, de Péchiney tout en conservant Sanofi. Enfin, dans la sidérurgie, la restructuration se fait autour de Sacilor et Usinor en recevant la division acier de Renault, de Péchiney, de Creusot-Loire tandis que dans le domaine des minerais le CEA devient le principal opérateur notamment par la prise de contrôle d'Imétal.

De la même manière le gouvernement procède à des opérations de concentration dans la filière électronique. Il oblige d'abord Saint-Gobain à abandonner sa participation dans Bull. Plus important encore pour la situation actuelle et après des hésitations, les pouvoirs publics décident de laisser les télécommunications à la CGE (Alcatel-Alsthom aujourd'hui) et la division armement, composants et électronique à Thomson. Les participations de la CII et de Saint-Gobain dans Olivetti sont abandonnées au profit de la CGE. Mais des incertitudes demeurent sur le poids de Thomson dans le secteur des composants face à ces rivaux nord-américains et surtout japonais.

Les entreprises publiques sont aussi autorisées à investir à l'étranger pour prendre une dimension internationale. Paradoxalement, la plupart de ces pénétrations se font aux États-Unis sans que ce pays s'y oppose alors qu'il s'agit de groupes dépendants de l'État. Les opérations les plus spectaculaires, engagées cependant avant la nationalisation, sont l'offre publique d'achat (OPA) d'Elf-Aquitaine sur Texas-Gulf (chimie et mines) en 1981 et le contrôle d'AMC et de Mac Truck par Renault. On peut y ajouter les projets d'usines de Péchiney en Australie et au Québec qui précédent la reprise du premier groupe américain de l'emballage, American National Can (ANC), à la fin des années 1980.

Cette politique de pénétration des groupes publics à l'étranger permet de rattraper une partie du retard que la France avait prise par comparaison avec les autres pays européens. Étant devenu compétents dans leur métier, Elf-Aquitaine,

Péchiney, Rhône-Poulenc et Saint-Gobain ont pu s'affirmer et mondialiser leurs activités, d'autant qu'elles ont entraîné dans leurs sillages des firmes privées. Mais les entreprises publiques n'ont-elles pas payé un prix trop élevé et ont-elles suffisamment pris en compte la rentabilité des affaires achetées? On connaît aujourd'hui l'échec de Renault dans sa conquête des États-Unis. En se lançant sur cette voie, les entreprises publiques ne se démarquent plus vraiment des firmes privées. Où se place désormais la frontière entre public et privé une fois que les résultats déficitaires ont été apurés et que l'État ne peut plus seul faire face aux engagements à venir?

C. Vers un rapprochement du public et du privé?

Après cette phase de restructuration du secteur public, le débat se déplace à partir de 1985 sur la place de l'État actionnaire. En injectant plus de 100 milliards de francs entre 1982 et 1988 dans les entreprises industrielles publiques, l'État a fait ce qu'aucun actionnaire privé n'aurait été en mesure de faire. En reprenant la politique des champions nationaux, il permet aux entreprises publiques de se classer parmi les plus grandes en Europe, tout en confortant des programmes sectoriels. Mais, ces entreprises publiques manquent cruellement de fonds propres et l'État doit veiller désormais à ce que Bruxelles n'interprète pas ses aides comme une atteinte à la concurrence. Le cas s'est posé pour Renault. Aussi, quand Péchiney veut prendre le contrôle de ANC, la firme doit se livrer à des contorsions financières car le budget de l'État ne peut lui être d'aucun secours tandis que l'appel au marché financier peut être interprété comme une privatisation rampante.

L'État n'a plus depuis 1991, en raison de la récession économique, les moyens financiers des politiques sectorielles qu'il souhaite conduire. Ainsi la dotation en capital des entreprises nationalisées a été délicate à établir en 1991, moins de 4 milliards pouvant être attribués alors que les besoins sont plus considérables. C'est particulièrement sensible dans le domaine de l'aéronautique et de l'électronique, en raison de la détérioration de la situation internationale et des coûts de la recherche. Les pertes de Bull en 1991 étaient estimées à 7 milliards quand son programme de recherches de quatre ans exige 11 milliards de francs.

C'est également au cours de ces trois dernières années que le secteur financier public s'est vu doter par l'État de participations industrielles de plus en plus importantes, au point que F. Morin parle de «cœur financier» puissant et organisé qui est le préalable à l'introduction de capitaux privés soit au cours de prises de participations minoritaires, soit par le biais de la privatisation qui devrait s'amplifier avec le retour de la droite au gouvernement. Ce cœur présente trois caractéristiques principales

L'État demeure le principal actionnaire des entreprises mais son pouvoir est maintenant partagé avec d'autres organismes du secteur public au sein de réseaux associant les financiers et les entreprises industrielles. Le plus important de ces réseaux est organisé autour de la Caisse des dépôts et consignations qui innerve la quasi-totalité des pôles financiers et qui, par conséquent, possède des participations significatives dans bon nombre d'entreprises publiques. Il serait ainsi paradoxal de voir l'État demeurer un important actionnaire (20 % et 16 %) de Bull et Thomson après privatisation. Parmi les autres alliances, on trouve celle du Crédit Lyonnais associé aux AGF, présent dans les groupes Usinor-Sacilor, Framatome, Rhône-Poulenc, Total et Péchiney tandis que le deuxième pôle financier est organisé autour du couple BNP-UAP dont les principales participations sont Elf-Aquitaine et Péchiney. Comment qualifier ce nouveau type de capitalisme vers lequel la France semble se diriger ? Modèle libéral de type anglo-saxon, fondé sur la compétition interne et la concurrence ou bien modèle allemand, basé sur une politique industrielle active pour défendre le marché intérieur et une compétitivité externe pour profiter des effets d'échelle de l'internationalisation ?

Incontestablement c'est ce second modèle qui semble être suivi et qui s'impose du fait de l'intégration européenne de plus en plus forte. Toutefois, il est marqué par un pseudo-capitalisme à la française en raison du contrôle exercé par une caste issue de la fonction publique. Et cette influence de l'État se prolonge dans le privé puisqu'au moment des privatisations il choisit le patron de l'entreprise privatisée et compose en quelque sorte le conseil d'administration.

L'enjeu des privatisations ne réside pas seulement dans le retour au privé de quelques-uns des grands groupes publics. Les privatisations de 1986 ont été plutôt une réussite, mais les entreprises cédées par l'État étaient parmi les plus performantes. De même, celles qui ont été mises en vente fin 1993 dégagent des bénéfices, ce qui est indispensable quand on songe que cette privatisation doit permettre de combler le déficit budgétaire de l'État et son endettement. Mais la privatisation des organismes financiers publics peut avoir des effets tout aussi importants sur la structure industrielle de la France. Son contrôle par l'État a permis de réguler et coordonner les fusions et acquisitions. Ne risque-t-on pas de retomber dans un affrontement entre groupes financiers avec des conséquences néfastes sur les entreprises qui en sont dépendantes au point de perdre de vue les synergies nécessaires au strict plan des activités industrielles ?

Ainsi, depuis sa privatisation en avril 1994, l'UAP est devenue la pièce centrale du capitalisme français, d'autant que cette société d'assurance a des liens étroits avec la BNP, la troisième banque nationale elle aussi récemment privatisée. Autour de ce pôle financier gravitent plusieurs grands groupes industriels comme Saint-Gobain, Elf-Aquitaine. Le temps seul dira si de tels liens sont suffisamment solides et si l'industrie française en sort plus forte.

En cette dernière décennie du XXe siècle, le rôle de l'État apparaît certainement de moins en moins spécifique et la stratégie des groupes nationalisés ne se différencie plus de celle des multinationales étrangères. Si l'État a pu être à la fois le concepteur, le producteur et le client d'une politique industrielle jusqu'au début des années 1980, on observe que ceci est de moins en moins possible. D'abord, parce que l'État n'a plus les mêmes moyens financiers de cette politique, ce qui le conduit à faire des choix entre les différents secteurs. Plus important, la marge de manœuvre des pouvoirs publics s'est réduite à partir du moment où l'internationalisation des entreprises, privées ou publiques, a été plus forte. Ce n'est plus l'investissement qui semble emporter la décision mais les marchés mondiaux et bien des échecs découlent de cette contrainte qui, bien entendu, met à mal toute politique sectorielle précise.

Quel peut être le rôle d'un État dont le noyau industriel public serait réduit à la suite des privatisations? Dans le contexte actuel, on attend de lui une politique «d'environnement», reposant sur des aides fiscales et des interventions sur les effets conjoncturels, dans le respect du marché. La défense des intérêts du textile ou le programme lié à la télévision haute définition en Europe sont de cet ordre. En procédant ainsi, l'État prend plus en compte les petites et moyennes entreprises industrielles qui produisent sur le sol national et qui contribuent au maintien ou à la création d'emplois. Au total, sous la double contrainte budgétaire et économique, au moins pour quelques années, les politiques sectorielles seront limitées et les choix, en matière de développement des secteurs, plus dépendants des décisions d'entreprises guidées surtout par le marché.

Références bibliographiques

ANDRÉ C. et SICOT D., Privatisations dans l'indifférence, *Alternatives Économiques*, n° 109, août 1993, p. 14 à 16.

BONIN H., *Histoire économique de la France depuis 1880*, Masson, Paris, 1988.

COHEN E., *L'État brancardier*, Calman Levy, Paris, 1989.

COHEN E., Nationalisations, une bonne leçon de capitalisme, *Politique Économique,* avril 1986.

CRESPY G., Les stratégies d'investissement dans les entreprises du secteur public industriel, *Revue française d'administration publique*, juillet-septembre 1991.

FREMEAUX Ph., Comment l'État aide l'industrie, *Alternatives Économiques*, n° 67, mai 1989, p. 30-31.

GILLY J.-P. et MORIN F., Les groupes industriels en France, concentration du système productif depuis 1945, *NED*, n° 4605-4606, février 1981, 140 pages.

L'expansion internationale des entreprises publiques françaises depuis 1981, dans le Rapport du Haut conseil du secteur public, Documentation française, 1984, volume 1 : L'extension du secteur public, les objectifs et les réalisations, 374 p. ; volume 2 : La gestion du secteur public : le suivi des activités, 529 pages.

L'industrie française face à l'ouverture internationale, Economica.

PARÉ S., *Informatique et géographie*, PUF, 1982, 220 pages.

ROUILLEAULT H., Groupes publics et politique industrielle, *Revue Économie et prévision*, n° 4, 1985, 11 pages.

SAINT-MARC M., Le financement du développement industriel de 1945 à 1985, *Revue d'économie industrielle*, n° spécial 1986.

STOLÉRU L., *L'impératif industriel*, Le Seuil, Paris, 1969.

3. Les activités industrielles face à la crise et à la concurrence

Encadrées par l'État pendant la période de croissance économique, soutenues financièrement durant la crise économique des années 1980, les activités industrielles auraient dû être armées pour manifester leur dynamisme, au moment de la reprise, et pour paraître plus agressives sur le marché international quand celui de l'intérieur était en récession. Or, cette période se caractérise par une dégradation de la balance commerciale industrielle, alors que celle-ci était demeurée positive, même au plus fort de la crise pétrolière de 1975, et par une contraction de l'emploi dans presque toutes les branches.

L'industrie manufacturière apparaît désormais très internationalisée. De ce fait, les récessions chez nos partenaires ont des effets presque immédiats, tandis que l'agressivité de nos concurrents fait peser des menaces sur l'emploi, sur le territoire national et se traduit par des pertes de marché, chez nos principaux clients.

La plupart des indicateurs révélant une dégradation conjoncturelle, voire structurelle, dans certaines branches, comme celles des biens de consommation, de nombreux travaux s'interrogent sur la compétitivité de l'industrie manufacturière française. Depuis quelques années, l'accent est mis sur les secteurs, les branches et les filières car la France semble trop généraliste par rapport aux autres grands pays industrialisés. Un débat s'instaure sur ces thèmes, de même que sur un recours au protectionnisme pour défendre les secteurs les plus menacés. Sur tous ces points, les réponses ne sont pas simples, tant est grande la complexité de la croissance et la mesure de la compétitivité des activités industrielles.

1. La contraction de la croissance et la crise de l'emploi

L'industrie française n'est pratiquement jamais sortie de la crise depuis 1974, malgré la petite reprise de la fin des années 1980. Mais, cette crise a des racines plus lointaines et, avant même le déclenchement de la crise pétrolière, des signes avant-coureurs indiquaient que le modèle de croissance des années 1960 connaissait des difficultés. En effet, la croissance a reposé, pendant les « Trente Glorieuses », sur la forte demande intérieure qui a entraîné les investissements des entreprises qui devaient s'équiper pour satisfaire cette demande. C'est la période où la politique gaulliste a été la plus efficace car la volonté d'indépendance coïncidait avec un marché porteur.

Progressivement, le rôle de l'extérieur est devenu de plus en plus important sans que l'on ait une connaissance exacte de la chronologie de ce basculement. Il est certain que la compression de la demande intérieure en 1963, la dévaluation de 1969 qui a dopé les exportations, ont incité les entreprises à se tourner vers le marché international. De cette manière, l'industrie française est devenue plus sensible à la conjoncture internationale, et on voit bien aujourd'hui les conséquences de la stagnation du marché allemand, à la suite de la réunification, sur les autres pays européens.

Depuis 1974, l'industrie française souffre donc d'une extraversion grandissante qui s'accompagne d'une faible croissance. Alors que jusqu'en 1973, le taux de croissance de l'industrie était de deux points plus élevés, en moyenne, que la progression du PIB, on observe un décrochage tel que durant les années 1980 le taux de croissance de l'ensemble de l'industrie a été de 0,2 % par an contre 1,7 % pour le PIB. Si cette perte de dynamisme a un retentissement profond sur l'emploi, d'autres éléments paraissent tout aussi importants, comme la rentabilité, l'endettement et les moyens d'investissements des firmes. Dans ces différents domaines, chaque secteur se définit par sa propre dynamique.

A. Une dégradation différente du dynamisme suivant les secteurs

Entre 1970 et 1974, à la veille de la crise, le taux de croissance annuel moyen de l'industrie était de 5,5 %. Il était plus élevé dans les filières correspondant à

TABLEAU 17. — *Indices de la production industrielle (base 100 en 1985)*

Branches d'activités	1980	1988	1989	1990	1991
Industrie	102	108	112	114	114
Industrie manufacturière	106	108	113	116	116
Biens intermédiaires dont minerais et première transformation de l'acier	106 124	110 100	115 101	115 98	114 94
Biens d'équipements professionnels dont constructions électriques et électroniques	107 91	106 104	111 106	116 112	113 107
Biens d'équipements ménagers	110	121	130	129	126
Constructions de véhicules et matériel terrestre	112	123	131	129	125
Biens de consommation courante dont textile cuir et chaussures	102 112 105	103 89 81	107 87 82	108 84 83	108 81 79

Source : INSEE-SESSI.

des secteurs porteurs comme l'électronique, l'automobile, l'équipement ménager et la chimie, où on dépassait fréquemment 6 % avec des pointes à plus de 7 %, comme dans la pharmacie et le matériel électrique. En revanche, les taux étaient un peu plus faibles dans des filières plus traditionnelles telles la métallurgie et les biens de consommation courante. Toutefois, l'ensemble des secteurs était porté par une vague de croissance, assez exceptionnelle, qui tranche avec la crise pétrolière et la récession du début des années 1990.

Entre 1974 et 1980 quelques secteurs apparaissent comme des points noirs dont le traitement ne paraît pas évident puisqu'on se trouve, en général, face à des surcapacités de production qui exigent des fermetures d'usines et des licenciements. Or, ces mesures frappent des régions dominées par l'une ou l'autre de ces activités avec les conséquences sociales et économiques qu'on devine. Ont été particulièrement visés, la sidérurgie de Lorraine car le premier Plan acier de 1977 y prévoyait 11 000 licenciements, les chantiers navals de la région marseillaise, plus menacés que ceux de la Basse Loire, ou encore les Vosges et son industrie cotonnière.

Cette croissance à deux vitesses selon les secteurs se vérifie tout au long des années 1980 car la courte reprise économique de la fin de cette décennie profite surtout aux activités industrielles qui ont toujours fait preuve de dynamisme. L'armement et l'aéronautique se montrent de loin les plus dynamiques avec des taux de croissance d'environ 10 % entre 1979 et 1984. L'industrie pharmaceutique réalise aussi une bonne performance avec 7 % par an en moyenne, immédiatement suivie par l'électronique ménager et professionnel. A l'exception des deux premiers cités qui trouvent leurs débouchés à l'exportation, les autres secteurs industriels qui connaissent une reprise s'appuient sur le redémarrage de la demande intérieure car les biens de consommation tirent partie du partage des revenus et les ménages utilisent leur épargne pour consommer. Ce phénomène ne joue pas, cependant, pour l'habillement en général.

Par rapport à une base 100 en 1985, on constate une nette reprise jusqu'en 1989, la progression de l'indice étant un petit peu meilleure pour les industries manufacturières que pour l'ensemble de l'industrie pénalisée par la poursuite de la crise du bâtiment et des travaux publics ainsi que par celle de la branche énergie et raffinage. Mais au sein des industries manufacturières, on observe les mêmes oppositions entre les secteurs. La sidérurgie se signale toujours par la stagnation de son indice tandis que c'est un nouveau recul qu'enregistrent les industries du textile, du cuir et de la chaussure. Dans leurs cas, on est loin du niveau de l'année 1980, ce qui traduit la profondeur et l'ancienneté de la crise qui les affecte. Les secteurs industriels sont de plus en plus dépendants de l'extérieur et l'atonie générale se répercute sur leurs résultats.

L'appréciation des performances sectorielles de l'industrie française ne peut être jugée à la seule évolution du taux de croissance. D'autres paramètres doivent être pris en compte, comme la rentabilité et l'endettement, afin de nuancer les résultats des différents secteurs. Cette approche a été faite par l'INSEE pour la phase 1979-1984 qui correspond à une période charnière entre la fin de la crise pétrolière et la reprise qui commence à se manifester. Elle permet de démontrer que si quelques secteurs (extraction, machines-outils) sont en situation catastrophique quels que soient les indicateurs observés, d'autres connaissent des situations contradictoires et peuvent être répartis en quatre grands groupes (fig. 3).

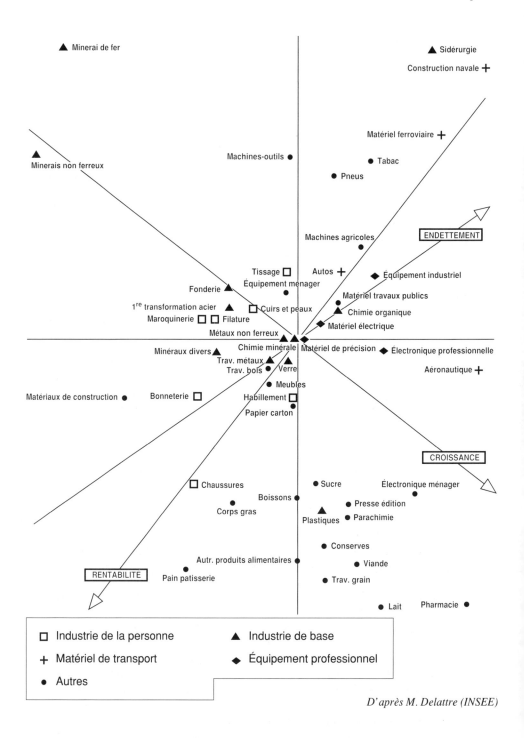

D'après M. Delattre (INSEE)

FIG. 3. — *Les performances sectorielles de l'industrie française (1979-1984).*

Certains secteurs se signalent par leur *croissance soutenue en terme de production* (en bas à droite sur le graphique) pendant la période 1979-1984. La parachimie, la pharmacie, l'électronique grand public, la presse et l'édition, de même que bon nombre d'activités de l'industrie agro-alimentaire figurent en bonne position. Toutes ont continué d'être portées par la consommation intérieure, ce qui leur a permis de conserver leurs effectifs, voire de créer quelques emplois. Ces activités font preuve également d'une certaine rentabilité en terme de résultats financiers, mais moins, cependant, qu'une autre série de secteurs qui se situent dans la zone des *fortes rentabilités* (en bas à gauche sur la graphique). A coté de quelques IAA, on est étonné de trouver des industries de biens de consommation traditionnels, comme le textile, l'habillement, la chaussure dont la production recule pourtant de 1 à 2 % par an. Cette forte rentabilité ne doit pas faire illusion sur le dynamisme de ces secteurs. En effet, leurs résultats financiers satisfaisants tiennent à une moindre dépendance à l'augmentation du coût de l'énergie, à un glissement vers l'activité commerciale, qui fait que certaines entreprises ne sont plus que des donneurs d'ordre de fabrication, et à des salaires plus faibles que dans les autres domaines. Cela donne l'impression d'un « ajustement vers le bas » qui est sûrement bénéfique à court terme, mais inquiétant quant à l'avenir car les investissements sont dans l'ensemble faibles.

La plupart des industries de biens intermédiaires, sidérurgie, constructions navales, équipement industriel, ainsi que, dans une moindre mesure la construction automobile et la chimie organique, se retrouvent dans la zone des secteurs de *fort endettement*. Tous ces secteurs ont en commun de livrer des produits standardisés pour lesquels la concurrence porte essentiellement sur les prix ce qui les soumet à la pression extérieure. Presque tous réalisent des investissements considérables pour moderniser l'outil de production et être en mesure de résister à la concurrence. D'autres secteurs accumulent un fort endettement combiné à une régression soutenue de la production (en haut à gauche du graphique). S'il est normal d'y trouver l'extraction des minerais, en raison de l'épuisement des gisements en France, la présence de la fabrication des machines-outils, de l'équipement ménager, du tissage, de la maroquinerie, témoigne de la vivacité de la concurrence et de la faible résistance de ses activités.

Bien qu'on ne dispose pas d'une étude équivalente pour la période récente, on peut estimer que cette répartition est toujours valable malgré l'amélioration ponctuelle dans tel ou tel secteur. Car les années 1980 ont été plutôt favorables pour l'entreprise en matière de profits, ce qui a permis de réduire l'endettement, notamment dans l'automobile. Mais les grandes tendances demeurent, dans la mesure où les biens intermédiaires ont des besoins d'investissements plus importants alors que d'autres secteurs peuvent continuer d'être portés par la demande sur le marché intérieur comme la pharmacie.

B. Des pertes d'emplois considérables

La contraction de la production et la montée de l'endettement ont progressivement conduit les entreprises à licencier. Certes, les difficultés remontent à la crise pétrolière, mais les licenciements ont été moins nombreux qu'ils n'auraient dû

TABLEAU 18. — *Évolution de l'emploi par branches industrielles depuis 1980 (en milliers)*

	1980	*1984*	*1986*	*1989*	*1991*	*Variation 1980-91*	*Variation 1980-86*	*Variation 1986-89*
Industrie textile, habillement	565	470	433	373	341	− 224	− 132	− 60
Automobile matériel de transport	509	448	409	376	371	− 138	− 100	− 33
Construction mécanique	535	476	446	431	438	− 97	− 89	− 15
Minerais et métaux ferreux	168	141	127	100	90	− 78	− 41	− 27
Fonderie, travail des métaux	524	447	423	440	453	− 71	− 101	17
Bois, ameublement	381	336	313	313	310	− 71	− 68	0
Matériaux de construction	196	158	143	140	137	− 59	− 53	− 3
Cuir et chaussures	111	94	90	75	70	− 41	− 21	− 15
Chimie de base	153	134	131	122	120	− 33	− 22	− 9
Construction navale, aéronautique	204	209	196	172	172	− 32	− 8	− 24
Matériel électrique, électronique professionnel	476	461	459	446	453	− 23	− 17	− 13
Biens d'équipement ménager	81	72	66	63	61	− 20	− 15	− 3
Minerais et métaux non ferreux	70	64	60	56	54	− 16	− 10	− 4
Papier, carton	120	110	106	103	104	− 16	− 14	− 3
Verre	68	59	55	54	54	− 14	− 13	− 1
Caoutchouc, mat. plastique	223	202	195	207	211	− 12	− 28	12

TABLEAU 18. — *Évolution de l'emploi par branches industrielles depuis 1980 (en milliers)*
(suite)

Parachimie et pharmacie	171	167	168	172	173	2	− 3	4
Imprimerie, presse, édition	222	222	222	236	239	17	0	14
Biens intermédiaires	1 522	1 315	1 240	1 222	1 223	− 299	− 282	− 18
Biens d'équipement	1 805	1 666	1 576	1 488	1 495	− 310	− 229	− 88
Biens de consommation	1 450	1 289	1 226	1 169	1 133	− 317	− 224	− 57
Industrie manufacturière	4 777	4 270	4 042	3 879	3 851	− 926	− 735	− 163

Source : SESSI.

l'être, en raison de la réticence des pouvoirs publics dans ce domaine. En 1991, il y avait à peine plus de 3,8 millions de personnes employées dans les industries manufacturières, alors qu'elles étaient 5,3 millions, au moment du maximum de 1974. Il a donc été perdu entre 1,4 et 1,5 million d'emplois, entre ces deux dates, ce qui montre le rôle de l'industrie manufacturière dans la montée du chômage en France.

L'industrie manufacturière qui avait créé plus de 300 000 emplois entre 1970 et 1974, en supprime 450 000 entre 1974 et 1979 et plus de 920 000 entre 1980 et 1991, dont 735 000 entre 1980 et 1986 car la reprise de la fin des années 1980 a permis d'atténuer le phénomène. Au lendemain du choc pétrolier de 1974, seize branches industrielles proposaient encore des offres d'emplois. Entre 1979 et 1984, on n'en comptait plus que quatre. En données brutes, seule la parachimie, la pharmacie et l'édition ont crée des emplois entre 1980 et 1991, alors que toutes les autres branches en perdaient dans des proportions évidemment très différentes.

Deux branches, les industries du textile et la construction automobile élargie à la construction mécanique, ont perdu plus de 200 000 personnes chacune, au cours des douze dernières années, soit plus de quinze mille par an, en moyenne, encore que les départs ont été plus importants dans la première partie de la décennie. Ces trois branches, à elles seules, totalisent plus de 40 % des pertes de l'industrie manufacturière, sur la période considérée. C'est tout à fait considérable, même si une telle évolution est tout de même liée à l'importance de ces branches dans l'emploi total. Par comparaison, l'industrie métallurgique qui a des effectifs comparables (500 000 emplois) a moins licencié (− 70 000).

Cette politique de dégraissage des effectifs dans l'industrie manufacturière est, bien entendu, étroitement liée à la réduction de la croissance. Mais d'autres éléments entrent en jeu. Il y a d'abord la gestion du personnel qui est différente dans les industries utilisatrices de main-d'œuvre, tels les biens de consommation, et les industries à forte technicité. Dans le premier cas, on parle de gestion à court terme, en raison d'une rotation importante des salariés en fonction de la conjoncture, et de départs réguliers, toutes les années, pour s'adapter à la contrainte. Au contraire, dans les grands groupes, surtout présents dans les industries intermédiaires et de biens d'équipement, où l'intégration des salariés est aussi plus grande, c'est une gestion à plus long terme qui explique que les départs soient massifs et discontinus dans le temps. Ainsi s'explique la publicité faite autour des licenciements, dans les grandes firmes qui annoncent des mouvements qui portent sur plusieurs centaines, voire des milliers d'ouvriers.

La gestion de l'emploi par les entreprises est également dépendante des gains de productivité qu'elles peuvent réaliser. Entre 1979 et 1984, certaines branches comme l'armement, l'aéronautique, l'électronique professionnelle ont enregistré des taux de croissance de la production par salariés de l'ordre de 8 à 12 % par an, au prix d'énormes investissements et de dépenses de recherches. Mais ces mêmes activités n'ont pas créé d'emplois durant la période considérée. Dans les branches qui connaissent une productivité moyenne telles la chimie, la parachimie, le papier, le verre, l'édition, deux cas de figures peuvent se présenter. Quand la croissance demeure suffisamment forte, les gains de productivité n'entravent pas la création de quelques emplois, comme nous l'avons déjà observé pour la pharmacie. Mais dans le domaine des industries de biens intermédiaires, les gains se traduisent le plus souvent par des pertes d'emplois. La chose est évidemment encore plus significative pour les activités industrielles en déclin qui n'ont guère de gains de productivité et qui appartiennent aussi au groupe des branches qui ont le plus licencié.

Les impératifs de la compétitivité ont conduit les entreprises à accentuer la substitution du capital au travail. Comme les grands groupes sont les mieux placés pour mener une telle politique qui exige d'importantes ressources, ils sont aussi ceux qui ont le plus réduit leurs effectifs, au cours des dernières années, pour ajuster le nombre de leurs salariés à la production. Entre 1991 et 1992, Renault a supprimé 10 000 postes, sans que sa production ait fléchi dans de telles proportions. Aussi, cette concentration de la baisse de l'emploi industriel, au sein des grosses entreprises qui ont perdu depuis 1984 environ 20 % de leurs effectifs, explique qu'un emploi sur deux se trouve désormais dans les PMI. On comprend à nouveau l'intérêt que les pouvoirs publics recommencent à accorder à celles-ci car elles sont implantées sur tout le territoire national et parce qu'elles offrent encore des possibilités de créations d'emplois en raison de moindres gains de productivité par salarié. Cependant l'avenir de l'industrie manufacturière se joue dans sa capacité à résister à la concurrence internationale et, sur ce plan, on observe une détérioration de la compétitivité.

2. Une perte de compétitivité internationale

Les exportations et les importations industrielles de biens manufacturés de la France représentent respectivement 15,5 % et 16 % du produit intérieur brut en

1991. Si ces valeurs, comparables à celles du Royaume-Uni, sont inférieures aux performances de la RFA, elles sont largement supérieures à celles obtenues par les autres grands pays industrialisés et notamment les États-Unis et le Japon. Ceci prouve que l'industrie joue toujours un rôle fondamental dans les échanges internationaux de marchandises de la France. Le poids des exportations de biens manufacturés, dans le total des flux de marchandises, est stable depuis plus de quinze ans avec, en moyenne annuelle, une part d'environ 80 %. En revanche, on constate que les importations de biens manufacturés progressent régulièrement, passant de 62 % du total des importations en 1977 à plus de 80 % en 1991.

Ces différentes données démontrent l'internationalisation croissante de l'industrie manufacturière. Or, cette évolution se traduit par un creusement des déficits et par un manque de compétitivité qui provoque des pertes de parts de marché. Est-ce un signe de déclin ou au contraire un gage pour l'avenir? Quels sont les points forts et les points faibles de l'industrie manufacturière dans la compétition internationale?

A. Un déficit industriel qui s'aggrave

Depuis 1986, année d'un premier léger déficit du solde des produits industriels, la situation n'a pas cessé de se détériorer au point que, durant les six dernières années, la perte est supérieure à 320 milliards de francs avec un palier de – 80 milliards en 1989 et en 1990 au moment de la reprise de l'économie française et mondiale. Une lecture rapide de ces résultats conduirait à évoquer la désindustrialisation de la France, sa perte de compétitivité, les risques pour notre balance commerciale, dans la mesure où les excédents industriels permettaient de combler une partie de notre déficit énergétique. La réalité est heureusement plus complexe.

Le creusement du déficit de notre solde industriel ne résulte pas d'une dégradation des exportations mais d'une augmentation plus forte des importations, au cours de ces dernières années. En tant que grand pays industriel, la France exporte beaucoup et rares sont les branches où elle n'est pas présente. En milliards de francs courants nos exportations de produits manufacturés sont passées de 258 milliards en 1977 à près de 1 000 milliards en 1991. Mais la progression de nos importations a été plus spectaculaire encore pour atteindre 1 025 milliards en 1991. Dans la plupart des domaines les entreprises livrent des biens qui sont exportés pendant que d'autres entreprises, parfois les mêmes, surtout quand elles ont des filiales à l'étranger, importent des marchandises identiques à celles que nous fabriquons. Ainsi, nous exportons une voiture sur deux produites sur notre sol, mais une voiture sur trois vendues en France est étrangère. Tout ceci est le résultat d'une plus grande insertion dans l'économie mondiale. Mais cela traduit aussi un manque de spécialisation.

Cette ouverture à un grand nombre de produits permet de parler d'une « spécialisation intra-branches » qui s'oppose pour les spécialistes à une spécialisation de « créneau » ou de « pôles ». En effet, quand un pays possède un avantage élevé pour quelques produits, ce qui se traduit par un taux de couverture fort, on parle de spécialiste de créneau dont le Japon et, dans une moindre mesure, l'Italie

fournissent les meilleurs exemples. Quant au contraire le pays apparaît dominateur dans une ou plusieurs branches, on utilise le terme de spécialiste de pôle. Il
se trouve que le Japon apparaît encore, dans ce type de classement, au côté des
États-Unis et de la RFA. La France, pour sa part, appartient à la catégorie des
« généralistes », en raison de sa faible spécialisation comme nous le détaillerons
plus loin.

TABLEAU 19. — *Performances du commerce extérieur industriel français*

	1983	1984	1985	1986	1987	1988	1989	1990	1991
Solde industriel (1)	35,9	63,4	50,0	− 2,4	− 39,4	− 66,6	− 83,1	− 85,4	− 49,1
Taux de couverture (2)	107,2	111,2	108,0	99,6	94,5	92,0	91,4	91,5	95,2
Taux de pénétration (3)	28,3	29,9	30,6	30,5	31,6	33,1	34,8	34,8	35,9
Part de marché (4)		9,6	9,6	9,8	10,0	9,8	9,7	10,4	10,2
Part de marché mondial			6,5	6,8	6,8	6,5	6,0	7,1	

Sources : Douanes, SESSI, INSEE et OCDE.
(1) Solde CAF-FAB en milliards de francs courants
(2) En francs courants
(3) Importations industrielles en % du marché intérieur aux prix courants
(4) Exportations françaises de produits manufacturés en % de celles des huit principaux pays
de l'OCDE, prix et changes courants

Si on se contente d'examiner le taux de couverture, on s'aperçoit qu'il se
dégrade continuellement depuis quelques années, pour atteindre 95 % en 1991,
après un palier à 91 % les deux années précédentes. Mais si l'on fait l'observation pour 10 % des biens industriels dont le taux de couverture est le plus élevé,
on constate que le Japon exporte plus de 19 fois qu'il n'importe, tirant le meilleur
parti de l'avantage possible qu'il a sur ces produits. Dans la même situation, la
France, pour 10 % des produits industriels au taux de couverture satisfaisant,
n'exporte que 3,5 fois plus qu'elle n'importe. La France est bien un pays « généraliste », comme la plupart des autres pays européens d'ailleurs.

De 1975 à 1980, l'industrie manufacturière française a stabilisé sa part de
marché mondial d'exportation autour de 8 %, mais par la suite, ce taux s'est
sérieusement dégradé au point de descendre à 6 % en 1989, avant de connaître une
nette embellie en 1990, dont il faudra vérifier la solidité, alors que le début des
années 1990 est médiocre en terme de croissance. Dans le même temps, le Japon
et les nouveaux pays industrialisés (NPI) augmentaient leur part de marché. Mais
ils ne sont pas pour autant d'aussi grands pays industriels car le rapport de leurs

exportations, en valeur, au nombre d'habitants n'est pas supérieur à celui de la France, ni à celui des vieux pays industrialisés. La part de marché de l'industrie française au sein des huit principaux pays de l'OCDE s'améliore même un peu, au fil des années de la décennie 1980, pour se stabiliser à 10 %.

B. Une spécialisation sur des secteurs peu porteurs

L'année 1991 est marquée par une réduction du déficit à 49 milliards de francs, et même moins, si on inclut les ventes d'armes qui ne sont pas intégrées dans le tableau qui suit. Si cette amélioration est générale pour tous les secteurs, elle varie en intensité en fonction du comportement de chacun d'eux, suivant qu'ils poussent leurs exportations ou qu'ils réduisent un peu leurs importations. On compte encore vingt-huit secteurs déficitaires qui se répartissent de manière à

TABLEAU 20. — *Le commerce extérieur (CAF-FAB) industriel de la France par secteur en 1991*

	Exportations MdF	Importations MdF	Solde MdF	Taux de couverture %
Biens intermédiaires	295,0	320,0	− 25,8	92
dont sidérurgie	30,7	25,4	5,3	121
métaux et demi-produits non ferreux	35,8	46,3	− 10,4	78
chimie organique	79,4	73,7	5,7	108
travail des métaux	31,7	34,2	− 2,5	93
papier carton	24,8	38,1	− 13,3	65
transformation mat. plastiques	20,0	28,4	− 8,4	70
Biens d'équipement	494,9	483,5	102	97
dont biens équipement professionnel	306,3	315,4	− 9,1	92
équipement industriel	55,8	60,1	− 4,2	93
machine de bureau, traitement inform.	35,3	55,3	− 20	64
matériel électrique	38,2	28,5	9,7	134
matériel électronique professionnel	43,0	49,4	− 6,4	87
construction aéronautique	70,6	48,3	22,3	146
dont biens d'équipement ménager	23,1	35,5	− 12,5	65
dont automobile et transport terrestre	165,6	132,5	33,1	125
Biens de consommation	180,5	215,3	− 34,8	84
dont parachimie	44,3	29,7	14,6	149
pharmacie	19,6	12,3	7,2	159
Total industrie manufacturière	970,4	1 019,5	− 49,1	91

Sources : Douanes, SESSI.

peu près égale entre les biens intermédiaires, les biens d'équipement et les biens de consommation, contre quinze excédentaires, dont trois seulement dans le domaine des biens de consommation qui reste donc le plus soumis à la pression de la concurrence internationale.

Tout au long des années 1980, l'automobile a dégagé les principaux excédents, soit 30 milliards en 1984 et 32 milliards en 1991. Cette activité occupe une place maîtresse dans le solde final des produits industriels. Elle est immédiatement suivie des constructions aéronautiques (22 milliards de francs d'excédents), de la parachimie (près de 15 milliards) et de l'armement dont on estime le solde positif à 13 milliards de francs, pour cette année 1991. Le secteur de l'armement a toujours dégagé des excédents, mais ce rôle s'atténue considérablement depuis le début des années 1990, même si on n'a pas mesuré encore tous les effets. Dans la hiérarchie des branches qui ont encore des soldes positifs, on relève principalement le matériel électrique, la pharmacie, l'industrie du caoutchouc, la chimie organique, la sidérurgie.

Parmi les branches les plus déficitaires, on retrouve souvent des secteurs qui travaillent des matières premières, parfois fortes consommatrices d'énergie, comme l'industrie des métaux non-ferreux ou celle du papier et carton dont les soldes sont très nettement négatifs, d'environ 10 milliards de francs. Jusqu'à l'installation d'une nouvelle unité de production d'aluminium à Dunkerque, Péchiney avaient réduit sa fabrication en France pour bénéficier des avantages de la production dans des unités ouvertes en Australie ou au Canada. De même, la concurrence des pays scandinaves et du Canada, en matière de pâte à papier, de papier et de carton explique l'ampleur des importations. Mais les déficits sont également sévères, dans des secteurs récents où la France n'a pas su affirmer sa force. Tel est le cas des machines de bureau et du traitement de l'information, avec un solde négatif qui dépasse 20 milliards et est le plus élevé de tous les secteurs, pour l'année 1991.

De manière plus générale, tout l'ensemble des biens d'équipement professionnel est en situation difficile. Les industries mécaniques ont dégagé des excédents jusqu'au début des années 1980 en bénéficiant des grands contrats décrochés, souvent avec le soutien des pouvoirs publics, dans des pays en voie de développement, en profitant des garanties financières de la COFACE en cas de non-paiement. Comme il s'agissait d'équipements lourds du type usines clés en mains, cette branche a pris une orientation qui se révèle aujourd'hui inquiétante, dans la mesure où ces pays en voie de développement sont très endettés. Dans le même temps, les secteurs d'équipement de haute technologie ont pris un retard dont on perçoit aujourd'hui la gravité, en mesurant le solde déficitaire des biens d'équipement professionnel. Aussi, quand les entreprises ont pu de nouveau investir pour se moderniser ce sont les firmes étrangères, produisant des biens mécaniques qui en ont profité.

Dans le domaine des biens de consommation, la dégradation des soldes et du taux de couverture paraît presque inexorable tant elle se prolonge, si bien que les importations s'accroissent d'année en année faute d'une résistance satisfaisante. A part le secteur des fils et filés, toute la branche habillement, celle du travail du cuir, du bois et de la fabrication de meubles, enregistrent des soldes négatifs. Le taux de couverture est tombé à 38 % pour les chaussures, à 39 % pour les meubles. En se spécialisant dans la fabrication d'articles haut de gamme dont les marchés ne sont pas extensifs, les industriels des biens de consommation ont laissé la place à des achats massifs sur des produits fabriqués à bas prix dans les PVD. Mais cette concurrence de pays à bas salaires n'explique pas tout, les experts estiment que les difficultés structurelles de ces branches résultent d'un effort d'investissement faible qui s'accompagne, bien entendu, d'une modernisation insuffisante de l'outil de production.

Cette situation d'ensemble est le résultat de pertes de marché dans le monde au cours des années 1980. Quand on observe en effet les marchés qui ont contribué à affaiblir la part de la France, on constate que bien des choix effectués dans les années passées n'ont pas été judicieux. Ainsi, la sidérurgie a toujours été soutenue alors que le marché mondial est globalement peu porteur. En revanche, nos positions sont très faibles sur des segments mondiaux très porteurs, comme l'électronique grand public et les composants électroniques, alors qu'on note une régression du poids de la France sur les marchés de l'automobile et de l'informatique qui sont pourtant, eux aussi, dynamiques et tirent le commerce mondial.

L'industrie manufacturière accumule ainsi des années de retard sur la structure des échanges mondiaux et notamment sur ses principaux concurrents, la RFA, le Japon et les États-Unis. Quand elle gagne des parts de marché, cela concerne des produits peu ou pas du tout porteurs, parmi lesquels la métallurgie, la chimie de base, le caoutchouc auxquels il conviendrait d'ajouter les produits agro-alimentaires, grande spécialité commerciale française. Dans le même temps elle recule dans l'automobile et les industries de haute technologie, y compris dans le cas des composants électroniques, où, sous l'impulsion de l'État, on observe pourtant un effort de rattrapage, entre 1979 et 1986.

En 1990, la France ne possède aucun secteur dont la part dans le marché mondial des exportations de produits industriels est supérieure à 20 %, alors qu'on en compte de trois à cinq dans chacun des trois grands pays industrialisés. Si on met la barre à 10 % de parts du marché mondial, l'infériorité est tout aussi manifeste. Quant à la hiérarchie des spécialisations principales, elle fait ressortir le peu de cohérence de la situation française, quand Allemands, Japonais et Américains affirment leur supériorité dans des branches qui offrent des synergies et des possibilités de nouveaux développements technologiques.

Cette mauvaise spécialisation sectorielle devrait peser sur la compétitivité des industries manufacturières, au cours des années à venir. Elle est confirmée par une enquête sur l'image des entreprises françaises à l'étranger. La France n'est jamais classée première par les responsables de firmes interrogées dans les grands pays industrialisés. Les meilleures perceptions restent l'agriculture et les IAA tandis que l'électronique et l'automobile se placent en cinquième position, la mécanique au septième rang.

L'atonie du marché international ne permet pas de tirer parti de nos points forts que sont la sidérurgie, le verre ou le caoutchouc. Si la reprise industrielle se manifeste, la demande de biens d'investissements professionnels va augmenter, mais l'industrie française devrait peu en profiter, en raison de sa faiblesse dans les secteurs de la mécanique et de l'électronique. Briller dans les alcools, le vin, les parfums ou les bateaux de plaisance n'est peut-être pas la meilleure manière d'affronter la compétition internationale. L'amélioration actuelle de la balance commerciale industrielle repose plus sur une baisse sensible des importations que sur une progression de nos parts de marchés, et le redémarrage de l'économie ne ferait que raviver les déséquilibres sectoriels qui viennent d'être présentés.

TABLEAU 21. — *Part du marché mondial d'exportations de produits industriels par secteurs en 1990*

	France	*Allemagne*	*États-Unis*	*Japon*
Nombre de secteurs où la part est supérieure à 20 %	0	5	3	5
Nombre de secteurs où la part est supérieure à 10 %	5	27	17	12
Spécialisations principales par ordre décroissant	verre (13 %) parachimie industrie caoutchouc pharmacie construction aéronautique (11 %)	machine-outil (25 %) équipement industriel auto, motos, cycles machines agricoles équipement ménager parachimie travail des métaux transformation acier matériel ferroviaire matériel électrique pharmacie	aéronautique (44 %) presse, imprimerie informatique (20 %) matériel manutention matériel électron prof chimie minérale machines agricoles instruments précision chimie organique (14 %)	matériel électronique ménager (37 %) construction navale matériel électron prof autos, motos, cycles matériel électrique (20 %) instruments précision machines-outils (16 %)

Sources : OCDE et SESSI.

C. Une spécialisation géographique peu modifiée

Les spécialisations industrielles de la France expliquent la polarisation géographique des échanges qui sont assez nettement excédentaires avec les pays en voie de développement et généralement déficitaires avec les pays industrialisés. En raison des fluctuations économiques mondiales au cours des quinze dernières années, le taux de couverture avec les pays industrialisés a constamment évolué pour se stabiliser autour de 90 % avec nos partenaires de l'Union européenne et autour de 70 % avec les autres pays industrialisés de l'OCDE.

Ainsi s'explique l'ampleur des déficits commerciaux industriels que nous avons avec ces pays : 27 milliards de francs en 1979, 60 milliards en 1984, plus de 100 milliards en 1991 après un pic de 150 milliards en 1990. Si ce déficit existe depuis longtemps avec les pays de l'Union européenne, il a tendance à se réduire depuis le début des années 1990 alors qu'il se creuse avec les autres pays industrialisés, principalement avec le Japon et les États-Unis. Dans le cas de ce dernier pays, l'évolution est liée à la baisse du dollar qui décourage les exportateurs français alors que nos achats aux États-Unis sont dopés par la valeur actuelle du dollar. Ce déficit est réparti sur un grand nombre de branches industrielles car seules les IAA et la construction de véhicules terrestres dégagent des gains. Si on s'en tient aux principaux soldes déficitaires par branches, on constate l'ancienneté de la situation puisque notre déficit avec l'Allemagne porte toujours sur des biens d'équipement professionnel, celui avec l'Italie concerne plutôt les biens de consommation et l'équipement ménager. Les États-Unis s'imposent avec leur informatique et leurs avions alors que le Japon est dominateur pour l'électronique grand public.

TABLEAU 22. — *Évolution de la structure géographique des exportations et importations industrielles civiles*

	1975		1980		1991	
	Exportations	*Importations*	*Exportations*	*Importations*	*Exportations*	*Importations*
CEE à 12	49,9 %	67,7 %	54,1 %	65,2 %	60,7 %	61,6 %
OCDE hors CEE dont États-Unis Japon	15,2 % 4,2 % 0,8 %	22,3 % 9,5 % 2,9 %	15,0 % 4,9 % 1,1 %	23,1 % 10,6 % 3,3 %	18,1 % 7,0 % 2,1 %	24,6 % 11,1 % 5,2 %
Pays en développement	25,7 %	6,3 %	24,1 %	7,0 %	17,4 %	8,2 %
Monde	100,0 %	100,0 %	100,0 %	100,0 %	100,0 %	100,0 %

Sources : Douanes, SESSI.

Les échanges avec les pays en voie de développement sont toujours excédentaires, bien qu'en baisse : 128 milliards de francs en 1984 et 85 milliards en 1991. Ces pays ont toujours été un débouché essentiel pour l'industrie manufacturière avec le quart de nos échanges entre 1975 et 1980. En 1986, les exportations françaises sont encore très orientées vers les anciennes colonies d'Afrique puisque l'industrie manufacturière française détenait plus de 25 % du marché en Afrique noire (hors pays de l'OPEP), de 20 à 25 % en Afrique du Nord et 15 % au Nigeria. La présence française est également supérieure à la moyenne (7 %) au Moyen-Orient et dans les pays d'Amérique latine.

Une analyse par branches indique que certaines d'entre elles sont plus dépendantes encore de cette spécialisation géographique vers les anciennes colonies.

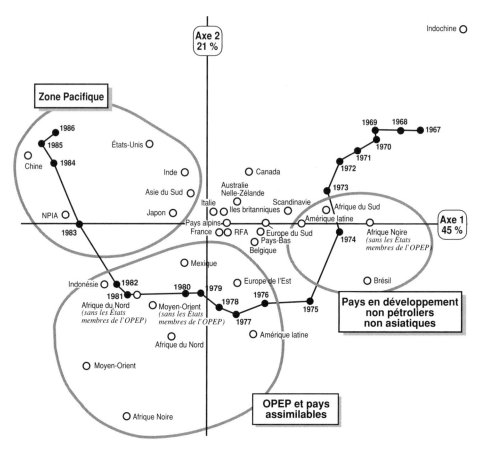

D' après N. Holeblat et J. L. Tavernier (INSEE)

FIG. 4. — *Les transformations des échanges mondiaux par zones géographiques entre 1967 et 1986.*

Pour six d'entre elles, la part des marchés à l'exportation vers les PVD est supérieure à 50 %. Il s'agit de la pharmacie, de la fonderie, du matériel électrique, ferroviaire, de la construction navale et aéronautique. On retrouve ici les bénéfices des grands contrats signés avec l'aide du gouvernement français. Alors que l'industrie française a perdu des parts de marchés pour les biens d'équipements professionnels sur le marché mondial en raison de ses faiblesses, elle garde une part de 40 % de marché avec les PVD et leur vend des équipements industriels, des machines-outils, alors même qu'elle est très dépendante de ses partenaires industriels, sur ces mêmes créneaux. En contrepartie, les secteurs industriels français sont peu concurrencés par les PVD d'Afrique puisque ces pays nous fournissent essentiellement des matières premières.

Même si la France abandonne des parts de marché à l'exportation en direction des PVD et en gagne avec les membres de l'Union européenne, cette réorientation géographique est lente et ne modifie pas de manière assez nette la spécialitîon géographique. Or, cela traduit une insuffisante sensibilité de la production manufacturière au déplacement géographique de la demande internationale. Les clients privilégiés de l'industrie française sont les mêmes que ceux des années 1970, alors qu'ils sont devenus moins dynamiques, parce que les pôles régionaux du commerce mondial ont changé (fig. 4).

Dans les années 1970, l'orientation géographique de la France était en phase avec les marchés porteurs d'Afrique en raison des investissements des États nouvellement indépendants. Mais le premier choc pétrolier a été responsable de l'augmentation de la part des pays pétroliers, surtout des États du Moyen-Orient dans les importations mondiales. Cette part grimpe de 5 % en 1973 à près de 12 % en 1982, avant de dégringoler tout aussi rapidement. Grâce à l'action des pouvoirs publics, l'industrie a pu décrocher quelques gros contrats qui ont permis de conquérir quelques parts de marché dans ces pays pétroliers. Mais il n'en est pas de même pour la nouvelle zone géographique qui émerge, la «zone Pacifique». Son poids dans les importations mondiales de produits industriels, qui était passé de 32 % à 27 % en 1975, progresse à nouveau vivement pour atteindre 40 %. Désormais, notre spécialisation géographique devient très défavorable alors que jusqu'à présent elle contribuait à l'évolution des parts de marché de la France dans le commerce industriel. En effet, les entreprises ont pris du retard dans leur pénétration du marché Pacifique, alors qu'elles subissent le contrecoup de la terrible crise économique qui affecte les pays d'Afrique. Peu de grandes firmes françaises font 10 % de leur chiffre d'affaires dans la zone Pacifique. Roussel-Uclaf et Air Liquide dépassent 10 % parce qu'elles ont fait l'effort le plus ancien à une époque où cette région n'était pas considérée comme intéressante. Les autres grands groupes tels Alcatel-Alsthom, Rhône-Poulenc, Michelin et Peugeot font moins bien qu'eux.

3. Quelle stratégie industrielle pour être compétitif sur le marché mondial ?

Malgré l'amélioration récente de la balance industrielle de la France, liée à l'accélération de la demande en Allemagne avec la réunification, et à l'agressivité plus grande des entreprises sur le marché international, les pertes cumulées depuis 1985 ont introduit un vaste débat sur la politique à suivre en matière de compétitivité internationale. De plus, dans un contexte de fort chômage, on voit réapparaître l'inquiétude des milieux d'affaires et des hommes politiques face à la concurrence des pays à main-d'œuvre moins coûteuse. Faut-il revenir à plus de protectionnisme?

A. Atouts et handicaps de l'industrie française

Le manque de spécialisation sectorielle et géographique, la difficulté d'être proche de l'offre et de la demande sur le marché international, constituent des facteurs structurels de la compétitivité de l'industrie manufacturière française, c'est-à-dire de sa capacité à conserver ou à améliorer des positions sur le marché international. Mais, à côté de ces éléments qui pèsent sur les parts de marché, il y a des facteurs conjoncturels qui tiennent aux prix pratiqués par les industriels, en fonction des coûts salariaux, des charges et autres facteurs sociaux. Sur tous ces points, le discours habituel souligne les handicaps de la France par rapport aux pays en voie de développement ou aux pays d'Europe de l'Est, en raison des avantages comparatifs de leur main-d'œuvre. Si cela se vérifie dans le cas des pays asiatiques ou d'Afrique du Nord, il ne faut pas oublier que les déficits industriels sont le fait de nos principaux partenaires industriels. Or, une comparaison de notre situation avec la leur montre que la conjoncture est moins noire que celle habituellement décrite.

Les charges font partie des contraintes qui pèsent sur les entreprises et qui les rendent peu compétitives face à leurs concurrentes. Malgré la difficulté des comparaisons entre les pays, les différentes études soulignent que la France ne fait pas partie des États à hauts revenus où les coûts salariaux sont les plus élevés. L'indicateur des coûts salariaux unitaires, c'est-à-dire en pondérant le coût salarial par la productivité du travail, est assez favorable depuis le début des années 1980. Son indice (base 100 en 1980), face aux sept principaux partenaires industriels de la France, fluctue entre la valeur 103 (la plus faible en 1987) et 110 en 1991, une de plus élevées au cours de cette décennie. Rappelons que plus cet indice est élevé, meilleure est la position française, en terme de compétitivité. Ainsi, par rapport aux pays de même niveau de développement, la France n'est pas défavorisée. Lors d'une étude, le groupe Saint-Gobain avait noté que la France était dans la moyenne des pays européens et, en 1988, la firme Canon, lors de son implantation en Europe, avait conclu que, par rapport à une valeur 100 pour son usine de Toride au Japon, l'indice était de 111 en Allemagne et de 84 à Liffré en Bretagne.

Le patronat met le plus souvent en avant les charges (impôts, cotisations sociales) qui selon lui constituent des handicaps sérieux. Le ministère du Commerce extérieur souligne lui aussi que les prélèvements obligatoires sont de sept points plus élevés que dans les autres pays de l'OCDE. Il est vrai que les cotisations sociales sont à l'origine d'un net décalage entre la France et les autres pays européens, puisque celles-ci atteignent 12 % des prélèvements obligatoires qui pèsent sur les entreprises françaises alors qu'à l'autre extrémité elles plafonnent à moins de 5 % au Japon ou aux États-Unis. Mais, si on prend en compte le seul impôt sur les sociétés, l'écart est minime et la France est souvent mieux placée que d'autres États, comme le Japon où ces derniers sont plus lourds. Finalement les entreprises françaises sont peut-être plus pénalisées par les taux d'intérêts réels tandis que la politique du franc fort constitue un handicap par rapport aux firmes allemandes. On comprend que les gouvernements successifs aient tout fait pour provoquer une baisse des taux nominaux malgré les menaces de spéculation sur le franc, considéré comme moins sûr que le mark dans le système monétaire européen.

Finalement l'amélioration des coûts salariaux unitaires de près de 10 % par rapport à nos sept principaux partenaires ne se retrouvent pas totalement dans le prix des exportations. L'indicateur a connu une nette progression entre 1980 et 1984 en passant de l'indice 100 à 112, puis a connu une chute assez marquée autour de 102 à 103 avant de remonter à 107 en 1991. Si on observe la situation par rapport aux quatre grands pays de l'Union européenne, la détérioration est même plus sensible. La seule explication tient à la reconstitution de leurs marges par les entreprises. Certains experts expliquent que, pour résister à la concurrence et pour pénétrer les marchés internationaux, les entreprises ont comprimé leurs marges pendant des années, puis ont pratiqué une politique des prix supérieurs aux coûts, pour rétablir leur situation financière au risque de perdre des parts de marché.

Les fluctuations des monnaies ne favorisent pas non plus la compétitivité des entreprises françaises. La baisse continue du dollar, à partir de 1985, a contribué à la dégradation de la balance commerciale des produits industriels, en réduisant la compétitivité-prix des biens français à l'exportation vers les pays de l'OCDE dont la monnaie a baissé au même rythme que le dollar. Cet effet est d'autant plus grand que l'industrie française est déficiente dans les secteurs de haute technologie pour lesquels les prix ne constituent pas un élément décisif de vente. Par ailleurs, en partie dans le sillage du dollar, il faut souligner la dépréciation continue des monnaies des pays industrialisés d'Asie par rapport au franc, ce qui a facilité la pénétration des biens de consommation courante et des produits électroniques.

B. L'industrie française doit-elle se spécialiser et se protéger ?

Puisque les facteurs compétitivité-prix et coûts salariaux unitaires ne sont pas aussi mauvais qu'on le dit, faut-il alors incriminer le manque de spécialisation de l'industrie française et l'absence d'une certaine dose de protectionnisme, face aux produits venant des PVD?

En se fondant sur les analyses sectorielles du commerce industriel, on a pu dénoncer le peu d'efficacité des entreprises, leur difficulté à cerner les marchés porteurs et à réorienter géographiquement leurs ventes. «Là où le Japon fait, avec une demi-douzaine de produits, près de la moitié de ses exportations, il en faut près de deux fois plus en France. Là où quelques points forts suffisent à éliminer des déficits, nous vendons de tout pour acheter de tout» Et d'autres économistes de conclure : «les entrepreneurs ont pour mission de mettre au premier rang l'impératif de la spécialisation... il faut que les Français comprennent et appliquent l'impératif de la spécialisation». En demeurant généraliste dans son commerce international, la production manufacturière française subit les prix pratiqués par les concurrents extérieurs alors que le Japon et l'Allemagne sont plutôt capables de les imposer (price-maker).

Cette analyse rejoint une vision technocratique de la compétitivité industrielle en France. A l'inverse du secteur privé qui choisit plutôt des entreprises pour leurs performances, l'État s'est inspiré d'un découpage en branches, en secteurs et en filières. Cela présente l'avantage de dégager assez facilement des critères pour hiérarchiser les priorités et on rejoint ainsi la nécessaire spécialisation commerciale. Ainsi on parvient à simplifier à l'extrême l'analyse de la compétitivité industrielle en la réduisant à un petit nombre d'activités et de produits qui sont facilement pilotables et pour lesquels on peut mettre en œuvre les politiques industrielles déjà évoquées fondées, principalement sur l'investissement.

Cette perception de la compétitivité est fortement dénoncée par d'autres économistes qui ont beau jeu d'affirmer que « la spécialisation industrielle ne se décrète pas de manière volontaire. Elle se constate. C'est parce qu'une industrie est fortement compétitive qu'elle constitue des pôles de spécialisations solides et non parce qu'elle se spécialise qu'elle devient compétitive ». Dans ces conditions, l'appareil de production généraliste dont dispose la France apparaît plutôt comme un atout que comme un facteur de faiblesse. L'importance et la diversité de son tissu industriel permettent la diffusion des savoir-faire industriels, souvent transversaux aux secteurs et aux filières. Si les entreprises industrielles françaises ne sont pas assez performantes sur les créneaux les plus porteurs, n'est-ce pas parce que la fonction de commercialisation est insuffisamment développée, parce qu'il faut acquérir une aptitude permanente à lire le marché, ses évolutions ? La question n'est donc pas d'abandonner tel ou tel secteur pour se concentrer sur un autre, mais de renforcer la compétitivité des entreprises et de favoriser tout ce qui accroît le poids de l'industrie dans l'économie nationale.

De fait la politique de restructuration des groupes industriels leur a permis d'avoir des positions plus fortes sur les marchés internationaux. Outre les prises de participation déjà présentées, les grandes firmes françaises ont accru régulièrement la part de leurs exportations. Derrière les pétroliers, Elf-Aquitaine et Total, on trouve huit groupes industriels qui font plus de 50 milliards de francs de chiffre d'affaires à l'étranger, dont Alcatel-Alsthom qui est passé de 90 à 110 milliards entre 1990 et 1991. Plus significatif encore, sur les vingt premiers groupes industriels français, quatorze font plus de la moitié de leur chiffre d'affaires à l'étranger, Michelin battant tous les records avec 80 % et trois autres, dont Renault et IBM France, réalisent entre 40 et 50 % de leurs ventes vers l'étranger. Si Bouygues ne parvient qu'à 30 %, on doit considérer cela comme un bon résultat parce que le bâtiment et les travaux publics opèrent généralement sur les marchés intérieurs. Mais on peut également déplorer que la compétitivité de la production manufacturière soit aussi dépendante des grands groupes. 96 % des entreprises industrielles, les petites et les moyennes, réalisent à peine le quart des exportations. La taille demeure donc en France un critère décisif alors que les PMI allemandes sont plus présentes sur les marchés internationaux.

Cette spécialisation internationale, assez liée à la division internationale du travail, devient difficilement acceptable quand le chômage augmente de manière aussi forte en France. La tentation protectionniste réapparaît dans un pays qui a toujours eu une longue tradition dans ce domaine et qui demeure, encore aujourd'hui, moins ouvert que ses partenaires européens. Les grands groupes ont dû souvent s'aligner sur les coûts de main-d'œuvre plus bas dans les PVD, en délocalisant leurs usines. Ainsi, Thomson-Consumer Electronics est devenu l'un des premiers employeurs de la Malaisie et compte 19 000 salariés en Asie, contre 16 500 en Europe, dont 5 000 seulement en France. Les délocalisations ne sont pas nouvelles, mais s'amplifient dans les industries de biens de consommation ou dans l'électronique grand public. Cette tendance est dénoncée par un rapport d'une commission sénatoriale, en 1993, qui souligne le caractère destructeur d'emplois de ces transferts d'activités. De plus, rien n'interdit aujourd'hui de délocaliser des tâches d'informaticien dans des PVD comme l'Inde, ou en Europe de l'Est où les salaires sont de trois à dix fois plus faibles.

Si la situation de l'industrie s'est sensiblement améliorée, entre 1983 et 1989, en termes de compétitivité des prix, de bonne tenue des coûts salariaux et de reconstitution des profits des entreprises, les handicaps n'ont pas disparu, et deux paraissent plus contraignants que les autres. Le rattrapage de l'investissement n'est pas réalisé, ce qui contribue à la dégradation du marché intérieur quand la demande progresse. Dès que la croissance ralentit, comme en ce début des années 1990, la situation financière des entreprises se dégrade, en partie en raison de taux d'intérêts réels trop élevés.

L'industrie manufacturière française s'inscrit de plus en plus dans un processus de globalisation de l'économie mondiale. Or, elle semble perdre un peu de sa compétitivité pour au moins trois raisons. La politique industrielle menée jusqu'à présent, tant pendant les années de croissance que durant la crise pétrolière et la phase de nationalisation, a visé à tenir toutes les mailles du tissu productif afin d'assurer l'indépendance économique. Pour certains, cela demeure un des atouts essentiels pour les activités industrielles qui peuvent y puiser des synergies et des savoir-faire. Mais pour le moment, la France fait preuve de performances sectorielles, dans des domaines peu porteurs, alors qu'elle prend du retard pour des secteurs plus dynamiques et de haute technologie.

L'industrie manufacturière a été handicapée par une tradition protectionniste qui n'a véritablement été réduite qu'au moment de l'intégration européenne. Cela a été rendu plus facile par l'existence de marchés protégés intérieurs, avec les commandes publiques autour de grands programmes, extérieurs avec les anciennes colonies et la présence d'une zone franc. D'où une orientation géographique qui apparaît aujourd'hui très contraignante et surtout peu porteuse, au regard de ce qui se passe en Asie.

Mais la compétitivité de l'industrie manufacturière est aussi liée à celle de nos voisins européens. Or les analyses montrent que la concurrence la plus forte s'exerce entre les trois pôles d'un triangle constitué par la France, la RFA et le Royaume-Uni car ces trois pays se singularisent, avec à peu près les mêmes productions, alors que les autres États de l'Union européenne apparaissent un peu plus différenciés dans leurs points forts. Ainsi est-il nécessaire d'approfondir les rapports qui existent entre les activités industrielles en France et dans l'Union européenne, surtout avec la mise en place du marché unique et des contraintes qu'il impose à nos entreprises.

Références bibliographiques

ARTUS P. et SALOMON R., *La Situation de l'industrie française est-elle préoccupante? Rétrospectives des années 1980 et perspectives*, Lettre économique de la Caisse des dépôts et consignations, mars 1981, 7 pages.

BONNAZ H. et PAQUIER O., Les échanges extérieurs de la France depuis 1980, *Économie et prévision*, n° 1, 1993, 8 pages.

BRENDER A., *Un choc de nations*, Hatier, Paris, 1988.

BURGUES P. et ITZKOVITZ F., Les enjeux sectoriels du marché intérieur, *Revue d'économie industrielle*, n° 45, 1988.

CETTE G. et SZPIRO D., Les entreprises françaises sont-elles bien dimensionnées? *Économie et statistiques*, n° 217-218, février 1989.

CORIAT B., *La Robotique*, La Découverte, collection « Repères », 1983.

CERC, *Coûts salariaux et compétitivité dans les principaux pays industriels*, Documents du CERC, La Documentation française, n° 106.

DELATTRE M., L'Évolution des branches industrielles de 1979 à 1984 : continuité et ruptures, *Économie et statistiques*, numéro de mars 1986 intitulé :1979-1984 : une nouvelle donne pour les branches de l'industrie.

DREE (Direction des relations économiques extérieures), *Où en est la compétitivité française ?*, La Documentation française, Paris 1989

DUBLIN J.-P. et DELATTRE M., *La spécialisation de la France,* Critiques de l'économie politique, n° 29, La Découverte, Paris, 1984.

FRENOT P., Faux débat, Se spécialiser ou pas, *Alternatives Économiques,* n° 67, mai 1989, 2 pages.

HOCBLAT N. et TAVERNIER J.-L., Entre 1979 et 1986, la France a perdu des parts de marché industriel, *in : Économie et statistiques*

HOLCBLAT N. et HUSSON M., *L'Industrie française*, La Découverte, Paris 1990, 126 pages.

LAFAY G. et HERZOG C., *Commerce international : la fin des avantages acquis*, Economica, Paris 1989.

LEGROS Ch., *L'Image de la France à l'étranger et ses conséquences économiques*, Rapport du Conseil économique et social, avril 1993.

MATHIS J., MAZIER J. et RIVAUD DANNET D., *La Compétitivité industrielle*, Dunod, Paris, 1988.

MESSINE Ph., Compétitivité, une recette complexe, *Alternatives Économiques*, n° 67, mai 1989, 2 pages.

MILEWSKI F., *Le déficit industriel : signe de déclin ou gage d'avenir?* Lettre de l'OFCE, décembre 1988, 5 pages.

TURPIN E., Heurs et malheurs du solde industriel, *in :* INSEE *Les entreprises à l'épreuve des années*, 1980, INSEE, 1989.

TURPIN E., Le commerce extérieur français : une spécialisation industrielle fragile, *Économie et statistiques.*

4. Les activités industrielles dans le contexte européen

La signature du traité de la CECA (Communauté européenne du charbon et de l'acier) puis celle du traité de Rome en 1957 n'ont pas véritablement bouleversé le développement des secteurs industriels en France. Certes, la suppression des barrières douanières, la disparition de certains contingentements plaçaient les industriels français en position plus difficile par rapport à d'autres firmes plus grandes ou plus dynamiques. Mais, une croissance économique soutenue a permis de continuer de suivre une stratégie nationale dont quelques éléments ont été présentés dans le chapitre précédent. La crise pétrolière a provoqué une grave récession et entraîné des restructurations dans les branches les plus menacées, mais le modèle de développement dans un cadre national n'a pas été profondément remis en cause.

Il faut attendre l'acte unique et le marché unique pour que les effets de la construction européenne soient réellement pris en compte. Dans un marché devenant théoriquement libre et considérablement élargi, les entreprises ne peuvent se contenter de produire pour le seul marché national. Les pouvoirs acquis par la Commission en matière d'interventions dans les négociations commerciales internationales, dans l'application stricte de la libre concurrence, dans le domaine de la recherche, dans la réalisation de grandes infrastructures ont forcément des retombées sur les activités industrielles en France.

Tous les secteurs industriels ne sont pas concernés de la même manière par la nouvelle donne européenne. Bien des marchés demeurent encore locaux et la majorité des entreprises continuent de produire et de vivre pour un marché régional ou au mieux national. Mais, pour les secteurs les plus ouverts vers l'extérieur ou les plus dépendants des innovations et des programmes de recherches réalisés en commun, l'Europe communautaire devient un facteur essentiel du développement et des choix à faire. Cette évolution est d'autant plus indispensable que la tendance est à la globalisation et à un partage du monde entre trois grands pôles commerciaux qui, outre l'Union européenne, sont l'Asie et les États-Unis.

1. Une intégration européenne accrue mais fragile

Des années de construction européenne ont eu des effets significatifs sur l'orientation géographique et le dynamisme de l'industrie manufacturière française. Le commerce des produits industriels se fait désormais principalement avec les Douze. De leur côté, les entreprises n'ont pu faire autrement que de prendre pied dans les pays voisins, en terme de parts de vente ou en prenant des participations chez leurs concurrents les plus directs. Comme les pays qui nous entourent n'ont pas le même poids économique, l'intensité des relations est extrêmement variable avec les Douze, et l'Allemagne s'affirme de plus en plus comme le principal partenaire de la France. On comprend mieux que l'axe Paris-Bonn soit de plus en plus influent dans la construction économique de l'Europe.

Au sein de l'Union européenne, la France est en compétition avec les autres États pour écouler sa production industrielle, dans un contexte de concurrence accrue puisque les protections douanières ont été abolies et que la plupart échangent les mêmes biens. Dans ce cadre, les entreprises industrielles nationales, longtemps sous la tutelle d'un État volontiers dirigiste, sont-elles suffisamment fortes pour atteindre une taille suffisante et gagner des parts de marché?

A. Des échanges industriels de plus en plus communautaires

En cette dernière décennie du XXe siècle, l'Union européenne est devenue le premier débouché et le premier fournisseur de produits industriels, ce qui représente près de 600 milliards de francs, tant aux importations qu'aux exportations. Comme cela a déjà été souligné, ce sont les exportations de biens industriels qui ont été massivement réorientées en quelques années puisque ceux-ci totalisaient à peine la moitié des échanges nationaux en 1975, pour atteindre 60% et probablement s'y stabiliser en raison de l'apparition de l'autre pôle commercial que constitue la zone Pacifique.

TABLEAU 23. — *Évolution de la place de la Communauté dans les échanges industriels de la France (en %)*

	1975		1980		1991	
	Export	*Import*	*Export*	*Import*	*Export*	*Import*
CEE à Douze	49,9	67,7	54,1	65,2	60,7	61,6
Allemagne	16,4	26,5	16,4	23,3	19,0	20,8
Italie	7,7	12,0	11,2	13,7	9,7	12,6
Royaume-Uni	5,9	6,4	7,2	6,3	8,8	7,5

Sources : Douanes, SESSI.

Si les échanges avec les pays du Bénélux sont particulièrement élevés, il est plus significatif de considérer les évolutions avec les trois principaux États, en terme de poids économique. L'industrie française a réduit la part des importations en provenance de ces pays, même si en volume elle reste toujours aussi importante. En contrepartie, on relève des gains aux exportations dans les trois cas. Il est intéressant de souligner que nos industriels ont grignoté des points sur le marché anglais, mais c'est l'évolution avec l'Allemagne qui est encore la plus déterminante. La part des exportations vers cet État est passée de 16 % au milieu des années 1970 à près de 20 % actuellement. Et celle-ci n'est pas prête de diminuer immédiatement, en raison de l'aspiration qu'a constitué la réunification allemande, pour la production française.

De fait, le déficit commercial industriel avec l'Allemagne a pratiquement été réduit de moitié entre 1990 et 1991, mais demeure encore très important, avec un solde négatif de près de 30 milliards de francs. La force de l'industrie allemande s'impose à tous les États de l'Union européenne et particulièrement à la France. Sur les dix-huit points forts communs à la France et à l'Allemagne au niveau mondial, treize produits ne le sont plus, en ce qui concerne les performances de la France sur le marché européen, alors qu'ils le restent pour l'Allemagne. En sens opposé, l'industrie française ne fait perdre à l'Allemagne qu'un seul point fort. Ceux qui ont été ainsi perdus par la France, dans cette compétition européenne, se répartissent entre cinq branches qui sont parmi les plus importantes en termes d'emplois et de production. La sidérurgie, la métallurgie, le verre, les constructions mécaniques, les constructions électriques et électroniques et le matériel de transport sont concernés, et au sein de chacune de ces branches, de manière plus détaillée, les produits les plus affectés sont les tubes d'acier, les fils et câbles, les machines et la filière automobile, depuis le véhicule jusqu'aux équipements.

TABLEAU 24. — *Poids des différentes modalités d'insertion de la France dans le commerce intracommunautaire de produits industriels manufacturés (en %)*

	France-Monde		France-CEE	
	1978	*1984*	*1978*	*1984*
Échanges univoques	18	23	18	17
Échanges de gamme	35	31	32	35
Échanges croisés de produits similaires bilatéraux triangulaires	16 31	15 31	26 24	24 24

Source : Kamal Abd-el-Rahman et J.-M. Charpin, INSEE, EUROSTAT.

Le manque de spécialisation industrielle de la France et l'importance du commerce intra-branches dans ses échanges se vérifie encore plus dans le cas des exportations et des importations de biens manufacturés avec l'Union européenne. En se fondant sur une gamme très large de plusieurs milliers de produits, les chercheurs de l'INSEE proposent une classification des échanges entre trois grandes catégories. Il y a des échanges croisés de produits similaires en raison de la proximité de leur valeur unitaire et de leur appartenance à la même nomenclature. Ces flux ne sont pas cependant identiques. Ainsi, les véhicules automobiles allemands n'ont rien de comparable à ceux fabriqués par les constructeurs français. Il est possible de montrer que ces échanges peuvent être bilatéraux ou triangulaires quand l'origine et la destination sont différentes. Les échanges de gamme, qui constituent la seconde catégorie, font partie également du commerce intra-branches, mais les produits n'appartiennent pas à la même catégorie de gamme. Sont dits enfin univoques, ceux qui entrent dans la logique des avantages comparatifs où, à un produit donné, l'un des deux flux, importation ou exportation, est négligeable par rapport à l'autre.

Au milieu des années 1980, près de la moitié des flux de produits manufacturés de la France portent sur les biens similaires également répartis entre commerce bilatéral et triangulaire, ce dernier s'étant quelque peu renforcé, avec l'élargissement à 10 de la CEE. Si on y ajoute les échanges de gamme, on parvient à plus de 80 % des échanges de type intra-branches, c'est-à-dire donnant lieu simultanément à des importations et à des exportations significatives. Comme ces résultats offrent une grande stabilité sur la période 1978-1984, on peut estimer qu'ils demeurent d'actualité en ce début des années 1990.

Le partage entre commerce bilatéral et triangulaire dépend des pays et non pas des produits. Plus l'intensité de l'indice du commerce croisé est forte, plus on se trouve devant un commerce bilatéral de produits semblables. Sur ces bases on peut proposer un premier groupe de pays, comprenant l'Allemagne, les pays du Bénélux pour lesquels le commercé bilatéral représente plus du quart des échanges totaux de produits manufacturés et avec lesquels le taux de couverture est défavorable. L'Italie et le Royaume-Uni tiennent une place intermédiaire avec une part du commerce bilatéral plus faible, entre 7 et 10 % et une intensité des flux déjà plus faible. Enfin, le troisième groupe constitué des autres partenaires de la France, au sein de l'Europe des Dix, mais qui comprendrait actuellement l'Espagne et le Portugal, se caractérise par le modeste rôle des échanges bilatéraux. Avec ces pays, le taux de couverture n'est pas forcément meilleur car pour eux jouent les avantages comparatifs, notamment en matière de main-d'œuvre, qui sont à l'origine de la plus grande ampleur des courants de type « univoque ».

B. Des points faibles plus nombreux que les points forts

Dans son analyse pour juger de l'état de l'industrie manufacturière française à l'approche de l'échéance du marché unique de 1992, le BIPE (Bureau interprofessionnel de prévisions économiques) a dégagé les points forts et les points faibles de quelques secteurs par rapport aux autres pays de l'Union européenne, sur la base des taux de couverture et de l'indice de spécialisation. Si ces indicateurs ne peuvent suffire pour faire un diagnostic parfait, ils sont suffisamment pertinents pour tracer quelques tendances dont certaines sont très anciennes. La quarantaine de secteurs retenus, dont la majeure partie est reproduite dans le tableau ci-contre, représente plus de 50 % de la valeur ajoutée de l'industrie et des effectifs employés.

Les onze secteurs industriels retenus apparaissent comme autant de points forts, ils participent et représentent un peu plus de 15 % de la valeur ajoutée manufacturière. Ils se répartissent en quelques grandes catégories qui vont des produits de luxe, tel le champagne, jusqu'à l'informatique, en passant par la pharmacie, qui tient une place particulière, et surtout toute une série de biens d'équipement lourd souvent destinés à des marchés publics et sur lesquels l'État a fait porter ses efforts, dans le cadre de sa politique d'indépendance nationale.

TABLEAU 25. — *Les points faibles et les points forts de l'industrie française dans quelques secteurs dans l'Union européenne*

Points faibles	TC	IS	Position équilibrée	TC	IS	Points forts	TC	IS
Matériel médical	55	79	Télécommunications	90	101	Informatique	120	118
Fils et câbles	63	72	Matériel électrique	97	124	Pharmacie	151	118
Céramiques	44	77	Verre	95	131	Chaudières	134	88
Chimie de base	86	118	Appareil électrique	91	115	Matériel ferroviaire	150	111
Autres produits chimiques	71	106	Automobile	101	101	Champagne	265	178
Machines agricoles	39	84	Habillement	100	83	Chantiers navals	166	78
Machines-outils	40	56				Aéronautique	192	111
Machines textiles	57	72				Industrie lainière	195	163
Machines pour IAA	43	64				Caoutchouc	139	170
Electro-domestique	51	80						
Industrie cotonnière	78	94						
Chaussures	43	49						
Jeux et jouets	56	74						

Source : BIPE, CEE.
TC = Moyenne des taux de couverture de 1985 à 1987.
IS = Indice de spécialisation de Balassa en 1987.

Ce tableau permet en effet de souligner, de nouveau, la spécificité industrielle française qui repose sur l'importance des marchés publics, dont certains ont été assez bien protégés, au cours de la première partie de la construction européenne. L'ensemble de l'aéronautique est finalement très dépendant des commandes militaires ou des ventes à des compagnies civiles dans lesquelles l'État est le principal actionnaire. Le matériel ferroviaire est lui aussi très fortement lié au développement des nouvelles infrastructures par la SNCF, et on sait quel a été l'impact du TGV en France et les efforts réalisés pour l'imposer avec ses rames dans les autres pays. Enfin, la fabrication des chaudières a été soutenue par le programme électronucléaire de la France. Au total, une partie des points forts reste fondée sur une politique nationale et se caractérise cependant par de très faibles taux de pénétration, moins de 5 % chacun, dans le commerce intra-CEE. Dans une certaine mesure, la pharmacie appartient, elle aussi, aux points forts qui se développent à l'abri d'une certaine protection, en relation avec le système de protection sociale que l'on trouve en France.

En revanche, l'informatique, le caoutchouc et l'industrie lainière correspondent à des secteurs dont l'ouverture européenne est forte et dont le taux de pénétration sur le marché européen est élevé. Ce sont aussi des domaines où la concentration est très poussée. La France, grâce à Michelin, occupe une position de leader en Europe, malgré des restructurations qui se sont concrétisées autour de la firme allemande Continental. De même, la France, qui n'a pas d'entreprises suffisamment rentables en informatique, occupe une position favorable à l'exportation, grâce à IBM-France, qui a occupé la troisième place pour les ventes de matériels électroniques en 1987. La crise que connaît actuellement le géant américain peut évidemment avoir des répercussions sur les performances de sa filiale française.

Peu de secteurs occupent une position équilibrée, c'est-à-dire des taux de couverture intracommunautaire proches de 100 et un indice de spécialisation satisfaisant. A l'exception de l'habillement, porté par le succès français dans le haut de gamme, on retrouve, dans ce groupe, des industries de biens d'équipement ou de biens intermédiaires, tel le verre. Dans ce cas, encore, on est en présence de secteurs dominés par de grands groupes ayant bénéficié du soutien direct de l'État, dans le domaine des télécommunications, ou de certaines formes de protectionnisme, dans le cas de l'automobile. Cependant, tous ces secteurs sont très engagés dans le commerce intra-CEE et les flux de marchandises sont importants.

C'est d'ailleurs encore plus net pour les points faibles qui appartiennent presque tous à la catégorie des biens de consommation de masse et aux biens d'équipement professionnel. C'est à leur sujet qu'on retrouve le problème de la faible spécialisation assortie d'une agressive concurrence de la part de nos partenaires. Les pays du sud de l'Europe tirent profit des avantages comparatifs de main-d'œuvre dont ils disposent et sont des producteurs de biens de consommation. Ainsi s'explique que l'industrie textile, en général, fasse partie des points faibles de notre pays. Mais, il faut souligner aussi l'extrême insuffisance du pôle des industries de matériel et de machines, puisque pas moins de six secteurs se retrouvent dans ce même groupe.

C. Les stratégies européennes des entreprises françaises

Si les avantages comparatifs, ensemble des facteurs collectifs qui influent sur le développement des activités industrielles, jouent un rôle important dans le commerce des produits industriels manufacturés, les performances des firmes tiennent une place non négligeable. En 1984, sur un peu plus de 22 000 entreprises étudiées, un peu moins de 3 000, seulement, réalisaient au moins 10 % de leur chiffre d'affaires grâce aux exportations vers l'Union européenne. On constate que leur productivité est nettement supérieure à l'ensemble, que leur taux de marge est de loin le plus élevé (23 % contre 18 % pour les autres) et que leur taille est plus grande en moyenne, avec plus de 400 salariés contre 160 pour l'ensemble. Quand la France dispose d'avantages comparatifs par rapport à ses partenaires des Douze, les performances individuelles des entreprises ont un rôle second. Mais quand les désavantages comparatifs l'emportent dans certaines branches, le dynamisme des entreprises prend une place déterminante dans les résultats à l'exportation. Ce sont celles qui ont le plus de productivité et de rentabilité qui réussissent le mieux.

Or les entreprises françaises souffrent encore d'une insuffisance de rentabilité, par rapport à leurs concurrentes en Europe. C'est une des raisons du changement de cap, entrepris par un gouvernement socialiste, au milieu des années 1980, qui a permis aux entreprises de reconstituer leurs résultats. Profitant de la croissance durant la dernière partie des années 1980, les entreprises ont amélioré leur rentabilité, dans la plupart des secteurs. L'équipement électrique, la chimie, l'habillement de la personne parviennent à faire aussi bien que la moyenne des concurrents dans l'Union européenne. Mais la construction mécanique est en difficulté tandis que le matériel de transport et la métallurgie sont dans le rouge.

Commencée avant la signature de l'acte unique en 1987, la croissance des opérations communautaires de fusion ou d'absorption s'est amplifiée depuis quelques années. En valeur, les États-Unis demeurent le territoire privilégié des investissements des firmes de l'Union européenne, mais, en nombre d'opérations, c'est l'inverse qui prévaut. En ce qui concerne la France, le rapport entre le nombre d'acquisitions dans le reste de l'Europe et les États-Unis est passé de 0,7 en 1985 à 4,2 en 1989, soit mieux que l'Allemagne qui passe de 1,9 à 4 et surtout plus que le Royaume-Uni qui continue de privilégier l'Amérique du Nord. Au cours de l'année 1989, la France a procédé à 183 acquisitions dans l'Union européenne pour une valeur moyenne de 43 millions de dollars, mais cédait également 235 entreprises, pour une valeur moyenne nettement moindre de 25 millions de dollars.

TABLEAU 26. — *Répartition géographique des implantations françaises à l'étranger en 1990*

	Nombre d'entreprises	Effectifs	Part des effectifs
CEE	4 650	836 037	
Allemagne	1 198	197 053	23,5 %
Royaume-Uni	830	179 974	21,5 %
Espagne	802	170 959	20,4 %
Belgique	809	156 482	18,5 %

Source : DREE, Enquêtes.

Les prises de contrôle des entreprises françaises sont plus nombreuses au Royaume-Uni et en Espagne qu'en Allemagne en raison du verrouillage des prises de contrôle des entreprises de ce pays. On se souvient du refus du gouvernement allemand concernant les tentatives d'entreprises françaises, dans le secteur de l'électronique grand public, sous le prétexte que celles-ci auraient alors une position de monopole en Allemagne. En revanche, les entreprises françaises ont pu implanter des filiales dans les pays européens. Bien que l'Allemagne compte le plus grand nombre d'implantations françaises à l'étranger et un quart des effectifs, les entreprises françaises sont finalement assez également réparties entre l'Allemagne, le Royaume-Uni, l'Espagne et la Belgique.

TABLEAU 27. — *La place des entreprises françaises dans l'Union européenne en 1990*

Secteurs	Première française	CA en 1990	Première européenne	Nationalité	CA en 1990
Automobile	Renault	165	Daimler-Benz	Allemagne	323
Équipement électrique	Alcatel-Alsthom	160	Siemens	Allemagne	252
Agro-alimentaire	BSN	66	Unilever	RU et PB	232
Électronique	Thomson	72	Philips	Pays-Bas	170
Chimie	Rhône-Poulenc	83	Hoechst	Allemagne	160
Sidérurgie	Usinor-Sacilor	97	Thyssen	Allemagne	126
Aéronautique	Aérospatiale	48	British-Aerospace	Royaume-Uni	106
Mécanique	Schneider	55	Mannesmann	Allemagne	82
Aluminium	Péchiney	74	Péchiney	France	74
Caoutchouc	Michelin	67	Michelin	France	67
Informatique	Bull	33	Siemens-Nixdorf	Allcmagne	41
Textile	DMC	9	Coats Viyella	Royaume-Uni	27

Source : L'Expansion, décembre 1990.

S'il n'est pas exclu que des PMI puissent prendre pied dans un des pays de l'Union européenne, cette conquête est principalement l'œuvre des grandes firmes françaises. Ainsi peut-on expliquer que les mouvements de concentration, à l'intérieur de notre territoire, sont toujours plus nombreux que ceux à destination d'un pays des Douze. C'est, en quelque sorte, la politique des champions nationaux qui se poursuit, non plus seulement pour des raisons d'indépendance nationale, mais parce que la concentration peut être réalisée plus facilement nationalement. Entre 1983 et 1989, sur 418 opérations conduites par les dix premiers groupes industriels français, on relève 158 opérations nationales, soit 38 %, contre seulement 113 dans le reste de l'Union européenne.

Avec 44 firmes parmi les deux cents premiers groupes européens, la France se situe au troisième rang derrière l'Allemagne et le Royaume-Uni. En revanche, par rapport à d'autres indicateurs comparés à la moyenne communautaire, elle se trouve le plus souvent au-dessous. C'est le cas pour l'effectif, le chiffre d'affaires et, plus encore, pour les résultats mais on a déjà souligné le manque de rentabilité des entreprises françaises.

La place des entreprises françaises, observée pour quelques grands secteurs industriels seulement dans le palmarès des 100 premiers groupes européens, montre que notre pays ne dispose que de rares champions. Certes, les comparaisons ne sont pas toujours aisées car certains groupes ont plusieurs activités. Daimler-Benz, par acquisitions successives a pris pied dans l'aéronautique et l'électronique quand Renault, premier constructeur automobile, se recentrait sur son métier de base. De même, Unilever a des activités plus diversifiées que BSN strictement cantonné à l'agro-alimentaire, tandis que Thyssen ne fait qu'une partie de ses résultats dans l'acier.

Mais, malgré ces réserves, on constate le retard pris par les groupes français, par rapport à leurs concurrents européens directs. Seuls, Michelin et Péchiney s'imposent dans leurs spécialités respectives, mais ce sont des exceptions, et les secteurs concernés sont loin d'être porteurs. On peut se féliciter, cependant, du dynamisme de quelques entreprises comme Alcatel-Alsthom, passée à la deuxième place dans l'Union européenne, d'Air Liquide qui est au premier rang pour les gaz industriels et mène une politique d'implantation dans les pays européens. Le rapprochement entre Usinor-Sacilor et l'ARBED luxembourgeoise devrait renforcer les positions du groupe français, dans le domaine des aciers.

Plus que cette différence de taille avec les grands groupes allemands ou britanniques, on peut s'inquiéter de l'insuffisance de dimension des entreprises françaises en général. Il y a en France de très grands groupes et de petites entreprises. Il manque les firmes de pointure moyenne qui font la force de l'Allemagne et de l'Italie dans une moindre mesure. L'effectif moyen par branches est de 170 en France contre plus de 200 en Allemagne et au Royaume-Uni. Cette moyenne masque des différences plus marquées encore dans le domaine de la chimie et surtout des constructions mécaniques (128 en France contre 210 en Allemagne).

Il semble que la taille critique ne soit pas atteinte par les grands groupes français tandis que les PMI apparaissent plus fragiles que leurs homologues, allemandes notamment. Or, la poursuite de la construction européenne, l'évolution vers une suppression presque totale des obstacles à la libre circulation des produits constituent des éléments qui risquent de peser, au cours des prochaines années sur l'économie industrielle en France.

2. Les incidences de la politique communautaire sur les activités industrielles

En supprimant les droits de douanes en 1968, la logique de la construction européenne avait déjà conduit la production manufacturière française à s'adapter à la concurrence, grâce à une restructuration et à une concentration de l'appareil de production. En panne pendant la crise pétrolière, la construction européenne reçoit une nouvelle impulsion, avec la réalisation d'un marché unique au début de 1993. La suppression de tous les obstacles à la libre circulation des biens, la fin de certains monopoles dans les commandes de marchés publics devraient avoir des incidences sur les activités industrielles de tous les pays de l'Union européenne, au cours des prochaines années. Cet impact sera d'autant plus grand que les échanges de produits industriels représentent, en moyenne, 70 % de l'ensemble du commerce intracommunautaire.

L'Union européenne n'a pas de véritable politique industrielle, mais elle a mis en place un certain nombre de règlements qui influencent les aides des États aux branches industrielles, en veillant au respect de la libre concurrence, en prenant des mesures de défense des intérêts européens vis-à-vis de certains pays en voie de développement, l'Union européenne interfère de plus en plus avec les politiques nationales dont on a vu, par ailleurs, l'affaiblissement dans un contexte de globalisation industrielle. En supprimant les frontières, l'Union européenne devient un vaste marché à l'intérieur duquel les entreprises doivent réexaminer leur stratégie. Mais en même temps, pour lutter à armes égales avec les États-Unis et le Japon, l'Union européenne tente de fédérer les efforts de recherches et de restructurations.

A. Les effets sectoriels possibles du marché unique

La suppression des droits de douanes a été à l'origine d'un accroissement considérable du commerce intracommunautaire. Cependant, il existe d'autres freins aux échanges que les droits de douane, et, dans le contexte de crise économique des quinze dernières années, les États ont largement utilisé un certain nombre de possibilités pour défendre leur propre production. L'existence de barrières non tarifaires, l'ampleur de commandes publiques destinées aux seules entreprises nationales et la variation des prix ont été les principaux instruments de ce protectionnisme plus ou moins déguisé.

Par barrières non tarifaires, on entend tous les contrôles administratifs et techniques qui constituent des freins au développement des échanges de produits industriels. Du cassis de Dijon à la bière allemande, en passant par les dindes françaises et les normes différentes pour les appareils électriques, ou encore la composition d'un vêtement en laine, la liste est longue des moyens utilisés pour freiner la concurrence entre des firmes de pays différents. Les normes, qu'elles soient techniques ou sanitaires, n'empêchent pas le commerce intracommunautaire de progresser, mais elles constituent une protection momentanée à l'abri de laquelle les industriels peuvent se préparer ou se reconvertir. Cependant, pour deux grandes catégories de secteurs, les marchés publics et les activités industrielles de haute technologie, ces barrières non tarifaires constituent des obstacles très importants. Dans la perspective du marché unique de 1993, les États ont accepté d'ouvrir progressivement leurs marchés publics et ont progressivement mis au point des normes communes qu'un certain nombre de directives ont imposées.

La dispersion des prix pour des produits identiques traduit la fragmentation du marché communautaire. C'est au Danemark qu'il est préférable d'acheter sa voiture, au Royaume-Uni ses disques, en Italie son électroménager… Une partie des écarts tient à la différence de la valeur de la TVA sur les produits. On sait qu'en France l'automobile et les disques étaient assimilés à des produits de luxe et taxés à 33 %, alors qu'en RFA on trouvait un taux uniforme de 15 à 20 %. La Commission a donc tenté d'harmoniser la TVA, ou tout au moins de rapprocher les taux pour que la suppression de tous les obstacles non tarifaires ne rendent certains pays plus attractifs que d'autres, en raison de ses écarts de prix. Après de nombreuses tergiversations, les États ont accepté cette convergence. Mais la TVA ne participent que pour une petite partie à la dispersion des prix qui est estimée à 15 % des prix hors taxes. Il y a une dispersion naturelle des prix qui tient au dynamisme des circuits de distribution, à la marge que prennent les commerçants… De plus, la récente dévaluation de plusieurs monnaies européennes a introduit de nouvelles distorsions en matière de prix. Les véhicules sont désormais moins chers dans la péninsule Ibérique et l'écart avec les autres États peut atteindre 40 %.

En fonction de ces considérations, la Commission a demandé à ses experts de repérer les secteurs industriels les plus concernés par la mise en place du marché unique. Ils sont au nombre de 40 sur 120 et peuvent être regroupés en trois grandes catégories et quatre sous-ensembles. Le groupe 1, qui comprend le matériel de bureau, les télécommunications et le matériel médical, correspond à des secteurs de haute technologie, liés aux marchés publics. Si les barrières non tarifaires sont en général très élevées, la dispersion des prix est faible car l'ouverture vers les marchés internationaux est assez forte, et on compte de nombreuses firmes étrangères, notamment américaines et japonaises, dans ces secteurs. Pour ce groupe, le principal intérêt réside dans la mise en commun de la recherche et la réalisation d'économies d'échelle importantes, en échappant au carcan d'une politique strictement nationale.

Un deuxième et un troisième groupe dépendent également des marchés traditionnels ou réglementés. Le matériel ferroviaire, la chaudronnerie, la pharmacie ont été relativement protégés par le cloisonnement des marchés publics, ce qui explique la modestie des flux intracommunautaires les concernant et une dispersion des prix extrêmement forte, d'environ 25 % en moyenne, pour l'ensemble de l'Union européenne. Les fils et câbles, les chantiers de constructions navales s'y rattachent, mais se distinguent des précédents par une dispersion des prix plus réduite, concurrence oblige. L'ouverture des marchés publics devrait avoir des conséquences immédiates dans ces secteurs, car des fournisseurs, plus compétitifs, pourront venir concurrencer les firmes nationales. On peut donc s'attendre à des restructurations importantes, certaines firmes ayant pris les devants comme la Lyonnaise des Eaux-Dumez ou la Générale des Eaux, en France ainsi que dans d'autres pays, tel le Royaume-Uni.

Le dernier groupe, qui comporte plus de secteurs que le précédent et pèse plus de 30 % de la valeur ajoutée de l'industrie, se définit par des barrières non tarifaires moyennes. Il concerne dans le domaine des biens de consommation courante, l'habillement et le textile, de même que l'électronique grand public. Dans les biens d'équipement ce sont les machines qui sont le plus touchées tandis que dans les biens intermédiaires on trouve principalement la chimie de base, le verre et les fibres textiles. Les effets du marché unique seront ici plus limités car le commerce intracommunautaire est déjà très important, par contre cela devrait conduire à une moins forte dispersion des prix.

L'impact de ces mesures communautaires, sur les secteurs industriels français, est conforme à la moyenne communautaire. La France ne se distingue pas de ses principaux partenaires, ce qui est logique puisqu'elle produit à peu près les mêmes biens. Pour affiner la situation des secteurs français, le BIPE propose une grille de lecture qui prend en compte la suppression des contrôles douaniers, l'harmonisation fiscale, les normes techniques, l'intervention des marchés publics et la circulation des capitaux et du droit des sociétés. Sur ces bases, il parvient à donner une note globale qui exprime le degré de sensibilité de chaque secteur, tel qu'il est dégagé dans le tableau ci-dessous.

TABLEAU 28. — *Les quarante secteurs sensibles vus à travers la grille de lecture du cas français*

	Peu ou pas sensible	Sensible	Très sensible
groupe I			Informatique et bureautique Télécommunications Matériel médical
groupe II			Produits pharmaceutiques Chaudières Matériel ferroviaire
groupe III	Chantiers navals		Matériel électrique d'équipement Fils et câbles électriques
groupe IV	Verre Produits céramiques Articles en caoutchouc	Chimie de base Machines agricoles Machines-outils Machines textiles Matériel de mines Aéronautique Industrie lainière, cotonnière Chaussures Bijoux Jeux et jouets	Appareil électronique, Radio, TV Automobile

Source : Économie européenne, BIPE, 1990.

Les secteurs considérés comme très sensibles au niveau européen, appartenant aux trois premiers groupes, le sont aussi dans le cas de l'industrie manufacturière française. Une seule exception, les chantiers de constructions navales, largement subventionnés par l'État, pour lesquels les experts français ont pensé que la libéralisation des marchés, à l'horizon 1993, aurait peu d'impact.

Finalement, c'est à l'intérieur du groupe IV que la situation de la France se démarque le plus de la moyenne de l'Union européenne. La majorité des secteurs se placent dans la tranche sensible. Cela ne fait que confirmer la faiblesse de la construction mécanique et notamment de la branche construction de machines qui a, en partie, survécu grâce au soutien de l'État, sous la forme d'aides ou de marchés publics. Plus inquiétante est la position de la construction automobile et des appareils électroniques destinés au grand public, plus particulièrement la radio et la télévision, dans la catégorie des secteurs très sensibles à l'effet du grand marché.

TABLEAU 29. — *Part des secteurs très sensibles dans l'industrie française (en %)*

	Dans l'emploi industriel	Dans la valeur ajoutée
Automobile	6,6	6,1
Matériel électrique d'équipement	4,0	3,8
Appareil électronique, Radio, TV	3,5	3,5
Informatique et bureautique	1,2	3,1
Télécommunication	2,4	2,7
Produits pharmaceutiques	1,6	2,3
Chaudières	1,8	1,6
Fils et câbles électriques	0,6	0,6
Matériel ferroviaire	0,3	0,3
Matériel médical	0,3	0,3
TOTAL	22,3	24,3

Source : Économie européenne, BIPE, 1990.

L'ensemble des secteurs très sensibles pèse près du quart de l'emploi industriel et de la valeur ajoutée en France. La place de l'automobile dans ce total est considérable puisqu'elle compte pour plus de 6 % de l'emploi et de la valeur ajoutée. C'est un secteur majeur pour l'industrie manufacturière française où les emplois ont déjà fortement diminué, depuis quelques années, car le fait qu'il n'y ait que deux grands groupes a permis de mesurer rapidement quels pouvaient être les effets du marché unique sur leur avenir. On sait qu'il y a divergence entre

Renault et Peugeot au sujet de l'ouverture du marché européen aux voitures japonaises. Peugeot se fait l'apôtre d'une attitude très ferme face aux constructeurs japonais, car la menace existe, et on conçoit que cela tombe mal au moment où le chômage progresse en France de manière trop rapide. La même chose peut être observée pour le matériel d'équipement électrique, pour l'électronique grand public où pourtant la concentration est assez forte, notamment autour du groupe Thomson.

Face à ces perspectives, la restructuration de l'industrie manufacturière se poursuit en termes de spécialisation et de taille critique. Sur ce point il y a des éléments favorables, comme le matériel pour l'énergie nucléaire (Alsthom, Schneider), le matériel ferroviaire (Alsthom), le verre (Saint-Gobain), l'aéronautique (Aérospatiale) et même l'automobile avec, par exemple, le rapprochement entre Renault et Volvo bien qu'il ait ensuite avorté. Mais plusieurs secteurs sensibles demeurent encore trop éparpillés entre de multiples entreprises. C'est aussi le cas de la pharmacie, en raison d'un trop grand nombre de laboratoires, mais on sait que des concentrations sont à l'œuvre, avec comme leaders français, Rhône-Poulenc et la filiale de Elf-Aquitaine, Sanofi.

Afin de savoir si la situation difficile, telle qu'elle ressort des statistiques, est vécue ainsi par les chefs d'entreprises, le BIPE propose une grille de lecture qui tient compte des perspectives des firmes. Dans l'ensemble, cela permet de confirmer que les secteurs de haute technologie ou ceux qui ont connu des restructurations anciennes et efficaces ont une bien meilleure perception du grand marché que les autres. L'automobile, l'aéronautique, les télécommunications, les appareils électriques, de radio et de télévision ont une vision positive de l'ouverture. C'est l'inverse qui s'impose dans les secteurs d'activités industrielles traditionnelles, surtout dans le secteur du textile, de l'habillement et des produits agro-alimentaires.

B. L'impact de la politique industrielle de la Communauté

L'influence de la construction européenne ne se limite pas aux mesures destinées à favoriser la création d'un grand marché en 1993. Bien que la Communauté du charbon et de l'acier (CECA) constitue le point de départ de l'intégration d'une activité industrielle dans un ensemble plus large, l'Union européenne n'a jamais eu de politique industrielle, chaque État et surtout chaque groupe continuant son développement suivant des logiques indépendantes et presque toujours concurrentes. Sur ces points, l'acte unique a permis à la Commission d'intégrer quelques éléments d'une politique industrielle. Les textes portant sur la déréglementation, ceux qui facilitent la recherche industrielle en commun, de même que les mesures de protection contre des importations qui menacent les productions internes à l'Union européenne, ont des effets sur les activités industrielles en France. Cet impact est d'autant plus grand que le rôle de l'État s'est, nous l'avons vu, effacé pour des raisons budgétaires et, pour certains, par abandon d'une partie de ses prérogatives à l'Europe libérale qui se construit actuellement.

Les entreprises ont largement anticipé la réalisation du marché unique de 1993 en accélérant les processus de concentration, au cours de la fin des années 1980.

Mais cette restructuration est également fondée sur une rationalisation de la production au sein de l'Union européenne. En effet, l'existence de normes, la puissance d'appel des commandes des marchés publics avaient incité les groupes à être présents dans pratiquement chaque pays de l'Union européenne. La situation passée dans le domaine des télécommunications en fournit une bonne illustration puisque deux groupes, le français Alcatel et l'allemand Siemens, tentent de prendre le leadership en Europe. La réussite Alcatel (ex CGE) est tout à fait remarquable. La reprise de ITT Europe lui a permis de développer une technologie performante, dans le domaine des centraux téléphoniques, et de conquérir de nouveaux marchés. Elle a su d'autre part acquérir des entreprises concurrentes, dans la plupart des segments de cette activité. Après ITT dans la téléphonie public, suivent quatre sociétés, dans la téléphonie privée, et l'achat de Telettra à FIAT dans le domaine des transmissions. Cette dernière acquisition a d'ailleurs nécessité un avis de la Commission. Siemens, le concurrent direct, ne procède pas autrement en prenant le contrôle des actifs de la GTE en Europe, puis la division téléphonie du britannique Plessey.

Or cette volonté d'être présent dans un marché européen très fragmenté va à contre-courant de l'évolution vers une globalisation des marchés. Cette évolution facilite d'ailleurs la suppression des frontières de toute nature et la déréglementation et on parvient ainsi à un marché de dimension suffisante de telle manière que celui de l'Europe puisse apparaître aussi intéressant que celui des États-Unis. La stratégie des groupes européens de dimension internationale s'inscrit désormais dans ce contexte de globalisation de l'industrie qui nécessite une rationalisation de la production, en Europe, et une présence sur les deux autres grands pôles du commerce international, le Japon et les États-Unis. Cette stratégie est surtout indispensable dans le cas d'entreprises qui avaient des établissements répartis dans la plupart des États européens afin d'éviter la segmentation du marché.

Cette globalisation est facile à montrer à partir de l'exemple de Saint-Gobain. En raison de la fragmentation du marché, de la nature des produits fabriqués qui ont une faible valeur par rapport au poids, Saint-Gobain a conduit une politique d'implantations et de prises de contrôle pour être présent sur un nombre élevé de marchés locaux. Cette stratégie qualifiée de domestique est remplacée par une stratégie globale au niveau de l'Union européenne. Elle se traduit par une spécialisation des sites et une augmentation de la taille des usines retenues, ce qui provoque, en contrepartie, la fermeture de nombreux établissements. L'augmentation de la taille permet en effet des économies d'échelle non négligeables qui ne sont pas contrebalancées par le coût du transport. Car les échanges internes du groupe à l'intérieur de l'Union européenne ont aussi progressé de manière rapide, au cours des dernières années. Cet effort a porté surtout sur la branche fibre de renforcement car c'est un produit peu volumineux, transporté facilement et donc très sensible à la concurrence. A terme, Saint-Gobain voudrait que Vetrotex-International-SA, qui regroupe au plan mondial une partie des fonctions de production et de commercialisation de ce produit, soit reconnue comme une marque européenne sur le marché mondial. La même démarche est en cours pour la branche vitrage.

Si les grands groupes européens ont joué la carte du marché unique parce que cela allait dans le sens de leurs stratégies nouvelles et correspondait à la mondialisation de l'industrie, ils n'ont pas de politique industrielle et ne collaborent guère entre eux. Il serait trop long de dresser la liste des projets de rapprochement ou de collaboration, entre groupes européens rivaux, qui ont avorté. Il suffit de rappeler l'échec des pourparlers entre Citroën et FIAT, le rejet d'un projet informatique comme Unidata, l'irruption des firmes japonaises automobiles au Royaume-Uni, les accords entre Européens et Américains pour ce qui touche au domaine des hautes technologies. Ces comportements sont tout à fait normaux de la part d'entreprises qui ne raisonnent pas dans un cadre territorial précis. L'Union européenne propose-t-elle alors une politique industrielle qui puisse prolonger ou remplacer les politiques des États?

Il n'y a pas d'industrie européenne et on ne peut guère croire qu'existe une politique industrielle européenne. Pour la Commission de Bruxelles, la politique industrielle s'identifie trop au marché unique, auquel on peut rajouter la recherche précompétitive. Aussi, la commission est hostile à la politique des champions nationaux qui lui semble aller à l'encontre de la libre concurrence souhaitable à l'intérieur du marché unique. La Commission a ainsi mis son veto à une opération de concentration dans l'aéronautique autour de l'Aérospatiale, en raison du monopole qu'aurait la firme française à cette occasion. De même, elle vérifie que l'accord entre Thomson et Siemens, pour la fabrication des écrans plats respecte la réglementation, alors que le Japon a un quasi monopole pour ce produit.

On attend du grand marché qu'il permette d'abaisser les coûts des marchandises, qu'il facilite la restructuration des secteurs industriels, qu'il permette de faire de l'Union européenne une grande puissance industrielle. Mais, l'Union européenne est un colosse sur le papier et une mosaïque de décisions dans la réalité, en raison d'antagonismes nationaux qui freinent, voire empêchent toute élaboration de projets communautaires. «L'issue de la guerre industrielle qui se déroule en ce moment ne dépend pas vraiment de l'heure d'attente à un poste de douane.» La vraie question, pour les industriels de l'automobile, c'est de savoir si les quotas d'importations de voitures japonaises seront levés. De fait, l'Union européenne peut jouer un rôle en matière de coordination des politiques macroéconomiques, pour soutenir l'effort de recherches et surtout pour peser dans les négociations commerciales internationales, en défendant le point de vue de l'ensemble des États.

L'Europe est-elle en mesure de protéger les activités industrielles contre la concurrence asiatique ou, aujourd'hui, de l'Europe de l'Est? Après la vague des produits textiles à bas prix qui a nécessité la mise en place d'un accord international pour les fibres textiles (AMF), après celle des produits électroniques de consommation courante, puis celle des voitures, on peut se poser la question. De fait, malgré l'accord multifibre, le déficit de l'Union européenne, pour la branche textile habillement, s'est brutalement creusé ces dernières années, pour atteindre plus de 16 milliards de dollars en 1990. Certes, une partie de ces importations proviennent d'établissements industriels ou de filiales que les entreprises européennes ont installés dans les pays en voie de développement, mais on ne peut nier que les mouvements, sur ces produits, sont quasiment incontrôlables.

Le cas de l'automobile est tout aussi caricatural pour montrer les brèches de la construction européenne. En juillet 1991, l'Union européenne et le Japon tombent d'accord sur l'ouverture progressive du marché aux voitures japonaises, en acceptant une montée progressive des importations, jusqu'à la libéralisation totale en l'an 2000. Par contre, les discussions sont difficiles sur les modalités à respecter, en cas de récession sur le marché européen. Début 1993, le taux retenu est une baisse de 9 %, ce qui plafonnerait les arrivées de modèles japonais à un peu plus de 1 million. Mais en juin 1993, la baisse est de 17 %. Le ministre français exige rapidement que la Commission renégocie avec les Japonais. Cet exemple illustre la lenteur des discussions, les oppositions entre les États, entre les entreprises de la branche automobile.

L'Union européenne est donc le plus souvent condamnée à intervenir, quand la situation d'un secteur industriel se dégrade, en élevant des barrières aux limites de l'Union européenne et en facilitant la restructuration. En fait, l'intervention n'est réellement possible que pour la seule industrie de l'acier en raison du Traité de la CECA. C'est ainsi que la Commission a imposé des quotas de production aux entreprises quand le marché s'est fortement déprimé après 1975, elle a imposé des fermetures d'établissement, elle a veillé à ce que les aides des États ne soient pas des entraves à la concurrence ni l'occasion d'accroître le poids de certains groupes. On sait que Usinor-Sacilor a fait l'objet d'une surveillance précise en raison de son statut de société publique.

Faute de pouvoir directement agir sur le tissu industriel, la Commission a lancé de nombreux programmes de recherches afin d'inciter les entreprises européennes à prendre l'habitude de collaborer. Il s'avère, en effet, que la dispersion de la recherche est un des principaux points faibles de l'Union européenne, par rapport à ce qui se fait aux États-Unis ou au Japon. Esprit et Eureka constituent deux tentatives intéressantes pour faire travailler ensemble les laboratoires des entreprises et des universités tout en permettant d'améliorer la compétitivité de l'Europe dans le domaine des hautes technologies. Le très grand nombre de participants à ces programmes, l'ampleur des sommes consacrées, la reconduction de ces programmes prouvent leurs succès. Mais cela ne permet pas de conclure à l'existence d'une industrie européenne.

En effet, ces programmes laissent de côté les sociétés étrangères implantées sur le territoire européen, comme IBM, alors que les coopérations s'intensifient dans le domaine de l'électronique entre firmes européennes, états-uniennes ou japonaises. Surtout, l'Europe, a propos d'un grand projet comme la télévision haute définition (TVHD), a montré son incapacité à aller jusqu'au bout. A l'origine de ce programme, il y a la volonté de conserver la maîtrise de certaines technologies face aux Japonais, de permettre la sauvegarde de l'industrie européenne, de promouvoir la culture européenne. Par des interventions financières, en mobilisant les industriels de cette branche, l'Union européenne a réussi à imposer sa norme de diffusion et suscité une production de programmes. Pourtant, en fin de compte, cette ambition ressemble à un échec car l'Union européenne a abandonné toute initiative dans le domaine de la haute définition. Les raisons de cet échec sont tout aussi intéressantes que le projet lui-même car la Commission n'a pas été en mesure d'arbitrer entre des intérêts divergents : ceux des États, ceux des professionnels de la télévision et notamment Canal Plus, ceux des différents lobbies industriels qui se sont manifestés. S'y ajoute la fragmentation du processus décisionnel entre les différents commissaires dont les approches sur cette question n'ont jamais été identiques.

Tout ce qui précède montre que les activités industrielles françaises sont désormais influencées, à des degrés divers, par la construction européenne et, plus largement, par le mouvement de globalisation économique qui est à l'œuvre. Face à cela, certains évoquent le spectre du déclin industriel dans notre pays et en Europe. Le grand marché profitera avant tout aux grands groupes, à ceux qui auront l'appui des financiers ; ainsi, devrait s'accentuer la pénétration étrangère, dans tous les secteurs insuffisamment armés pour faire face à ces évolutions. Par ailleurs, faut-il défendre l'idée d'une industrie nationale ou convient-il au contraire de se battre pour conserver des activités industrielles, sur le territoire national ? En refusant l'arrivée des transplants japonais dans l'automobile, on a donné un peu plus de temps à Renault et Peugeot pour se préparer, mais on a ainsi accru le chômage car ces deux firmes ont augmenté leur productivité.

Si l'Europe doit se faire, il faut envisager des programmes qui aillent plus loin que les projets de recherches, et qui mettent en commun les savoir-faire des entreprises. Cela semble s'imposer dans le domaine des hautes technologies où l'Union européenne a pris d'énormes retards. Mais, on devine les difficultés de l'État-nation quand il s'agira d'abandonner certaines positions en matière de sécurité et d'armement, en raison des liens étroits qui unissent la recherche dans le militaire et le civil. Les réticences seront d'autant plus fortes que, face à cette intégration européenne plus perceptible, on assiste à la résurgence de crispations locales qui sont autant de preuves d'une perte d'identité. Sur tous ces points la récession économique actuelle a une influence très négative et la conjonction des deux phénomènes provoque des mouvements de résistance, comme le montre la fermeture de l'usine Hoover de Dijon.

Il est probable que les activités industrielles françaises s'inscriront, de plus en plus, dans une stratégie européenne et mondiale. Au moins pour le moment, l'État ne peut plus peser sur le développement industriel comme il l'a fait dans les années soixante et soixante-dix quand l'économie était dans une phase de croissance soutenue. La nation « comme entité unitaire réalisant l'adéquation entre un territoire, un espace public, une société, une économie, une culture, n'est plus ». On peut donc souhaiter que l'Union européenne se dote d'un projet industriel qui relaie celui des États-nations. Mais en ce début des années 1990, le vent est plutôt au pessimisme, après l'espoir suscité par l'acte unique et le marché unique de 1993. Libre échangiste par son inspiration, le modèle communautaire actuel est beaucoup plus fondé sur « les catégories du droit que sur l'expression d'une volonté de la puissance publique ». L'Europe ne peut totalement se substituer aux États tant qu'elle demeure une mosaïque de réglementations et une somme d'arrangements que les crises, notamment monétaires en cette année 1993, montrent à l'évidence.

Références bibliographiques

ABD-EL-RAHMAN K. et CHARPIN J.-M., Le commerce industriel de la France avec ses partenaires européens, INSEE, *Économie et Statistiques*.

BERTAUD, *Le Marché Commun*, Masson, Paris, 1991, quatrième édition.

BUIGUES P., ILZKOVITZ F., LEBRUN J.-F., L'impact sectoriel du marché intérieur sur l'industrie et les enjeux pour les États membres, *Économie européenne*, n° spécial 1990, 357 pages.

CHARRIÉ J.-P., L'industrie européenne, in *The European challenge*, Oxford University Press, 1994.

CHARRIÉ J.-P., *Les lieux où souffle l'esprit*, Lettre d'Odile, Documentation française, 1993.

COHEN E., Mondialisation de l'économie et crispation identitaire vont de pair, *Le Monde* du 23 février 1993, page 2.

Commission des communautés européennes, « 1992 », la nouvelle économie européenne, *Revue d'économie européenne*, n° 35, mars 1988.

HOLCBLAT N. et HUSSON M., *L'industrie française,* Édition La Découverte, Paris, 1990.

MORIN F., L'émergence d'un appareil productif européen, in *l'Europe industrielle horizon 93*, sous la direction de Gilly J.-P., Notes et Études documentaires, n° 4926-27, 19 pages.

POTTIER Cl., Les groupes européens à la recherche d'une taille mondiale, in *l'Europe industrielle horizon 93*, sous la direction de Gilly J.-P., Notes et Études documentaires, n° 4926-27, 17 pages.

TURPIN E., Le commerce extérieur français : une spécialisation industrielle fragile, INSEE, *Économie et Statistiques*.

2

Les activités industrielles face à la globalisation des marchés

Analyses de cas

L'environnement économique des firmes s'est profondément modifié dans ce dernier tiers du XXᵉ siècle. Les entreprises doivent vivre avec la crise et admettre que les cycles de longue croissance n'existent plus, au moins pour le moment. De son côté, l'État, organe principal de régulation, surtout en France où le dirigisme a été la règle, constate que ses interventions ont moins d'efficacité, que sa politique doit prendre en compte l'intégration dans l'Union européenne. Quelles sont les effets de ces changements, des stratégies d'acteurs privés ou publics, nationaux, européens ou internationaux au sein de chaque activité industrielle? Quelles en sont les conséquences sur l'emploi? Quels sont les impacts spatiaux d'aussi fortes adaptations? Ce sont quelques uns des éléments que nous voulons faire ressortir d'une analyse sectorielle de l'industrie.

Faute de pouvoir réaliser une étude de tous les secteurs industriels, il convenait de sélectionner quelques uns d'entre eux. Sur quelles bases? Le premier critère, le poids des activités industrielles dans l'industrie française s'impose de lui même. La sensibilité à la globalisation des marchés constitue un autre élément déterminant. Puisque l'industrie accorde de plus en plus de place à l'immatériel, les secteurs industriels qui font appel à la recherche et au développement, qui utilisent de nouveaux matériaux, qui font preuve d'innovation devaient être représentés. Enfin, si la puissance publique a du mal à imposer ses politiques industrielles il fallait que cela apparaisse à travers les cas étudiés.

Sur ces bases, nous avons retenu cinq activités industrielles majeures : la construction automobile, les industries électroniques, les industries à forte participation de capitaux publics comme l'armement et l'aéronautique, les industries de base et les industries du textile et de l'habillement. La construction automobile puisque c'est une des activités qui a le plus d'effet d'entraînement sur le reste de l'industrie et qui fait preuve encore d'un réel poids en France et en Europe. La place importante accordée aux industries de haute technologie tient à leur dynamisme au cours des trente dernières années, à leur participation aux mutations technologiques dans l'ensemble des branches, à l'importance des découvertes réalisées grâce à la forte participation des chercheurs avec l'appui soutenu de l'État et de la Commission européenne. Restent les activités industrielles frappées le plus nettement par la crise. L'analyse des industries de base, sidérurgie et chimie lourde, reste indispensable dans un pays où elles ont été longtemps privilégiées. Enfin les industries du textile et de l'habillement fournissent un exemple, au sein des industries de consommation, des effets dévastateurs de la montée des nouveaux producteurs parmi les pays qui bénéficient de coûts moins élevés.

5. La construction automobile : les mutations d'une industrie d'entraînement

Plus que toute autre activité industrielle, l'automobile joue un rôle essentiel dans l'économie française par le nombre des personnes occupées directement ou indirectement, par le poids des deux entreprises qui animent l'ensemble, par le rôle social joué par la Régie Renault depuis sa nationalisation en 1945. Cette activité est également représentative d'une civilisation de plus en plus urbaine où la voiture a introduit une plus grande mobilité et de nouvelles libertés. De leur côté, les pouvoirs publics ont utilisé l'industrie de l'automobile pour réaménager le territoire, en créant des emplois dans les régions sous-industrialisées et en luttant contre le chômage dans les zones en déclin. L'histoire de l'industrie automobile en France fait donc partie intégrante de celle de l'économie française et son impact a été très fort, même au-delà des cercles industriels, grâce aux divers lobbies qui ont influencé des gouvernements successifs.

Si le poids demeure toujours aussi considérable, si ses effets d'entraînements sur les autres secteurs industriels restent aussi grands, l'industrie automobile est désormais traversée par de profondes mutations. Ces changements apparaissent dans tous les domaines. Le marché, de moins en moins «domestique» et de plus en plus international, est soumis à une concurrence plus sévère, surtout dans ces périodes de récession où chaque firme tente de gagner de nouvelles parts de marché pour compenser la baisse de la demande. A l'ère du travail à la chaîne et d'une main-d'œuvre peu qualifiée, succèdent la robotisation et de nouvelles formes de gestions de la main-d'œuvre. Toute l'organisation du travail est plus ou moins repensée pour s'adapter à un marché plus ouvert, plus sensible aux nouveautés et à la qualité du produit. La voiture incorpore des technologies différentes, fait de plus en plus appel à l'électronique et aux matériaux plastiques. Autant de domaines qui ne sont pas forcément aussi bien maîtrisés par les constructeurs. L'industrie automobile française est-elle suffisamment armée pour s'adapter à ces mutations et conserver ses positions, notamment en Europe ?

1. Le «système automobile»

L'industrie automobile est au premier rang des secteurs qui ont participé à la croissance de l'économie pendant les «Trente Glorieuses». En ces temps de crise, elle reste une des rares dont la production ne recule pas trop, même s'il n'en est pas de même pour les emplois. Or, l'industrie automobile a des effets d'entraînement sur d'autres secteurs industriels. Ce n'est pas véritablement une

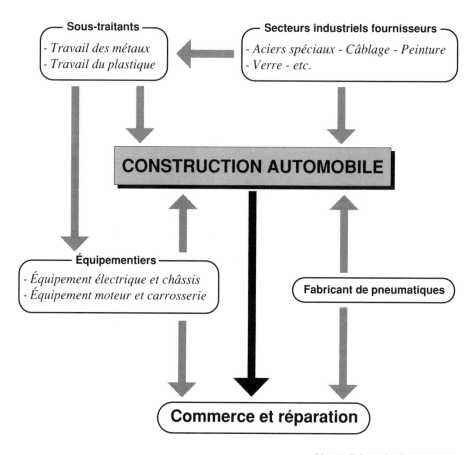

D'après F. Bricnel et P.A. Mangolte

FIG. 5. — *La filière automobile.*

«industrie industrialisante», mais on peut admettre, au moins, son rôle d'impulsion et parler à son sujet de «filière de produits». Dans le schéma des phases de la croissance de W. Rostow, elle correspond à «l'ère de la consommation de masse» qui a été le stade de développement de l'économie de la France, jusqu'au début des années 1970. L'industrie automobile a acquis cette dimension et cette place grâce à un réseau complexe de relations industrielles, techniques, commerciales, financières et politiques.

Au centre de la filière automobile, se trouvent les constructeurs qui passent des commandes aux entreprises industrielles placées en amont et dirigent des réseaux commerciaux à l'aval. Comme les constructeurs sont plus ou moins intégrés, c'est-à-dire réalisent par eux-mêmes une grande partie de la fabrication, ils reçoivent directement des consommations intermédiaires, en provenance des autres grandes branches. Mais, ils font travailler également des fournisseurs, équipementiers et sous-traitants, qui livrent des produits élaborés, directement incorporés au moment de l'assemblage.

A. Le poids de l'industrie automobile

Quel que soit le moyen de le mesurer, le poids de l'industrie automobile dans l'économie française est considérable. Cette branche emploie plus de 6 % des salariés de l'industrie et plus de 11 % de l'ensemble des actifs en France, si on tient compte de l'ensemble de la filière. Mais, on peut également apprécier ce poids, à partir des consommations intermédiaires puisque la valeur ajoutée de la branche dépasse 100 milliards de francs en 1990 et la production effective est d'environ 330 milliards.

TABLEAU 30. — *Analyse de la production de l'industrie automobile en 1990*

Les produits	Montant Md F	Part en %
Achat aux autres branches	158,7	70,0
dont fonderie et travail des métaux	41,9	18,5
Services marchands aux entreprises	34,1	15,0
Minerais et métaux	15,1	6,7
Pneumatiques et produits en caoutchouc	13,9	6,2
Matières plastiques	9,6	4,2
Matériel électrique et électronique	8,8	3,9
Textile, cuirs et peaux	6,6	2,9
Achats à la propre branche	67,7	30,0
Consommations intermédiaires	226,4	100,0
Valeur ajoutée par la branche	105,5	
Production effective	331,9	

Source : INSEE, les comptes de la nation en 1990.

Des études communes à plusieurs pays montrent que les constructeurs automobiles consomment environ 15 à 20 % de la production des sidérurgistes, plus de 20 % du caoutchouc et 10 % du verre. On peut juger, à travers ces quelques données, de l'effet d'entraînement de l'industrie automobile sur les autres secteurs et des effets de dépendance qui peuvent se manifester dans les deux sens : en tirant les prix vers le bas, quand il y a surabondance, ou au contraire en subissant les hausses de ces consommations intermédiaires quand il y a pénurie. En ce qui concerne la France, les consommations intermédiaires se montent à 226 milliards de francs en 1990. Ces consommations intermédiaires concernent la branche «véhicules automobiles, cycles et motocycles», mais la part de ces derniers est suffisamment faible en France pour que cela ne modifie par l'observation.

Près des trois quarts des achats sont orientés vers les autres secteurs industriels, et, parmi eux, quatre apparaissent plus directement dépendants avec des montants supérieurs à 10 milliards de francs. Près de 20 % des consommations intermédiaires portent sur des produits issus de la fonderie et du travail des métaux. Il s'agit, le plus souvent, de pièces moulées et de pièce embouties qui sont fabriquées en sous-traitance. S'y ajoute une demande assez forte (6,7 %) de produits appartenant à la branche minerais et métaux, c'est-à-dire des produits sidérurgiques comme les tôles et les tubes. On n'insistera pas sur la consommation de caoutchouc, de produits textiles et des cuirs. En revanche, la consommation des équipements électriques et électroniques, de même que la part des matières d'origine plastique, témoignent des changements qui interviennent car ces postes avaient, dans le passé, une moindre importance.

Avec une valeur ajoutée de 105 milliards de francs, l'industrie automobile représente près de 10 % de la valeur ajoutée de l'industrie manufacturière, et le rapport de cette valeur à la production donne un taux de 32 % qui souligne que l'intégration, au sein des constructeurs, est moins grande qu'avant. L'industrie automobile externalise un peu plus sa production et cela fait partie des mutations en cours.

Mais les effets d'entraînement de l'industrie automobile peuvent aussi s'apprécier en termes de recherches et de développement de certaines techniques de pointe. Pour satisfaire ces besoins, les groupes français ont activement participé aux recherches et développement dans le domaine des machines-outils. Le groupe Renault est allé le plus loin dans cette voie, incité, il est vrai, par les pouvoirs publics qui estimaient redonner un peu de vigueur à ce secteur menacé. Au cours des trois dernières années, la construction automobile a consacré, en moyenne, plus de 7 milliards de francs à la recherche, les concours de l'État restant très faibles, de l'ordre de 100 millions. Cela permet à quelque 15 000 personnes de travailler dans la recherche à plein temps, et leur part progresse légèrement dans le total des actifs de la branche, pour atteindre 6 %. Si on ajoute à ces sommes consacrées à la recherche, celle des fabricants de pneumatiques et de quelques équipementiers, on parvient probablement à plus de 12 milliards de francs, soit 12 % de l'ensemble des dépenses en recherches et développement en France. Les deux constructeurs sont au centre de nombreux programmes portant sur les robots et les ateliers flexibles, et, de manière générale, jouent un rôle important dans tout ce qui touche la diffusion de nouveaux processus de production.

Avec plus de 2,6 millions de personnes travaillant directement ou indirectement dans l'automobile, cette filière reste le premier employeur de France, avec un peu plus de 10 % de l'emploi total. Toutefois, la répartition des emplois, à l'intérieur de cette filière, est en évolution rapide, les emplois de production étant en vif repli au cours des dix dernières années alors que continuent de progresser ceux qui appartiennent à l'aval.

Les activités de production concernent encore plus de 800 000 personnes qui se répartissent entre celles qui appartiennent à l'industrie automobile proprement dite (13 % du total) et celles qui travaillent dans des branches qui fournissent des consommations intermédiaires, telle la métallurgie, l'industrie du caoutchouc et le verre (18 %). Étant donné la diminution des emplois dans les activités de production, soit plus de 30 % depuis 1980, la part dans l'emploi généré par l'industrie automobile des activités situées à l'aval de la filière ne cesse de croître. On compte plus d'un million de personnes dans le transport et les infrastructures, près de 600 000 dans les métiers liés à l'usage de la voiture, l'essentiel étant fourni par le secteur de la vente et de la réparation dans lequel les constructeurs sont fortement présents.

TABLEAU 31. — *Les emplois induits par l'automobile en 1990*

	Emploi	*Pourcentage*
Activités de production	817 000	31,2
dont industrie automobile	342 000	13,1
dont Construction automobile	210 000	8,0
Équipement et accessoire	109 500	4,2
Carrosserie, remorques, caravane	22 500	0,9
dont autres branches industrielles	475 000	18,1
dont métallurgie	220 000	8,4
textile, verre	150 000	5,7
pneumatiques, caoutchouc, plastiques	105 000	4,0
Activités liées à l'usage de l'automobile	579 000	22,2
Transports routiers et infrastructures	1 216 000	46,6
TOTAL	2 612 000	100,0

Source : CCFA.

B. Au centre du « système automobile », les constructeurs : Renault et Peugeot (PSA)

Sur le modèle des autres pays européens, la branche automobile s'est progressivement concentrée au point qu'on ne dénombre plus que deux groupes industriels. Cette restructuration s'est faite en plusieurs étapes. Elle débute d'abord par la disparition des nombreuses petites affaires qui avaient passé le cap de la Seconde Guerre mondiale. De cette manière, dès les années 1950, la France ne possédait plus que quatre entreprises importantes, Renault, Simca, Citroën et Peugeot, ainsi qu'un constructeur de camions, Berliet.

Après une phase de croissance interne de chaque groupe, grâce à un marché en plein développement, les premiers signes de ralentissement ont conduit à une accélération de la concentration, au moment des années 1960. Si Renault a absorbé Berliet qui a donné naissance à Renault véhicules industriels (RVI), le groupe nationalisé a continué de prospérer par croissance interne, et c'est très récemment qu'il a opté pour une autre stratégie en s'alliant, notamment, avec Volvo. Peugeot, en revanche, a choisi une croissance externe en reprenant les groupes français en difficulté. Citroën est acheté en 1974, avec l'aval de Michelin, principal actionnaire, tandis que les filiales européennes de Chrysler, dont Simca, sont rachetées en 1978. Ce type de croissance pose de nombreux problèmes. Les gammes de véhicules ainsi obtenues sont souvent hétéroclites, l'appareil de production apparaît peu compatible et les différents équipements parfois dépassés, faute d'investissements réalisés par les anciens propriétaires. PSA a cependant assez bien réussi le mariage malgré l'échec de Simca-Chrysler devenu entre temps Talbot.

TABLEAU 32. — *Les groupes français en 1990*

	Chiffre d'affaires	Investissement	Résultat net	Effectifs	Nombre d'usines d'assemblage en France
Groupe PSA	159 976	15 139	9 258	159 100	5
dont Citroën	68 828			58 700	2
Peugeot	58 700			81 200	3
Groupe Renault	163 620	13 213	1 210	157 378	11
dont Renault Automobile	129 200			114 516	7
RVI	29 655			30 301	4

Source : CCFA.

Cette concentration aboutit donc à l'existence de deux grands groupes devenus des multinationales, influentes auprès des pouvoirs publics, en raison de leur poids en termes de chiffre d'affaires, d'emplois et d'effet d'entraînement. PSA et Renault peuvent dominer ainsi toute la filière parce que les modèles sont définis par les bureaux d'études des deux firmes. L'essentiel du produit final sort de leurs usines, et les fournisseurs sont tenus de respecter des contraintes qui leur laissent souvent peu d'initiatives. En procédant ainsi, les constructeurs français ont maintenu les équipementiers français dans une dépendance technique et économique, en contrôlant les autres fonctions du processus de production. Ils assurent toutes les tâches de conception et s'occupent directement de la commercialisation, par le biais de leurs succursales. Dans les phases techniques, ils interviennent dans la fabrication des organes, de la carrosserie et réalisent enfin l'assemblage final. Il reste ainsi peu de place aux fournisseurs.

Les fournisseurs, au sens strict, sont ceux qui livrent des matériaux bruts, telle la sidérurgie, pour les aciers plats et les aciers fins et spéciaux. Les équipementiers livrent des pièces et des accessoires spécifiques à l'industrie automobile, comme les équipements de carrosserie (25 %), les organes de transmission, de direction et d'alimentation qui comptent pour 15 à 20 % chacun. En fait, ces équipementiers s'adressent à deux marchés, celui de la première monte pour lequel les prix sont tirés vers le bas par les constructeurs, et celui de la rechange sur lesquels ils sont censés dégager des bénéfices.

Cette activité est restée longtemps dominée, en France, par les deux grands groupes de la construction automobile qui ont tout fait pour maintenir les équipementiers dans une relation de dépendance, certains disent de « colonialisme » afin d'éviter toute tentative d'autonomie. Faute de marge de manœuvre, les équipementiers ont peu investi et sont restés de petites entreprises puisqu'une seule, Valéo, employait plus de 10 000 salariés en 1985.

On compte en France 458 équipementiers de plus de 10 salariés, mais dix entreprises réalisent près de la moitié des ventes et regroupent plus du tiers des effectifs. Six de ces entreprises sont des filiales de groupes français ou sont contrôlées par des capitaux français, quatre sont des filiales de sociétés étrangères. Outre Renault et Peugeot, directement ou par leur filiale comme ECIA (PSA), on trouve en effet un certain nombre de groupes étrangers comme General-Motors France, l'italien Magnetti-Marelli, très lié à FIAT, ou encore Bendix appartenant à Allied-Signal. Valéo, principale affaire en France s'est restructurée après la prise de contrôle de l'italien De Benedetti, par l'intermédiaire de Cerus. Les contraintes imposées aux équipementiers français expliquent que Valéo, deuxième groupe européen dans ce domaine avec 28 000 salariés, arrive très loin derrière Bosch, leader en Europe avec plus de 100 000 employés et un chiffre d'affaires près de cinq fois supérieur. De plus Valéo dépend à 95 % de l'automobile, alors que Bosch ne fait que la moitié de ses ventes en direction de cette branche. Même aujourd'hui, les équipementiers français n'ont pas réussi à se diversifier dans d'autres activités comme l'aéronautique ou l'électronique.

Les sous-traitants sont encore plus dépendants des constructeurs, mais aussi des équipementiers, car ils travaillent à façon, en respectant des cahiers de charges très stricts, pour fournir un produit entièrement soumis aux impératifs du donneur d'ordre. Les sous-traitants sont très nombreux dans la métallurgie, dans des opérations de fonderie, d'emboutissage, de décollage, de boulonnerie. Plus récemment, sont apparus des sous-traitants dans le secteur des plastiques quand il a fallu alléger les véhicules du fait de la crise pétrolière. Ces sous-traitants appartiennent à tous les types d'entreprises, depuis des firmes multinationales, de très grande dimension, jusqu'à des PMI de toute petite taille, bien plus dépendantes des commandes des constructeurs automobiles. En fait, la distinction principale entre les sous-traitants réside dans leur spécialisation. Ceux qui vendent un savoir-faire que ne possède pas Renault ou PSA, disposent d'une petite autonomie par rapport à toutes les PMI qui n'apportent que des heures et qui assurent la flexibilité de la production. Toutes les pointes, mais aussi toutes les récessions sont ainsi répercutées en direction de ces sous-traitants, et on comprend que le degré d'intégration des séries ait diminué, au cours des dernières années.

C. Une forte diffusion spatiale

La répartition régionale des actifs de la construction automobile permet de dégager les trois anciens bastions de cette activité : la région parisienne, la Franche-Comté et la région lyonnaise (fig. 6). L'Ile-de-France s'impose toujours avec plus du quart des actifs de la branche. Malgré la fermeture de quelques grandes usines, comme celle de Citroën dans Paris même, sur le quai de Javel, ou, plus récemment encore, celle de Boulogne-Billancourt, lieu chargé de symbole pour la classe ouvrière, la région parisienne concentre toujours quelques-unes des grandes unités d'assemblage ou de fabrication d'équipements. Il reste encore six usines d'assemblage de voitures, telles Aubergenville pour Renault, Poissy et Aulnay-sous-Bois, pour le groupe PSA, qui comptent entre 5 000 et 10 000 salariés. Il convient d'y ajouter la construction de véhicules utilitaires par Chausson — mais cet établissement est menacé de fermeture — et la grosse unité de production d'équipements appartenant à la multinationale américaine General-Motor à Gennevilliers.

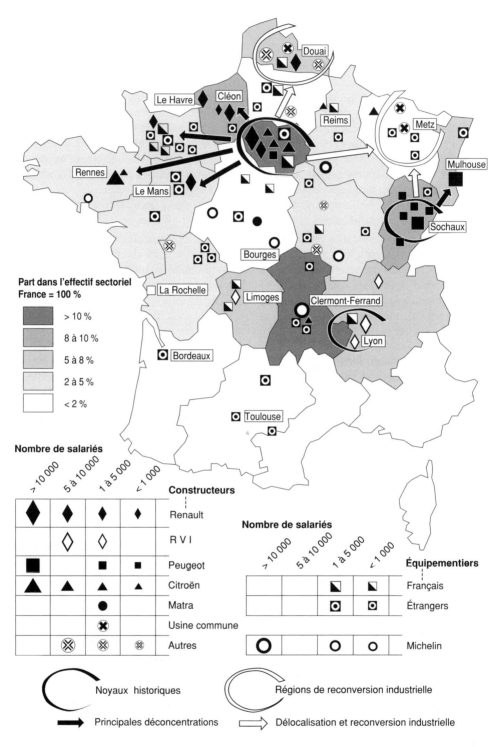

Fig. 6. — *L'industrie automobile.*

Un deuxième ensemble est constitué par les deux régions où se sont implantés historiquement Peugeot et Berliet. L'industrie automobile y représente, dans chacune, environ 10 % de l'emploi total de cette filière en France. La firme de Sochaux anime toute la région de la Porte d'Alsace, grâce à plusieurs établissements, dont le plus important reste l'usine de Sochaux, la plus grande de France, avec près de 20 000 employés. La firme est également présente à Belfort, Vesoul et s'avance jusqu'au Rhin avec la dernière unité créée à Mulhouse. Contrairement aux autres régions, Peugeot est le seul groupe présent en Franche-Comté et en Alsace avec ses unités d'assemblage, sa fabrication d'équipements et une usine de cycles à Beaulieu-Mandeure. On retrouve à peu près la même domination de Renault véhicules industriels en région Rhône-Alpes puisque le groupe public a repris Berliet et a conservé la plupart des sites dont Venissieux, Annonay et Bourg-en-Bresse.

Le poids de l'industrie automobile dans les autres régions, résulte des politiques de déconcentration menées par les deux groupes, suivant des stratégies propres mais avec le soutien des pouvoirs publics et de la DATAR en particulier quand les intérêts étaient concordants. La diffusion de l'industrie automobile découle tout d'abord de sa banalisation, de processus de production qui exige une main-d'œuvre moins qualifiée et le meilleur marché possible. Or cette tendance coïncidait avec la politique d'aménagement du territoire qui souhaitait lutter contre la sous-industrialisation, puis, pendant la crise, contre la montée du chômage, dans les régions sidérurgiques du Nord-Pas-de-Calais et de Lorraine. C'est ainsi que l'usine de Douai est aujourd'hui la plus importante du groupe Renault. Dernièrement, PSA associé à Fiat vient de mettre en service, près de Valenciennes, la première grande usine de construction automobile ouverte en France depuis vingt ans. Elle devrait employer 3 500 personnes en 1995 et elle sort de ses chaînes les monocorps appelés à concurrencer l'Espace de Renault et Matra.

De Paris au Havre, la basse vallée de la Seine a reçu toute une série de très grosses usines, au cours des années 1960, Flins, Cléon et Sandouville, presque toutes liées à Renault. En réalité, toute cette partie ouest du territoire français a bénéficié de cette délocalisation. Renault est ainsi venu à Caen et au Mans. L'opération la plus spectaculaire demeure cependant l'installation de Citroën à Rennes, avec 10 000 salariés encore aujourd'hui. Toute la ceinture du Bassin Parisien est densément occupée par des usines d'assemblage et des unités de fabrication des pièces destinées à ces établissements car les équipementiers ont eux-mêmes procédé à des créations d'établissements, pour accompagner le glissement des usines d'assemblage.

Dans l'ensemble, les régions du sud sont restées à l'écart de ce redéploiement. L'installation de Chrysler à La Rochelle a été un échec puisque Peugeot a finalement fermé ce site où ne demeure plus qu'un établissement de sous-traitance qui, lui, reste plus ou moins lié. Bordeaux et la région toulousaine ont fixé des équipementiers. Ford-France à Bordeaux fabrique des boîtes automatiques et, avec 3 000 salariés, reste le premier employeur de l'agglomération. Bosch, Bendix et Neiman sont présents en Midi-Pyrénées.

L'analyse du poids du secteur automobile dans chaque région reste le meilleur indicateur de la diffusion de la construction automobile sur l'ensemble du territoire, à l'issue de ces glissements successifs depuis les pôles historiques. Seules le pourtour méditerranéen et l'Aquitaine dépendent peu de cette branche, avec moins de 5 % de l'industrie de chacune de ces régions. Partout ailleurs, le taux est compris entre 5 et 15 %, et ce sont finalement la Franche-Comté, l'Alsace, la basse Normandie et la Bretagne qui sont devenues les plus dépendantes de cette activité qui mobilise plus de 15 % des salariés de l'industrie manufacturière. L'avenir de la région de Sochaux, de Caen, du Mans et de Rennes est finalement très lié à celui des usines d'automobiles et les mutations en cours risquent encore de provoquer des tensions sur l'emploi, dans des régions déjà éprouvées.

2. Les transformations de la construction automobile

A la croissance a succédé la crise pétrolière puis une série de récessions qui ont fortement pesé sur les résultats des deux grands constructeurs français. Les pertes de Renault ont atteint des sommes vertigineuses au début des années 1980, et seul son statut de groupe public lui a évité la faillite. A cette stagnation de la demande s'ajoute une modification du marché liée à une clientèle sensible à des modèles renouvelés et attentive à l'absence de défauts. Autant de modifications que les constructeurs japonais ont su plus rapidement intégrer que les firmes françaises quand on songe, par exemple, à la longévité de la 2CV Citroën ou aux déboires mécaniques de plusieurs véhicules.

A cette transformation du marché s'est ajoutée la concurrence des autres constructeurs et la percée de ceux des pays asiatiques, Japon d'abord, Corée du Sud plus récemment. Pour résister à cette pression, il a fallu investir pour moderniser des outils de production obsolètes. Mais, en procédant de cette manière, on prenait le contre-pied d'une politique de développement basée sur une main-d'œuvre bon marché et étrangère notamment grâce aux grands courants d'immigration en provenance du Maroc et du Portugal. Ainsi était remis en question quelques-uns des fondements de l'organisation du travail, dans les usines d'automobiles en France et en Europe.

Se pose aussi l'avenir d'une branche de plus en plus ouverte à la concurrence et qui doit défendre sa position, en s'imposant sur les marchés extérieurs, dans le cadre de l'Union européenne notamment. Il y a là des éléments menaçants sur le maintien ou non de deux grands groupes dans notre pays, sur la conservation de nos équipementiers, mal préparés aux changements en cours et peu armés pour s'y lancer. La construction automobile française n'est pas une des mieux organisée pour s'adapter au grand marché qui s'organise dans l'actuelle décennie. Une partie des solutions passe par une politique plus européenne, par une plus forte coopération entre les entreprises de la branche.

A. Les différentes formes de la crise

C'est au moment du choc pétrolier de 1973 que s'est interrompue l'extraordinaire croissance de l'industrie automobile, et les deux constructeurs français n'y ont pas échappé. En effet, après une fabuleuse progression entre 1950 et 1974, qui permet de multiplier par dix le nombre de véhicules produits, la production française connaît des évolutions en dents de scie qui montre que la situation ne sera jamais plus comme avant et que la crise pétrolière n'a été qu'un facteur parmi d'autres de cette dégradation. A la reprise de la fin des années 1970 qui permet à la production d'atteindre les 3 millions de véhicules, succède une première crise qui fait retomber la production au niveau de 1973, soit 2,6 millions. Une nouvelle progression porte à 3,4 millions le nombre de véhicules livrés en 1989. Mais, les tensions sur le marché se manifestent de nouveau, au début des années 1990.

Il s'agit manifestement d'une crise de la demande, mais celle-ci n'est pas seulement liée à une crise financière des ménages. On découvre véritablement, dans les années 1980, que l'équipement des ménages a atteint son plafond. En effet, le taux d'équipement des ménages, en France, était de 70 % en 1981, de 75 % en 1986 et il n'a plus progressé depuis cette date, demeurant stable autour de 75 %. Il semble bien qu'un palier ait été atteint et qu'un quart des ménages ne s'équipera jamais. De plus, ce taux d'équipement résulte d'un accroissement des achats par des ménages qui se dotent d'une seconde voiture. Le pourcentage de ménages ayant une voiture reste très stable autour de 50 % alors que ceux qui ont désormais deux et plus passent, de 17 % en 1981, à près de 25 % actuellement. D'un marché d'acquisition fortement porté par une demande correspondant à l'élévation des revenus, on passe à un marché de renouvellement, où les variations cycliques deviennent bien plus fortes, parce que les consommateurs peuvent différer leurs achats de quelques années. Ceci est corroboré par le vieillissement du parc au cours des années 1980. Aussi, la reprise de la période 1987-1989 est en grande partie liée aux ventes de voitures neuves de renouvellement par des clients qui avaient attendu la fin de la crise.

Dans ce contexte, on conçoit que les deux groupes français soient de plus en plus dépendants des marchés étrangers. La croissance de la production passe par une progression des parts de marché, dans les autres États de l'Union européenne qui connaissent la même situation et par une occupation, la plus forte possible, des marchés encore porteurs, dans l'Europe du Sud ainsi que dans le reste du monde. Dans ce contexte, la réunification de l'Allemagne a été un facteur assez favorable, dans les résultats de Peugeot et de Renault, car les ménages de la partie orientale ont préféré les moyennes gammes françaises aux grosses cylindrées allemandes.

Paradoxalement, cette baisse de la demande s'accompagne d'une augmentation des prix, celle-ci étant souvent plus rapide que l'inflation. Cette tendance s'explique par la très forte concentration de la production en Europe, ce qui permet aux entreprises de compenser la chute des ventes en volume par le redressement de leurs marges. Ceci ne tient pas seulement à la nécessité du profit, mais répond à la concurrence que se font les constructeurs en terme technologique. Car la crise est aussi celle du produit. La réduction de la consommation d'énergie, au cours des années 1980, les mesures pour diminuer la pollution actuellement, nécessitent de mettre au point de nouvelles technologies sur les véhicules, voire d'évoluer vers un nouveau type de voiture. C'est tout le processus de production qui est alors remis en question. La crise du produit va au-delà de la voiture proprement dite. En France, comme ailleurs, la suprématie de la voiture et des transports routiers est remise en question. Les encombrements dans les villes, la montée de la pollution, la prise en compte des coûts sociaux liés aux véhicules ont un impact chez les consommateurs. De même, les hausses successives de carburant ont des effets à long terme.

Cette crise a frappé plus durement les «généralistes», comme Peugeot et Renault, que les firmes occupant le marché du haut de gamme, comme Mercedes-Benz. En effet, les généralistes opèrent sur le bas et le milieu de gamme, dans des domaines où l'augmentation des prix est plus difficile car on s'adresse à des ménages moins aisés et parce que la concurrence des autres constructeurs y est plus forte. La première réponse des fabricants a été d'augmenter le volume afin de conserver des résultats positifs, mais cela n'a fait qu'accroître les excédents. L'idée était, cependant, qu'il ne resterait plus que deux ou trois constructeurs d'automobiles en Europe et qu'il fallait que les firmes françaises appartiennent à ce lot de rescapés. Dans ces conditions, on comprend mieux que PSA ait vu ses ventes reculer de 30 %, au milieu des années 1980, et toléré cependant un endettement de 30 milliards de francs. Situation encore plus grave chez Renault, avec un endettement colossal que ne justifiait pas le meilleur taux de pénétration en France et en Europe.

Il est apparu, tout aussi rapidement, que l'adaptation à la crise ne pouvait plus se réaliser à travers les recettes classiques, notamment par la conquête de nouveaux marchés, sans s'occuper des prix de revient. C'est pour cette raison que les deux groupes français ont connu cette brutale dégradation de leurs résultats financiers. La nouvelle approche est celle du «point mort», c'est-à-dire atteindre un seuil à partir duquel chaque nouveau véhicule produit permet de réaliser un profit. Chez Peugeot, ce point mort était de 2,2 millions de véhicules, en 1987 il tombe à 1,2 million.

L'adéquation au marché redevient ainsi un impératif. Pour y parvenir, il faut réduire les frais fixes et les frais variables, tout en parvenant à une plus grande flexibilité de l'ensemble afin de s'adapter aux fluctuations de la demande. Ces perspectives s'accompagnent d'une remise en question du produit lui-même, de l'organisation du travail, d'une recherche d'une plus grande productivité en introduisant plus d'automatisation, et d'une réduction du nombre des salariés.

B. L'adaptation à la crise : de nouveaux processus de production

La recherche du plus grand profit passe par la mise au point d'une nouvelle organisation du travail, une meilleure coopération avec les fournisseurs, l'utilisation de nouveaux matériaux, l'introduction de nouvelles technologies qui apportent une fiabilité et une sécurité plus grande, pour les acheteurs de voiture. La variété des paramètres concernés indique bien que cette mutation de la construction automobile ne peut se limiter au seul passage de ce que certains ont résumé par la formule «du fordisme au toyotisme» afin de traduire à quel point le modèle japonais a été pris en compte. Mais, pour les travailleurs de l'industrie automobile, cette «révolution» a bien un impact considérable, en affectant leur qualification et en réduisant leur nombre.

Des produits en mutation

Pour être au plus près de la demande des consommateurs, Renault et Peugeot ont dû intégrer des données telles la fiabilité, la sécurité, le confort et la moindre consommation d'énergie. Ceci constitue un changement radical par rapport au mode de fonctionnement traditionnel qui a enfermé d'ailleurs constructeurs et équipementiers français dans un système où l'acier tenait une grande place. Or, plastiques et matériaux composites deviennent des concurrents sérieux. Le plastique représentait 5 % du poids d'un véhicule en 1970 et près de 10 % en 1990, cette progression se faisant au détriment de l'acier et de l'aluminium. Omniprésent dans l'habitacle, le plastique progresse dans la carrosserie (pare-chocs, bouclier) et dans les pièces sous le capot, tandis que les matériaux composites s'imposent pour les éléments qui sont soumis à un intense travail.

Le principal atout de ses nouveaux matériaux réside dans la plasticité du produit, ce qui permet de réaliser des pièces complexes en réduisant le nombre des opérations : trois attaches sur le coffre plastique de la BX, contre 27 pour un coffre en acier. De même, un réservoir en plastique peut occuper des vides de forme diverses. L'argument de la légèreté des plastiques s'est imposé de lui-même quand il a fallu réduire le poids des véhicules, en période de forte augmentation des coûts de l'énergie, alors même que la production des plastiques restait concurrentielle par rapport aux autres matériaux. Aujourd'hui, la baisse continue du pétrole rend les plastiques encore plus intéressants, pour les constructeurs automobiles.

On peut alors s'étonner d'une progression tout de même assez lente de ce matériau, dans l'industrie automobile, par rapport à ce qui se passe dans l'industrie aéronautique. Cela tient au fait que, pour les constructeurs de voitures, les critères économiques l'emportent encore dans une production de masse. Or l'équipement industriel en place n'est pas toujours adapté à cette transformation tandis que, de leur côté, les métallurgistes, devant la menace, ont réagi en proposant des aciers spéciaux, plus légers et plus résistants, notamment face à la corrosion. Mais le principal obstacle à la diffusion du plastique est certainement l'hostilité d'une profession qui perdrait, en quelque sorte, le contrôle d'une partie du « système automobile ». En ne maîtrisant pas totalement cette technologie, les constructeurs peuvent craindre d'être plus dépendants des fournisseurs parmi lesquels on trouve des multinationales de l'industrie pétrolière. De leur côté, les réparateurs risquent de perdre une partie de leur savoir-faire traditionnel, alors que la grande distribution pourraient pénétrer ce marché, jusqu'alors assez protégé.

L'irruption de l'électronique est tout aussi saisissante, au cours des dernières années. Ces applications portent principalement sur la sécurité, le confort et l'économie. Ces produits interviennent eux aussi dans l'allégement du véhicule en prenant la place d'anciens équipements mécaniques. L'électronique est donc devenue omniprésente dans les systèmes d'injection, en remplaçant les anciens carburateurs, dans les équipements de freinage avec les ABS, puis dans des applications diverses, comme les circuits électriques, les suspensions actives, la climatisation et éventuellement la navigation routière. Mais une fois de plus, le développement de l'électronique n'est pas aussi rapide que certains l'avaient imaginé car ce sont des équipements coûteux, présents essentiellement dans le haut de gamme. Ainsi, en France, l'injection électronique ne concerne que 30 % des voitures, tandis que l'ABS est réservé à seulement 10 %.

Les transformations de la filière automobile

La meilleure adaptation au marché consiste à coller au plus près aux fluctuations de la vente. C'est le réseau qui commande, en quelque sorte, la production. En l'absence de stocks, il faut être capable de réagir rapidement à une variation à la hausse de cette demande. Les pressions exercées sur les équipementiers sont donc très grandes et une véritable révolution s'est également opérée, dans ce domaine, avec la généralisation des flux tendus.

L'approvisionnement en flux tendus permet de réaliser des économies importantes. Renault a ainsi économisé plus de 10 milliards de francs d'investissements, entre 1984 et 1988, et même 16 milliards si on y incorpore les délais de paiement qui ont été allongés. Pour parvenir à ces résultats, les deux groupes français ont réduit le nombre de leurs partenaires, de plus de 1 700 à moins de 1 000 pour PSA et de 1 400 à 900 dans le cas de Renault. En outre, chaque groupe se dote d'un fournisseur pilote qui devient l'interlocuteur de la firme et qui doit répercuter, vers les autres fournisseurs, ces exigences. C'est l'application, presque totale du modèle tel qu'il fonctionne au Japon. Ce nouveau système permet de garder la fabrication de certains composants, sur le territoire national, et d'utiliser les avantages comparatifs de pays à bas salaires, pour les autres. Ainsi s'expliquent les flux qui se généralisent entre les usines françaises et espagnoles de Renault et Citroën, flux dont on saisit l'ampleur au moment des grèves ou des ralentissements au passage des frontières, notamment entre la France et l'Espagne. Ainsi, les moteurs des R19, assemblés à Douai parviennent, en flux tendus, de l'usine du groupe à Valladolid et cela permet de disposer de deux à trois jours de stocks seulement.

Cette pratique conduit aussi les équipementiers à se rapprocher des usines d'assemblage pour réduire les distances et rendre plus flexibles les approvisionnements (fig. 7). Dans le cas de l'usine Citroën de Rennes, le fournisseur pilote est l'équipementier Epéda-Bertrand-Faure dont l'établissement est à Redon, soit à 56 km. Il contrôle 78 fournisseurs qui lui permettent l'assemblage de sièges complets, pour disposer de stocks de deux à trois jours. Seize camions acheminent vers Rennes, chaque jour, près de 50 collections différentes de sièges prêts à être montés. De la même manière, pour son usine de Douai, Renault a obtenu de la Sotexo, une filiale de Epéda-Bertrand-Faure, fournisseur exclusif des sièges de la R19, un accord lui permettant de n'avoir en usine qu'un stock de deux heures et un approvisionnement, à l'heure dite, de sièges de couleurs et de modèles différents.

Les conséquences spatiales de la pratique des flux tendus, de la constitution de réseau entre l'assembleur et ses fournisseurs-pilotes, de même qu'entre ces derniers et les autres fournisseurs, sont évidemment très importantes. Dans une région donnée, toute une série de flux sont organisés pour répondre aux besoins d'une usine, et des liens plus étroits se tissent entre les PMI et le constructeur,

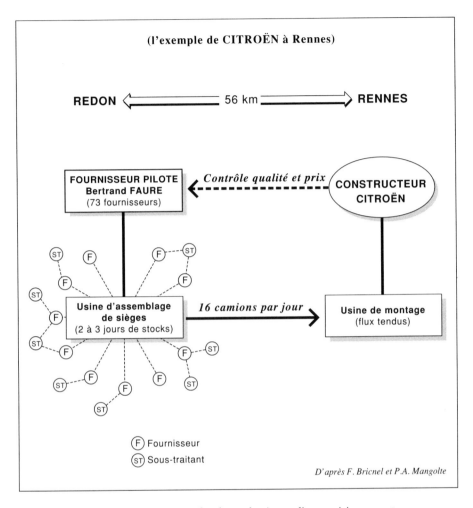

FIG. 7. — *Nouveaux modes de production et d'approvisionnement dans l'industrie automobile.*

avec les risques liés à une trop grande dépendance. Le tissu industriel en sort renforcé parce qu'il se structure. Pour leur part, les transporteurs routiers trouvent des débouchés. Mais les difficultés se répercutent aussi, plus facilement, vers la base puisque les sous-traitants doivent supporter les variations de la demande. Les mêmes observations peuvent être faites à l'intérieur de l'Union européenne car les flux innervent aussi toute l'Europe, principalement au départ de la péninsule Ibérique, parce que tous les grands constructeurs y sont implantés et jouent sur le coût de la main-d'œuvre depuis que l'État espagnol a modifié les règles d'implantation.

Automatisation et nouvelles formes de travail

Les constructeurs français ont appliqué, seulement à partir de la fin de la Seconde Guerre mondiale, les principes du fordisme, et cela coïncide avec le lancement de deux des véhicules qui auront la plus forte longévité, la 4CV Renault et la 2CV Citroën. Le fordisme correspond à la production de masse, grâce au travail à la chaîne, à la parcellisation des tâches pour les ouvriers, à l'irruption de la mécanisation et au rôle joué par le bureau des méthodes qui doit être capable de concevoir l'organisation du travail dans ce cadre. Le fordisme s'accompagne d'une forte croissance du nombre des ouvriers spécialisés (OS), au détriment des professionnels. La part de ces derniers chez Renault était encore de 33 % en 1948, mais en 1973, les trois quarts de l'effectif était constitué d'OS, dont près de 40 % de travailleurs étrangers, notamment des Algériens.

La crise du fordisme repose sur les mouvements de protestation apparus chez les OS entre 1965 et 1975, afin de rejeter une organisation du travail qui enlevait toute initiative aux personnes et de leur laisser peu de chances d'évoluer vers des emplois plus qualifiés. Mais, le fordisme est surtout mort parce qu'il apparaissait incapable de s'adapter à la transformation du marché et à la nécessaire flexibilité de l'outil de production. L'automatisation est apparue comme une solution à la crise du procès de travail. On devait ainsi supprimer une partie des postes non qualifiés et résoudre le problème social posé. En même temps on comptait réaliser des gains de productivité pour rentabiliser les usines.

Apparaissent alors dans les usines, au fur et à mesure du renouvellement de la gamme, des machines-outils à commande numérique, des automates programmables capables d'accomplir certaines tâches de manière automatique et des robots qui, progressivement, sont dotés de capteurs pour saisir la complexité de leur environnement. La forme la plus élaborée de l'automatisation est l'atelier flexible au sein duquel une série de machines sont capables de fabriquer, ensemble et simultanément, des pièces différentes. L'atelier flexible est finalement peu répandu car il s'agit d'une conception qui remet totalement en question les ateliers hérités du fordisme. Aussi, les constructeurs français ont-ils opté pour une adaptation des automatismes afin d'introduire la flexibilité nécessaire. Dans l'usine de Douai, les automates ne sont introduits que lorsque leur rentabilité peut être démontrée ou bien s'ils suppriment des tâches pénibles ou trop répétitives. L'accent a été mis sur les flux et sur le contrôle de la qualité des pièces. L'établissement de Douai a été transformé pour un montant de 1,7 milliard de francs, en 1990, alors que FIAT, à Cassino, a déboursé 7 milliards de francs, en choisissant la technologie la plus moderne. Les deux usines emploient cependant le même nombre de personnes : 6 000 à 7 000. Tout montre également que l'introduction de l'automatisation doit tenir compte de la culture et de l'ancienneté de l'usine. Les nouvelles formes de travail sont plus faciles à mettre en œuvre à Rennes qu'à Boulogne-Billancourt ou Sochaux, en raison de l'ancienneté du personnel.

Recul et transformation de la main-d'œuvre

Toutes les opérations d'assemblage n'ont pas été touchées de la même manière par l'automatisation des tâches : forte dans la carrosserie, les soudures, la peinture, la présence des robots est toujours aussi réduite dans le montage final. Mais, globalement, ces tendances s'accompagnent d'une réduction importante des effectifs dans toutes les usines d'assemblage, d'une disparition des emplois, dans les unités qui sont fermées, sans que des transferts puissent compenser cette restructuration.

TABLEAU 33. — *L'évolution des effectifs dans l'industrie automobile*

	1980	1985	1989	1990	1991	Variation 1990-1980
Ensemble	514 548	419 044	358 206	368 146	349 041	– 165 507
dont équipementiers	143 347	117 222	111 480	111 478	111 714	– 32 176
20 à 500 salariés	57 337	55 894	52 986	61 928	61 073	3 736
500 salariés et plus	457 211	363 150	305 220	306 218	287 968	– 169 243

Source : SESSI, 1991.

En une dizaine d'années, l'industrie automobile a perdu 165 000 emplois soit un recul supérieur à 30 %. Peu de branches auront été aussi affectées par l'adaptation aux nouveaux besoins du marché. C'est le prix à payer pour l'accroissement de la productivité et le retour aux résultats positifs. Mais quand on considère le bilan humain, ce dernier est forcément négatif. Cette évolution est le fait des grandes usines et la décennie se caractérise par la contraction de la taille des plus grandes unités d'assemblage. Sochaux a été ramené de 30 000 salariés, en 1980, à moins de 23 000, en 1991, Flins a perdu 7 000 personnes durant la même période et, seules, les unités les plus récentes comme Rennes et Mulhouse ont subi des réductions moins fortes. A elles seules les usines de plus de 500 salariés ont perdu 169 243 emplois alors que les petits et moyennes entreprises enregistraient un gain de 4 000 personnes. Ce solde plus favorable ne doit pas cependant faire illusion car il reflète en partie l'externalisation des tâches des grands groupes, lesquelles sont confiées à des PMI.

La fermeture de Boulogne-Billancourt illustre les conséquences de cette modernisation et de cette transformation de l'outil de travail. Jamais l'usine n'avait été aussi productive, puisque la production mensuelle était encore de 9 000 voitures pour un effectif de 4 000 ouvriers, alors qu'on en comptait près de 10 000 en 1985. Mais l'usine est mal placée en région parisienne, conçue dans des bâtiments qui ne répondent plus aux nécessités actuelles. La pratique des flux tendus exige des fournisseurs proches, des voies de circulation nombreuses et peu encombrées. Autant de choses qui font défaut à Boulogne-Billancourt. L'usine n'est pas suffisamment efficace, malgré sa productivité, et les résultats sont moins bons que dans d'autres unités. Ces exigences existaient déjà au milieu des années 1980, mais la combativité des ouvriers de ce site n'a pas permis de le fermer immédiatement. Ce qui est arrivé à Boulogne-Billancourt pourrait se produire prochainement chez Chausson à Gennevilliers où les licenciements se succèdent. En fait, c'est toute la région parisienne qui est le plus affectée par le recul de l'emploi car les usines sont souvent obsolètes et la mise en place des flux tendus difficile.

En fonctionnant en flux tendus, les constructeurs utilisent de plus en plus de personnel intérimaire. L'usine Renault du Mans fabrique des équipements pour des unités d'assemblage du groupe. Alors que les effectifs se réduisent de 6 300 à 6 000, pendant l'année 1988, qui est pourtant une période de forte activité, du fait de la reprise des ventes de voitures en France, la part des personnes travaillant comme intérimaires progresse fortement, et l'usine comptait certains mois quelques 500 ouvriers de plus. L'intérim est le moyen de répondre aux variations de la demande, mois par mois, pour suivre les rythmes des ventes de voitures. Ainsi, le nombre d'intérimaires est réduit à néant, ou presque, au creux de la production en été et en hiver.

Cette volonté de répondre à la demande lorsqu'elle est en hausse sans investir, pour créer des capacités supplémentaires qui pourraient se révéler coûteuses en cas de crise, et tout aussi subitement excédentaires, contraint les deux constructeurs à utiliser le matériel en continu, en mettant en œuvre trois équipes. Certains comme Peugeot sont allés plus loin, en essayant dans certaines usines de fonctionner le week-end. Ceci permet de répartir les frais fixes sur une plus longue période et donc participe à la réduction du prix de revient. Mais ces changements ont des répercussions sociales et humaines importantes, en introduisant de nouvelles contraintes, tempérées par des réductions de temps de travail ou des compléments salariaux.

De manière plus générale, cette mutation dans l'organisation du travail a des retombées, en ce qui concerne la composition socio-professionnelle des travailleurs. On observe une progression de la qualification qui tient à l'utilisation des automates car l'introduction de robots supprime évidemment plus de postes non-qualifiés que l'inverse. Ainsi, à la suite de l'automatisation de la soudure, la part des OS passe de 85 % à 50 %, en moyenne, dans les établissements français. Mais cette recomposition est aussi utilisée pour parvenir à une gestion différente des personnes afin de réduire le poids des OS dont la «révolte» a entravé le bon fonctionnement de certaines usines. Pour y parvenir, les responsables de la gestion du personnel pratiquent l'éviction de certaines catégories du personnel. Chez les deux constructeurs il y a une volonté affichée de réduire le nombre des immigrés. De ce fait, leur part est proche aujourd'hui de 10 % contre 30 % en 1975. La même politique est conduite, vis-à-vis des personnes les plus âgées, au profit de jeunes qui ont des diplômes, même si ceux-ci ne sont pas de formation liée à la métallurgie. L'ensemble de ces transformations aboutit à un glissement des classifications, à une progression des qualifications et, probablement, introduit une plus grande ouverture des esprits, face à l'irruption des nouvelles technologies et des nouveaux modes d'organisation du travail.

C. Les constructeurs français face à la concurrence

Au milieu des années 1980, les spécialistes imaginaient que les deux constructeurs automobiles français étaient condamnés, car il n'y avait pas de place pour autant de groupes en Europe. De même, l'existence de deux grandes firmes en France semblait remise en question, dans le contexte d'une nécessaire concentration pour atteindre une dimension supérieure. En ce début des années 1990, d'autres experts font ressortir que Renault et Peugeot sont les plus rentables du monde, à la suite du redressement de leurs résultats et de leur bonne résistance, face à la concurrence. Deux positions aussi tranchées à quelques années d'intervalle montrent la forte sensibilité de cette activité industrielle par rapport au marché intérieur et à celui de l'Union européenne, en raison de la part prise par les exportations dans les ventes. Pour les six premiers mois de 1993, la diminution des immatriculations a été de 22 %, alors que les commerciaux tablaient sur 10 % de recul seulement. De telles variations d'une année sur l'autre ont évidemment de graves conséquences sur la santé financière des groupes et, seuls, les plus forts peuvent y faire face.

Des parts de marché en baisse

Avec plus de deux millions de véhicules produits par an, Peugeot occupe le septième rang mondial et Renault le dixième, avec une production assez proche. En Europe, les deux groupes français ne sont devancés que par Volkswagen-Audi-Seat (VW) et FIAT. Ces classements témoignent du dynamisme des deux groupes français, de leur taille comparable à celle des autres constructeurs européens et de leur capacité à faire jeu égal avec les plus grands. Chacun d'eux est en outre présent dans les autres pays européens, avec des usines d'assemblage. La Péninsule ibérique a été conquise, dès la première phase d'ouverture de l'économie espagnole, par Renault qui occupe toujours les premières places dans ce pays, en termes de production, grâce à quatre usines, et de parts de marché, tandis que PSA s'est implantée plus tardivement mais possède deux usines. Les deux groupes sont également installés en Italie, en Belgique et au Royaume-Uni pour Peugeot, seulement, à la suite du rachat de Chrysler.

Depuis dix ans, on assiste à une lente érosion des parts de marché de Renault et de Peugeot aussi bien en France que dans les autres pays. En ce qui concerne le marché intérieur, les deux groupes ne contrôlent plus que 60 % de celui-ci, contre 72 % en 1981. Ce recul, sur cette période, est imputable à Renault seul dont la part est passée de près de 39 % à moins de 30 % aujourd'hui. Si cette évolution s'explique par la percée des autres constructeurs européens, il ne faut pas oublier que les quotas imposés aux voitures japonaises limitent leur part de marché à 3 %, alors que dans les autres pays de l'Union européenne, la part de celles-ci est de 10 % en moyenne, voire 15 % en Allemagne et, plus encore, dans les pays dépourvus d'une industrie, comme l'Irlande ou les États du Bénélux. C'est la raison essentielle de baisse des parts de marché de Peugeot et de Renault dans les pays de l'Union européenne.

Les échanges automobiles de la France s'effectuent essentiellement avec l'Union européenne, puisque 73 % des exportations et 85 % des importations sont intracommunautaires. Le solde des échanges avec les pays de l'Union européenne reste excédentaire, d'environ 3 milliards de francs, depuis cinq ans. Le déficit avec l'Allemagne, qui avait atteint une forte proportion en 1988 et 1989, avec une perte de 20 milliards chaque année, s'est amélioré ensuite en raison de la forte demande de véhicules français, à la suite de la réunification. Le solde demeure tout de même déficitaire, de plus de 10 milliards, et cela rend précaire la situation de nos échanges dans l'Union européenne. C'est finalement les excédents dégagés avec le reste du monde, en dehors du Japon, qui permet aux constructeurs français d'engranger des résultats positifs, à hauteur de 20 à 27 milliards de francs suivant les années.

TABLEAU 34. — *Production et exportations de Renault et de Peugeot en 1991*

	Voitures particulières		Véhicules utilitaires		Autocars et autobus		Ensemble	
	Nombre	% Expor.	Nombre	% Expor.	Nombre	% Expor.	Nombre	% Expor.
Auto. Peugeot	1 125 527	58	71 673	83	0	0	1 197 200	63
Citroën	710 460	65	72 700	49	0	0	783 160	64
TOTAL PSA	1 835 987	63	144 373	63	0	0	1 980 360	63
Renault	1 351 347	68	236 140	40	0		1 587 787	58
Renault VI	0	0	40 171	39	2 151	0,2	42 322	38
TOTAL Renault	1 341 657	62	276 311	37	2 151	0,2	1 630 109	58
Heuliez	0		0		245		245	

Source : CCFA, 1992.

Contrairement aux constructeurs japonais et américains, Renault et Peugeot, à l'image de la plupart de leurs concurrents en Europe, sont moins internationalisés, donc très dépendants de la situation dans l'Union européenne. La tentative de pénétration de Renault sur le continent américain, avec la reprise d'American-Motors a été un échec, les pertes financières de cette filiale à 46 % obérant les résultats de la Régie. Les actions ont donc été cédées à Chrysler, pour un montant de un milliard de dollars qui a constitué un ballon d'oxygène pour le groupe, en plein effort de redressement. Le poids de l'Union européenne demeurera donc important dans les stratégies des deux firmes.

Or, la réalisation du grand marché devrait accélérer les mutations en cours, chez les constructeurs français. La recherche du point mort et d'un taux de rentabilité élevé s'accompagneront, probablement, de suppressions d'emplois et de la fermeture des sites les moins performants. Renault, qui est doté, en Europe, de plus d'usines que Peugeot, envisage de fermer une ou deux unités dans la péninsule

TABLEAU 35. — *Les parts de marché de Renault et de Peugeot en Europe en 1990 (en %)*

	Peugeot SA	*dont Citroën*	*dont Peugeot*	*Renault*
CEE	13,4	5,0	8,4	10,3
dont Allemagne	4,3	1,5	2,8	3,5
France	33,1	11,6	21,6	27,7
Italie	7,7	3,0	4,7	6,6
Royaume-Uni	9,2	3,0	6,2	3,4
Espagne	18,6	7,9	10,7	16,7
Europe (17 pays)	12,9	4,8	8,2	9,8

Source : CCFA.

Ibérique. En outre, leur présence plus affirmée dans l'Europe du Sud est un élément de faiblesse supplémentaire, surtout quand la récession réduit le pouvoir d'achat, dans les pays les plus pauvres de l'Union européenne. De même, Renault et Peugeot n'ont pas su complètement profiter de l'ouverture du marché dans les pays de l'Est, si celui-ci devait se révéler prometteur au cours des prochaines années. C'est VW-Audi qui a repris les firmes locales les plus intéressantes.

Les efforts de redressement sont réels

L'internationalisation trop réduite et la trop forte dépendance par rapport à la situation en Europe ont pu faire craindre que Renault et Peugeot soient balayés par leurs concurrents. Or la position des deux constructeurs s'est plutôt améliorée, au cours des dernières années, en raison des efforts très importants réalisés pour rétablir les profits et accroître les investissements. La modernisation de l'outil de production, au prix de la réduction des effectifs et de l'introduction d'une automatisation sans excès, permet de produire 17 véhicules par ouvrier contre 11 au début des années 1980. La lutte contre les frais fixes et la recherche de la flexibilité la plus forte passent par l'externalisation de la production, en faisant appel aux équipementiers. Les achats de Renault et Peugeot représentent, aujourd'hui, 65 % du prix de fabrication d'une voiture, soit dix points de plus qu'au début des années 1980.

Reste qu'en privilégiant le marché européen, les deux constructeurs français sont menacés par les stratégies des Japonais et des Américains. La réorganisation intervenue chez Ford incite à la réflexion. Il a en effet mis en place des unités mondiales pour le développement, la production et la vente afin d'économiser quelques milliards de dollars. Des économies d'échelle sont attendues sur le poste conception et études ainsi que sur les achats de pièces en passant commande à un fournisseur sur des quantités mondiales. Face à ces stratégies mondiales, les Français seront-ils toujours compétitifs ?

Cette politique s'accompagne d'une restructuration des équipementiers français autour de deux leaders, Valéo et Epeda-Bertrand-Faure, mais elle provoque également une pénétration accrue des capitaux étrangers. Valéo est contrôlé par Cerus (Italie), à hauteur de 34 %, tandis que l'américain Bendix renforce ses positions, en reprenant les usines d'équipement de Renault. De même, Magnetti-Marelli et General-Motors accroissent leur présence. De plus, les équipementiers suivent les groupes français, dans leurs implantations européennes, et continuent de dégager des excédents commerciaux.

Le renouvellement rapide des différentes gammes constitue un autre point fort de Renault et Peugeot, alors que, pendant des années, ces deux firmes se sont signalées par la pérennité du produit. Ce rajeunissement a permis de gagner des points à l'exportation. Mais, cela exige de lourds investissements, plus de 5 milliards pour la Clio, 7 milliards pour la ZX, et le droit à l'erreur n'est pas permis dans de telles conditions. Cela permet de comprendre le renforcement de la coopération, entre les groupes français et leurs concurrents directs. Le produit n'est pas le même, mais bien des recherches peuvent être conduites ensemble et une partie des pièces fabriquées en commun. Cette coopération va même vers des ententes pour la commercialisation des voitures. Tout ceci a pour objet d'introduire des économies d'échelle.

Au sein de PSA, Peugeot et Citroën disposent d'une banque d'organes commune, d'une centrale d'achat, la Sogedac. De leur côté les bureaux d'études, la direction informatique, la logistique pour les pièces de rechange, la direction financière ont été regroupés. Le groupe PSA n'a plus mené de stratégie d'alliances avec d'autres partenaires européens, mais a passé des accords pour la construction de véhicules utilitaires, avec FIAT, de livraisons de moteurs, chez DAF, et a enfin conclu des accords commerciaux avec Mazda et Susuki, pour la distribution au Japon. PSA a également des accords avec Renault, au sein de la Française de mécaniques, pour la construction de moteurs adaptés aux voitures des deux marques. Les deux groupes sont présents chez Chausson et Heuliez. Renault a fait de même, en tissant des liens avec les constructeurs européens comme VW, Rover, FIAT, mais aussi américains, en conservant quelques segments, en association avec Chrysler, après la reprise d'American-Motors. Cependant, Renault est allé plus loin que PSA dans la recherche d'alliances, en prenant une partie du capital du suédois Volvo. Malgré les difficultés actuelles de ce dernier, Renault affirmait que cette stratégie était irréversible, la fusion pouvant intervenir dès la fin de 1993. Mais les actionnaires de Volvo en ont décidé autrement et ont rejeté la fusion. Il est vrai que cette absorption aurait autorisé le groupe français à prendre pied en Europe du Nord où il est modestement présent et à renforcer sa gamme de voitures de luxe.

Tous les efforts de Renault et de Peugeot pour redevenir compétitifs ont été facilités par la protection accordée par l'État, face à la concurrence du Japon. Dans la perspective du grand marché, cet appui de l'État devrait disparaître, ce qui oblige les deux groupes à réduire leurs prix de 15 % d'ici l'an 2000, pour s'aligner sur ceux pratiqués par les Japonais. La menace japonaise est réelle car leur part dans l'Union européenne est passée de moins de 1 % en 1970, à 10 % en 1990 et même 12 % au cours du premier semestre 1993. Ce péril japonais est double, car aux véhicules débarquant du Japon s'ajoutent ceux qui sont désormais fabriqués au Royaume-Uni et au Portugal, soit près de 400 000 en 1990 et probablement 2 millions en 1995. Cette menace pèse sur tout le système automobile car les deux constructeurs français imposent à leurs sous-traitants des baisses de prix, tandis que tout le réseau commercial doit être réorganisé afin que le service après vente atteigne la qualité de celui offert par les firmes japonaises. Cette menace japonaise concerne aussi tous les équipementiers français et européens. Aussi un plan de sauvegarde européen prévoit des aides, pour permettre aux équipementiers de conduire des recherches communes, comme ils ont commencé à le faire dans EUREKA.

Si l'ensemble de la filière automobile a fait des efforts de restructuration, s'est préparé au changement à venir en Europe et à l'instabilité des marchés aux cours des années à venir, l'horizon n'en est pas dégagé pour autant, les incertitudes demeurent grandes. Quelques grandes tendances peuvent cependant être proposées en conclusion.

La disparition d'un des deux constructeurs français n'est plus à l'ordre du jour. On estime, au contraire, que leur fusion conduirait à accroître la part des voitures japonaises sur le marché au français, au lieu de conserver celui-ci à des véhicules fabriqués en France. L'internationalisation de l'industrie automobile semble irréversible, ce qui conduit à une banalisation des entreprises, surtout Renault qui, en tant qu'entreprise publique, a joué un rôle essentiel pour conduire des politiques nationales, en terme de production comme sur le plan social. Ainsi s'explique l'éventuelle privatisation de Renault dont la logique industrielle est désormais identique à celle de Peugeot et de n'importe quelle firme automobile mondiale. La tendance est désormais à la constitution d'ensembles, associant des marques d'origine différente mettant en commun un certain nombre d'éléments comme la recherche, la fabrication de pièces et le partage des marchés. Les accords de coopération que nous avons déjà évoqués vont dans ce sens. La question essentielle est donc de savoir si les deux constructeurs français pourront prendre la tête d'un de ces regroupements, fondés sur une coopération de plus en plus étroite, ou s'ils seront partie prenante d'ensembles dirigés par d'autres. Il est impossible de répondre à cette question, mais les oppositions sont suffisamment fortes, au sein de l'Union européenne entre les constructeurs européens, pour craindre que ce manque d'entente ne facilite la tâche des firmes japonaises et américaines plus internationalisées.

La filière automobile pourrait connaître une véritable révolution si la nature du produit, la voiture, était profondément modifiée. Pour le moment, cette filière s'inscrit dans le grand ensemble des constructions mécaniques, en raison de l'importance des pièces issues de la sidérurgie, de la fonderie et des constructions mécaniques. Au fur et à mesure que le plastique, les matériaux composites, les composants électroniques prennent plus d'importance dans un véhicule, les constructeurs perdent de leur influence, dans le « système », car ils sont placés face à d'autres groupes de taille internationale, appartenant au monde de l'industrie pétrolière et chimique, qui seront moins dépendants d'eux. De plus, si pour lutter contre la pollution des voitures, on doit accélérer les recherches concernant la voiture électrique, là encore, Renault et Peugeot devront travailler avec d'autres partenaires.

L'industrie automobile française ne sera plus le pourvoyeur de main-d'œuvre du secteur secondaire, dans notre pays. Il y a encore des surcapacités chez les constructeurs, comme chez les équipementiers, et des gains de productivité peuvent être encore réalisés, en introduisant de nouveaux automates et en gérant le personnel d'une nouvelle manière. La part des ouvriers chez Renault étant tombée au-dessous de 50 %, cela s'accompagne aussi de l'effritement du syndicalisme ouvrier et, simultanément, de la disparition d'une certaine culture ouvrière qui a marqué la France des années 1960-1970.

Des fermetures de sites paraissent inévitables. Comme la gestion des ressources devient autant européenne que nationale, on peut penser que Boulogne-Billancourt ne sera pas la seule usine fermée. Ainsi, les pertes d'emplois, aggravées par la poursuite de l'automatisation des opérations, pourraient être considérables dans les années à venir, avec des implications spatiales très fortes. Les régions les moins diversifiées, dépendantes de l'existence de grosses usines et des sous-traitants qu'elles font travailler, ne sont pas à l'abri d'un déclin aussi marqué que celui qu'ont connu les régions charbonnières et sidérurgiques. Le fossé se creuse aussi un peu plus entre les usines d'assemblage, à la recherche d'une main-d'œuvre bon marché, et les fonctions de recherche et de gestion qui restent dans les grands centres urbains. A ce titre la région parisienne peut conserver sa suprématie.

Références bibliographiques

AUZEBY F. et SOUQUET C., *Les équipementiers de l'automobile*, ministère de l'Industrie et du Commerce extérieur, SESSI, 1993, 164 pages.

L'industrie automobile en France, Comité des constructeurs français d'automobiles, 1990, 52 pages.

BONNAFOS G., *Automatisation et nouvelles formes d'organisation du travail dans l'industrie automobile*, CEREQ, 1984.

BONNAFOS G., CHANARON J.-J. et MAUTORT L., *L'industrie automobile*, Éditions La découverte, Paris, 1983, 127 pages.

BRICNET F., La fin de la forteresse ouvrière, *Alternatives Économiques*, n° 74, février 1990, 4 pages.

BRICNET F., MANGOLTE P.-A., *Les dossiers de l'Europe automobile*, CISE, 1988.

BRICNET F., MANGOLTE P.-A., *L'internationalisation de la production automobile*, CISE, 1985.

BRICNET F. et MANGOLTE P.-A., *L'Europe automobile, virages d'une industrie en mutation*, Nathan, collection CIRCA, 1990, 191 pages.

CHARRON E., Les stratégies internationales de Renault depuis 1970, *Les Annales de la recherche urbaine*, n° 29, janvier 1986.

LE DUFF R., MAÏSSEU A. et SOULIÉ D., Industrie automobile : les difficiles relations entre constructeurs et équipementiers, *Sciences et technologie*, septembre 1988, 6 pages.

SICOT D., CHAUSSON, Chronique d'une mort annoncée, *Alternatives Économiques*, n° 87, mai 1991, 2 pages.

TOUZERY M., *L'emploi dans l'industrie automobile*, Centre d'études de l'emploi, février 1984, 5 pages.

TREINER S., Les stratégies industrielles sur le marché mondial de l'automobile, *Revue Sciences et technologie*, septembre 1990, 4 pages.

6. L'industrie électronique : les enjeux d'une activité de haute technologie

L'électronique est, probablement, une des activités de cette fin du XXe siècle qui aura des prolongements importants sur le développement de l'industrie nationale et mondiale, dans les prochaines années. Plusieurs de ces caractéristiques ont, en effet, un impact important sur la manière de produire en faisant appel à des automates, sur les moyens de communiquer et la manière de travailler, puisqu'elle permet d'opérer à domicile. Mais son influence ne se limite pas au seul domaine industriel puisqu'une partie de ses produits se diffusent dans le secteur tertiaire et provoque déjà des gains de productivité comme dans les banques et les administrations.

Dans la réflexion sur l'électronique, conduite par les pouvoirs publics, au milieu des années 1980, l'accent est d'abord mis, sur son caractère universel en raison de sa diffusion dans toutes les autres branches comme cela a déjà été montré dans le cas de l'automobile. Son rôle doit être aussi très important dans la sortie de la crise, en permettant des gains de productivité dans l'ensemble de l'industrie et, probablement, de récupérer ainsi des emplois qui se sont délocalisés dans les pays en voie de développement. De ce fait, l'électronique devient une affaire stratégique dont l'État ne peut se désintéresser : « Technologie de base, elle est au cœur des produits stratégiques constituant nos systèmes de défense et de communication. Notre indépendance nationale et notre place dans le monde sont conditionnées par sa maîtrise… Si la France veut préserver son indépendance, maîtriser les nouveaux outils de communication, sortir de la crise, elle doit s'assurer, d'ici la fin de cette décennie, la maîtrise des secteurs clés de la filière électronique ».

L'électronique est également le domaine de l'innovation, presque permanente, qui entraîne un renouvellement extrêmement rapide des matériels. Que l'on songe au succès des micro-ordinateurs devenus plus puissants que les gros ordinateurs des années 1960 et aux énormes progrès réalisés dans le domaine des images, la télécommunication. Mais pour rester dans la course à la nouveauté, il faut engager d'énormes moyens financiers, s'appuyer sur des laboratoires de recherches, recevoir l'appui de la puissance publique, pour conduire des programmes coûteux qui conservent souvent un caractère militaire. A côté de segments qui utilisent une main-d'œuvre bon marché, on rencontre des segments de très haute qualification appartenant au domaine de la haute technologie. D'où une localisation, très souvent liée aux grandes villes qui ont un environnement scientifique de grande qualité. Les industries électroniques font partie intégrante du phénomène des technopoles, conçues en France comme une solution à la crise des anciennes activités et comme le moyen de concentrer des emplois de haut niveau, dans des sites attractifs.

L'électronique conserve aussi une part d'utopie et suscite même des réticences, en raison de la possibilité de vivre dans un monde où l'homme interviendrait moins et deviendrait dépendant de machines. On fait une confusion entre les possibilités extraordinaires des progrès qu'elle permet et la sortie de la crise qui frappe les économies occidentales. L'installation de réseaux de communication performants qui véhiculent les textes, les sons et les images, multipliera les possibilités d'échanges entre les chercheurs et entre les entreprises. Mais cela n'empêchera pas le chômage de progresser. Il faut, cependant, rester au sommet de cette technologie, encore réservée à quelques pays industrialisés.

1. La révolution électronique

L'électronique, c'est-à-dire l'ensemble des techniques qui utilisent les variations de grandeurs électriques pour capter, traiter, transmettre et diffuser de l'information, constitue une véritable révolution, à partir du moment où une série de découvertes a autorisé une convergence de secteurs, informatique et télécommunications notamment, qui jusqu'alors se développaient de manière indépendante. A partir du moment où toutes les informations sont traitées de manière identique, grâce à la numérisation, des synergies se dégagent, une filière se met en place. Elle s'élargit, en outre, à de nouveaux secteurs, en marge de l'activité industrielle, comme les sociétés de services et les producteurs de logiciels devenus indispensables pour le fonctionnement des ordinateurs ou des réseaux de télécommunications puisque le traitement de l'information repose sur un programme. Même si on observe une accélération phénoménale des processus au cours de ces quinze dernières années, il s'agit d'un long cheminement sur près d'un siècle.

A. *Genèse de l'industrie électronique*

L'électronique est née avec le siècle : son développement est étroitement lié, dès le début, à celui de l'électricité, bien que, par la suite, toutes les firmes opérant dans cette branche n'aient pas évolué vers l'électronique. Dès l'origine, cette activité a des liens étroits avec les applications militaires et, de ce fait, elle a bénéficié d'une aide constante des États. L'utilisation de la radioélectricité pour communiquer à distance en marque les débuts, et l'invention de la diode, de la triode qui permettent d'amplifier le signal électrique autorisent cette orientation. Radiotélégraphie et radiotéléphonie sont demeurées les seules utilisations de ce début du XXᵉ siècle. Derrière les deux grands leaders, Siemens et Marconi, la Société française de radioélectrique, fondée en 1910, tient une place secondaire. D'autres entreprises apparaissent comme Radiotechnique (1918), la Compagnie générale de TSF (CSF), puis, plus tardivement, entrent en compétition des firmes étrangères comme IBM, Thomson-Houston.

Comme l'indique le nom des sociétés, l'électronique fournit, en biens de productions, des sociétés de services comme la radio, le cinéma et, un peu plus tard, la télévision. Les tubes électroniques constituent une diversification pour des entreprises fabriquant des lampes à incandescence. Un deuxième axe de développement est le domaine militaire. Cette production s'appuie sur les firmes spécialisées dans l'électricité, ce qui explique qu'un cartel, constitué par la General-Electric et Westinghouse (États-Unis), d'un côté, et Siemens et AEG (Europe), de l'autre, ait dominé le marché, laissant peu d'initiatives à une industrie française qui n'a pas la chance de pouvoir s'appuyer sur des sociétés d'aussi grande taille.

Au début les appareils électroniques ne se substituent pas aux matériels électromécaniques dont le développement est à peu près parallèle. Ainsi, IBM s'impose sur le marché des cartes perforées, utilisées dans les recensements de la fin du XIXᵉ siècle, aux États-Unis et développe des machines qui restent des calculateurs. Le concept du programme enregistré constitue une des deux inventions majeures qui vont faire évoluer le secteur de l'électronique puisque c'est l'aboutissement de recherches qui permettent de mettre au point le premier ordinateur. C'est en 1944, qu'étaient dessinés les plans d'une machine disposant d'une ressource en mémoire suffisamment importante pour pouvoir y stocker des données et des programmes. Ce projet Edvac constitue une évolution déterminante qui a permis de passer des calculateurs aux ordinateurs, ceux-ci pouvant être définis comme des calculateurs universels à programme enregistré. « Un ordinateur peut, sans intervention manuelle, diriger lui-même l'exécution de tout traitement algorithmique qui lui est communiqué ». L'ordinateur est composé de circuits électroniques qui forment le matériel, dénommé également hardware, et de programmes qui sont des ensembles d'instructions introduites par un logiciel ou software.

Le transistor est la deuxième avancée, tout aussi fondamentale pour les industries électroniques. Il est l'œuvre, un peu par hasard, des chercheurs des laboratoires de la firme américaine de télécommunication Bell, qui cherchaient à remplacer les tubes à vide et les relais électromagnétiques par des matériaux solides, prenant moins de place. Il s'agit d'un composant actif dont la première fonction est de pouvoir amplifier le signal électrique.

Ces deux découvertes ont donné naissance à deux nouvelles activités, dans le domaine des industries électroniques. L'industrie des semi-conducteurs fabrique des composants actifs, à partir de matériaux solides, dont le silicium est devenu le plus répandu. Pour sa part l'informatique livre des ordinateurs et des périphériques (imprimantes…). Pour y parvenir, les firmes ont déboursé des sommes considérables, en recherche et développement. La firme Bell a dépensé 57 millions de dollars, entre 1945 et 1964, dont la moitié vient de fonds publics. Dans ces conditions, on comprend que la presque totalité des innovations proviennent de sociétés américaines : sur une cinquantaine de nouveaux produits, deux seulement ne sont pas nord-américains. Si les premiers transistors et le premier ordinateur (Univac 1) sont vendus en 1951, il faudra encore plusieurs années avant que cette production évolue vers une consommation de masse, au rythme d'une autre série de progrès technologiques qui permettra la diffusion de ces produits en raison d'une baisse rapide des coûts. Le coût de production moyen d'un composant diminue de 20 à 30 %, chaque fois que la production cumulée double.

L'exploitation de ces avancées technologiques majeures est le fait des très grandes firmes aux États-Unis, telle IBM dans l'informatique, mais également de petites entreprises, le plus souvent fondées par des chercheurs des grands laboratoires qui occupent de nouveaux créneaux et se lancent dans l'aventure, en s'appuyant sur le capital risque. Au contraire, en Europe, plus particulièrement en France, ces nouvelles activités sont demeurées entre les mains d'un petit nombre de firmes, en raison d'une forte concentration de ce secteur pour éviter les pertes. Mais, cela a constitué un obstacle à l'entrée de nouveaux venus, à la diffusion de l'innovation, d'autant que le capital-risque disponible était moindre.

B. La filière électronique : du cloisonnement à l'unification

Pendant la majeure partie de la seconde moitié du XXe siècle, les différentes branches de l'électronique se sont développées, indépendamment les unes des autres, puisque le traitement de l'information était numérique dans le cas des ordinateurs, alors que le traitement du son caractérisait les télécommunications, tandis que l'audiovisuel restait le domaine de l'image. Tant que cette séparation a persisté, les semi-conducteurs sont restés un des éléments clés de l'industrie électronique, au point que certains experts ont pensé qu'ils étaient au cœur de la filière électronique. La filière micro-électronique est considérée par eux comme une filière d'échanges, et les semi-conducteurs occupent une position amont de biens intermédiaires. Mais les circuits intégrés sont un passage obligé de toute la filière car leur diffusion a des effets d'entraînement, à la suite d'une amélioration considérable des performances, tout en s'accompagnant d'une réduction des coûts. Dans la filière, les semi-conducteurs ne sont plus de simples biens intermédiaires, mais de véritables sous-systèmes, et les effets d'entraînement technologiques sont devenus prépondérants, par rapport aux flux d'échanges.

La participation des fabricants de composants à la réalisation des systèmes et la réussite technologique de certains d'entre eux, comme Intel qui a imposé son microprocesseur dans les ordinateurs personnels (PC en anglais), obligent les constructeurs, situés en aval, à transmettre une partie de leur compétence. Mais cela permet aux entreprises spécialisées dans les semi-conducteurs de remonter la filière vers l'aval. Cette perception de l'intégration dans l'électronique est dominante, au milieu des années 1980, notamment en France, ce qui explique que les pouvoirs publics aient tenté de renforcer le groupe Thomson, dans ce domaine des composants.

Cette analyse semble infirmée aujourd'hui. Certes, les producteurs de composants tiennent toujours une place importante dans les performances des nouveaux systèmes informatiques, mais ils n'exercent pas une domination mondiale. Ce sont plutôt les firmes de l'aval qui ont procédé à une intégration vers l'amont.

Grâce aux progrès sur les circuits intégrés, tant en puissance qu'en miniaturisation, les micro-ordinateurs actuels sont plus puissants que les grosses machines utilisées dix ans plus tôt et leur dimension leur permet d'occuper de moins en moins de place, les portables actuels ayant pratiquement les même performances. C'est principalement l'effondrement des coûts de ce matériel qui a facilité l'adoption de la numérisation, dans les autres secteurs de l'électronique, ce qui autorise son unification. En effet, la numérisation permet l'universalisation des matériels et c'est le programme qui devient déterminant. L'adoption d'un langage commun, pour les PC mis au point par IBM, est également une révolution qui autorise d'autres firmes à se lancer dans ce créneau, en produisant des «clones».

En même temps, la dynamique s'est déplacée vers les logiciels ce qui ouvre un nouveau secteur, à la frontière du secondaire et du tertiaire, celui des concepteurs de logiciels ainsi que celui des sociétés de services en informatique et en ingénierie (SSII), sans lesquelles les performances des machines resteraient insuffisantes. Ce n'est pas par hasard que Microsoft devance désormais IBM, en capitalisation boursière. Le logiciel constitue, actuellement, l'élément majeur des coûts des systèmes électroniques, sa part par rapport au matériel (ou hardware) passant de 20 %, dans les années 1960, à plus de 80 % aujourd'hui

Les évolutions technologiques qui viennent d'être décrites permettent de traiter des images, des sons, des données chiffrées ou des textes, de la même manière. Un ordinateur, un central téléphonique, une machine-outil, un appareil de télévision fonctionnent suivant les mêmes principes et peuvent donc communiquer entre eux. Ceci a permis de diminuer encore les coûts des circuits intégrés, des machines et des logiciels, ce qui autorise la diffusion de ces procédés à d'autres secteurs industriels. On comprend, aisément, qu'aucun pays ne peut demeurer à l'écart de cette révolution technologique. Or la France, plus généralement les pays européens, ont pris du retard dans la plupart de ces domaines et deviennent dépendants d'innovations et de techniques que dominent les industriels du Japon et des États-Unis.

2. La place de la France dans l'industrie électronique

Le déficit commercial des industries électroniques indique que les entreprises françaises ont accumulé un certain nombre de handicaps liés aux héritages, à une insuffisante prise de conscience de l'importance de cette filière, dans le développement économique et dans les échanges mondiaux. L'industrie électronique demeure assez performante dans le domaine de l'électronique militaire et dans celui des télécommunications, en raison de la forte implication de l'État dans les deux cas. En revanche les faiblesses sont criantes dans la bureautique, l'informatique et les biens électroniques grand public. Les pouvoirs publics se sont constamment engagés dans une politique de soutien et de défense de l'appareil productif français, dans un souci d'indépendance nationale. Mais, les groupes spécialisés dans ces activités sont en général de taille insuffisante, et leur existence même est posée pour certains d'entre eux.

A. Les débuts difficiles de l'industrie électronique

Durant l'Entre-deux-guerres, les entrepreneurs français font porter leurs efforts sur la radiodiffusion, ce qui suscita la création de firmes produisant des postes de réception et des pièces détachées. Si l'électronique liée à l'armement n'est pas absente, recherches sur les radars notamment, elle est mise en sommeil, pendant la période d'occupation allemande, alors que la Seconde

Guerre mondiale a été un élément essentiel, dans l'activation des recherches fondamentales au Royaume-Uni, en Allemagne et surtout aux États-Unis. A la veille de la guerre, on recensait 1 700 entreprises employant 26 000 salariés, ce qui témoigne d'une très faible concentration.

Le décalage avec les autres États a continué de se creuser car l'électronique n'est pas considérée comme une priorité, à la fin de la guerre, le pays ayant évidemment d'autres besoins, durant la phase de reconstruction. En outre, du fait de ce manque d'intérêt et d'une politique plus globale, une dichotomie s'accentue entre le secteur grand public et celui des biens professionnels. Le premier, sans grands moyens, s'autodéveloppe, en profitant de l'accroissement de la demande en postes de réception puis en postes de télévision, à partir de 1954. En revanche, en ce qui concerne les équipements électroniques profession-nels, seuls ceux portés par les commandes militaires vont acquérir la maîtrise nécessaire pour rester dans la compétition mondiale, alors que l'informatique et les télécommunications occupent une position plus défavorable. L'ouverture des frontières en 1958 ne permettra pratiquement jamais de rendre compétitive l'ensemble de la filière. Protégée par une réglementation étatique forte, l'électro-nique militaire et les télécommunications ont pu se développer, alors que, dans les autres domaines, la mainmise extérieure fut assez rapide. La situation actuelle découle donc en grande partie de ces héritages.

TABLEAU 36. — *L'essor de l'industrie électronique dans les années 1960*

	Chiffres d'affaires (en millions de francs)		Emplois		Solde commercial (en millions de francs)
	1955	1971	1962	1971	1971
Biens de consommation	378	2 026	21 236	19 637	− 157
Composants	277	3 537	36 439	47 653	− 44
Biens de production	487	7 692	70 286	110 153	888
Informatique					100
Total	1 142	13 255	127 961	177 443	787

Source : SGCE, citée par Gendron Ch.

La croissance de l'industrie électronique a été soutenue, de l'ordre de 10 à 15 % par an, durant les années 1960, principalement grâce au secteur des biens de production dont la part passe à 68 %, ce qui explique en grande partie l'accroisse-ment de main-d'œuvre enregistré pendant la même période et grâce au solde positif de la balance commerciale en 1971. En fait, la balance commerciale s'est plutôt détériorée, durant les années 1960, mais à partir de la fin des années 1960,

IBM France cesse ses importations de matériel informatique et participe aux exportations, grâce à ses unités de production ouvertes en France. C'est pour cette raison que le solde commercial est positif au début des années 1970.

L'industrie électronique française demeure le fait de petites entreprises, au début des années 1950. Mais la concentration va rapidement en réduire le nombre de près de 75 %, en quelques années, de telle manière qu'on n'en compte plus que 654 en 1964. En fait, une poignée de sociétés dominent déjà cette production, en contrôlant plus de 70 % du marché tant dans les biens de grande consommation que dans les équipements professionnels. Quelques firmes vont jouer, par la suite, un rôle déterminant dans le développement de l'électronique.

La CSF (Compagnie sans fil) est la première entreprise électronique française, intégrée verticalement et opérant dans les biens professionnels, destinés à l'armée et à la radiotélévision. Elle fabrique des composants et, surtout, des machines, et compte près de 2 000 chercheurs dans ses laboratoires. La Compagnie française Thomson-Houston est le second producteur de composants, dont la moitié des tubes cathodiques fabriqués en France pour l'électronique grand public. La Compagnie générale électrique (CGE) est entrée tardivement dans l'électronique, principalement par le biais des télécommunications par l'intermédiaire de la CIT. A ces trois affaires, on peut joindre l'Alsacienne des constructions mécaniques, présente sur le marché des composants de télévision, Philips, devenu le premier fabriquant de composants, depuis la reprise de Radiotechnique cédée par CSF en 1947. Comptent, enfin, deux firmes spécialisées dans l'informatique, Bull et IBM-France, qui, à l'époque, se partagent le marché des cartes perforées.

La crise économique de 1975 va révéler les carences de l'industrie électronique française. Alors que, dans les autres pays industrialisés, elle apparaît comme un moyen de sortir de la crise, d'introduire des gains de productivité, en France, le solde commercial se creuse dangereusement, passant de 800 millions de francs, en 1975, à près de 3 milliards de francs de pertes en 1981 et plus de 7 milliards en 1983. Si les équipements professionnels, notamment ceux destinés à l'armement, restent compétitifs et dégagent des gains, l'industrie de traitement de l'information et les machines de bureaux accumulent les déficits. La France doit importer dans trop de domaines. C'est dans ce contexte que l'industrie électronique va connaître de profondes transformations sous la houlette de l'État. Celui-ci va s'engager financièrement, mettre en place des programmes d'entraînement de l'ensemble de la filière, jouer de sa position pour obliger les firmes à se restructurer en se répartissant les activités et les compétences afin d'être apte à résister à la concurrence américaine et japonaise.

B. Les politiques nationales en faveur de l'électronique

L'électronique n'a pas été une priorité nationale au lendemain de la Seconde Guerre mondiale et ce n'est qu'au cours du Ve Plan que les pouvoirs publics se mobilisent en faveur des télécommunications. Dès la période gaulliste avec le Plan calcul, puis de manière constante à partir de 1975, l'État lance toute une série de plans qui doivent renforcer un pôle électronique en France. Malgré les moyens financiers engagés, pas toujours respectés d'ailleurs, les résultats sont mitigés car l'industrie électronique française court sans cesse derrière son retard et ne possède pas la taille suffisante pour faire face à la concurrence extérieure. La tâche est d'autant plus difficile que l'industrie électronique se diversifie sans cesse, que de nouveaux créneaux apparaissent et que la recherche exige toujours plus de moyens.

Le Plan calcul est une réaction du pouvoir gaulliste à la cession des actifs de Bull à la société américaine General-Electric. Cette intervention de l'État ne concerne que le secteur informatique, menacé par l'étranger, et ne prend pas en compte l'ensemble de la filière. Les objectifs sont cependant multiples, allant d'une politique de la diffusion des produits, dans les différents ministères, au développement d'une industrie informatique. Pour y parvenir, l'État soutient la CII (Compagnie internationale pour l'informatique), créée en 1966, pour la mise au point d'une gamme de quatre ordinateurs. Il fait de même pour le matériel périphérique et pour les composants. Dans ce dernier domaine, une convention est signée avec Sescosem qui résulte du regroupement de Cosem (CSF) et de Sesco (Thomson) afin de permettre le maintien d'une unité française, face à Philips.

Plus d'un milliard de francs ont été investis dans le premier Plan calcul, dont la majeure partie est allée vers les calculateurs afin de soutenir l'effort de la CII. On peut d'ailleurs observer le modeste intérêt porté aux logiciels qui n'ont reçu que 40 millions d'aides, ce qui témoigne de la mauvaise prise en compte de la place que prendraient les programmes, par rapport au matériel. L'aide de l'État s'est maintenue au Plan suivant, portant le total à 2,5 milliards en 1975. Mais, comme c'est souvent le cas, cet apport a été utilisé pour combler les pertes plus que pour investir.

Ceci explique que la cession des intérêts français en grande informatique marque l'échec d'une politique industrielle, par la faute aussi des oppositions entre les principaux actionnaires de la CII. L'aide de l'État se prolonge, cependant, dans la péri-informatique et les composants. En péri-informatique un certain nombre de firmes, telles Logabax, Sat-SAGEM, Benson, Transac-Sintra s'engagent à réaliser des taux de croissance de 30 % par an contre une aide de l'État en matière de R et D, soit 115 millions sur quatre ans. Le Plan circuits intégrés (1978-1982) comporte une enveloppe financière de 600 millions de francs et soutient Sescosem (Thomson), RTC (Philips), Matra-Harris et Eurotechnique. Ce Plan a du mal à entrer en application du fait des oppositions à gérer entre firmes nationales et étrangères, Thomson recevra finalement plus de la moitié des sommes engagées.

Malgré le retard pris par la puissance publique pour saisir l'importance des télécommunications dans le monde moderne, son action a été finalement plus efficace et a permis à la France d'occuper, aujourd'hui, une place importante. Il est vrai que le secteur des télécommunications est soumis à la réglementation tatillonne des États, ce qui le met pratiquement à l'abri de la concurrence et facilite la continuité, en matière de politique industrielle et de commandes publiques. Pourtant, le retard était flagrant : 13 postes pour 100 habitants en France contre 50 aux États-Unis, au milieu des années 1960. En outre les tarifs étaient élevés, l'automatisation absente.

Les financements de l'État commencent à prendre de l'ampleur à partir du début des années 1960, passant de moins de 5 milliards à 45 milliards de francs, au cours de la période 1970-1975. Parallèlement le nombre de lignes principales installées grimpe de trois à sept millions, soit plus, en dix ans, que pendant le siècle précédent. Ce rattrapage ne ralentit pas les financements qui atteignent 145 milliards de francs durant les cinq années suivantes. Ce succès a été rendu possible par l'existence d'une réglementation qui autorise l'État à choisir le matériel, notamment les centraux téléphoniques à électronique temporelle, qui donnent à la France une avance certaine sur d'autres pays, de trier les partenaires afin de renforcer la part des entreprises françaises. Le rôle de la Direction générale des télécommunications (DGT), jusqu'alors très dépendante de la Poste, est fondamental dans cette réussite. Employant plus de 120 000 personnes au début des années 1980, elle a de plus en plus un comportement d'entreprise. Par ses appels d'offre, elle favorise Thomson et Alcatel, au détriment du Suédois Ericsson et de l'Américain ITT qui détenaient une position dominante en France. Pour sa part le Centre national des télécommunications (CNET) a eu pour mission de rattraper le retard, trouver des techniques originales et en assurer le transfert vers les industriels partenaires des programmes en cours.

Ce n'est qu'à partir du début des années 1980 que l'approche de l'électronique se fait en terme de filière. Le rapport de S. Nora et A. Minc souligne l'informatisation croissante de la société et l'imbrication de plus en plus grande entre l'informatique et les télécommunications, ce qui se traduit par le nouveau mot de télématique. De même le rapport Farnoux, commandité par le gouvernement de gauche, insiste sur la notion de filière et met les composants au cœur de celle-ci. L'aboutissement de ces différentes réflexions est le programme d'action pour la filière électronique (le PAFE) qui couvre la période 1983-1987, après avoir pris du retard. Les apports de l'État devaient être de l'ordre de 60 milliards, mais ils seront légèrement inférieurs, pour des raisons budgétaires.

Profitant des nationalisations et de son contrôle total sur les firmes d'électronique, l'État décide de mettre ces moyens à la disposition de quatre firmes, qui constituent autant de pôles spécialisés. A Thomson échoient les composants, l'électronique grand public et une petite part des télécommunications, à la Compagnie générale d'électricité les télécommunications, à Bull l'informatique, tandis que Matra hérite de quelques possibilités en composants et en productique. Le soutien aux industries électroniques se poursuit durant le gouvernement Chirac, même si la recherche n'est plus dépendante du ministère de l'Industrie. Si les composants demeurent prioritaires, des sommes sont engagées sur les systèmes experts et les programmes.

Il est bien entendu difficile de porter un jugement sur l'action de l'État, durant toutes ces années. Sans entrer dans les détails, la réussite est réelle dans le domaine des télécommunications, en raison de l'effet d'entraînement des marchés publics, mais insuffisante en ce qui concerne les semi-conducteurs, tandis que pour l'informatique il s'agit d'un fiasco, si on raisonne en terme d'indépendance nationale. Mais, dans des marchés devenus aussi ouverts à la concurrence internationale, cette évaluation a-t-elle un sens ? En tout cas, on peut observer que la puissance publique a, de moins en moins, les moyens financiers de sa politique électronique. Ceci a amené le gouvernement de Mme E. Cresson à chercher des pourvoyeurs de fonds parmi les grandes entreprises publiques. Le projet, qualifié de «meccano industriel», consistant à faire entrer le CEA (nucléaire) et France-Télécom dans le capital de la branche composants de Thomson, ne relève pas d'une autre logique. Relevant d'un montage financier et non d'une stratégie fondée sur des synergies, ce projet n'a pas survécu.

Or, dans le domaine de l'électronique, une partie des échecs enregistrés par l'État dans sa politique industrielle tient au fait que les entreprises prennent le risque industriel et font évoluer les projets dans le sens qui leur convient, ou bien refusent de suivre l'État dans ses programmes. Quand la DGT choisit les centraux téléphoniques utilisant la numérisation, elle fait le bon choix puisqu'il va dans le sens de l'unification du traitement de l'information, à l'échelle mondiale, et cela donne à la France quelques années d'avance. Mais, cela met en difficulté les entreprises, comme Thomson et Matra, qui, à la demande de l'État, fabriquaient des centraux électromécaniques, techniquement dépassés. Cela nous conduit à analyser le poids des entreprises de l'électronique, dans le concert international.

C. Les groupes français face à leurs concurrents

L'industrie de l'électronique est concentrée entre les mains de quelques grands groupes qui ont toujours été plus ou moins liés à l'État, soit en tant qu'actionnaire majoritaire, au moment des nationalisations, soit par les soutiens apportés tout au long des vingt dernières années. Cela n'a pas suffit pour faire de ces groupes des leaders en Europe et encore moins dans le monde. D'autre part, les changements en cours dans le traitement de l'information ne permettent plus d'envisager un développement dans le seul cadre national, même avec l'aide de la puissance publique. Non seulement l'existence de quelques-uns des groupes est posée, mais les alliances avec d'autres partenaires sont désormais inévitables, ce qui met à mal le concept d'indépendance nationale.

Jusqu'au milieu des années 1960, les principales entreprises qui subsistent peuvent continuer à se développer, à l'intérieur du territoire national, en passant des accords avec les concurrents. Mais dès la fin des années 1960, la concentration devient inévitable et, du fait du contrôle américain sur Bull, il ne reste plus que deux grands groupes dans l'électronique : CGE et Thomson. En fusionnant avec CSF, en prenant une partie des activités du groupe de «l'Alsacienne», Thomson-Brandt devient, en 1968, le champion national pour l'électronique. Comme Schneider se replie sur son métier de base, l'électricité, Thomson se retrouve face à la seule Compagnie générale électrique (CGE). Un premier accord en 1969 permet aux deux firmes de se partager le marché. Par cession d'activités, la CGE se recentre sur les télécommunications et Thomson, dans le domaine de l'électronique professionnelle et grand public. Un nouvel accord en 1983, impulsé par l'État, seul actionnaire de ces deux affaires nationalisées, ne fait qu'accentuer ce partage des missions.

Des deux grands de l'électronique à capitaux français, Thomson est celui qui reste le plus dominé par cette activité. Son chiffre d'affaires se répartit en 1990 entre l'électronique grand public (48 %), dont la part progresse, l'électronique

TABLEAU 37. — *Les principaux groupes de l'industrie électronique en France*

	Classement mondial dans l'activité	Activité dominante	Chiffre d'affaires	Effectif	Part à l'exportation
Alcatel-Alsthom dont Alcatel-CIT Alcatel System	6	Électronique Télécommuni-cations Télécommuni-cations	160,00 11,00 9,60	213 100 12 200 13 800	68 % 26 %
Thomson dont Thomson C.S.F.	13	Électronique Électronique	71,30 35,00	105 200 44 500	69 % 58 %
IBM France		Informatique	39,50	19 316	45 %
Bull	12	Informatique	33,50	39 878	65 %
Matra dont Matra Communication		Électronique Télécommuni-cations	23,00 5,80	21 334 6 000	43 %
Philips France dont Philips Electron Philips composants Philips TRT		Électronique	21,00 8,70 4,00 2,30	18 000 4 400 3 700 2 270	34 % 30 % 61 % 35 %
SAGEM			11,70	15 000	22 %
Hewlett-Packard France		Informatique	8,10	3 800	41 %
Sony France		électronique	7,70	2 950	40 %
Digital Équipement France		Informatique	6,70	4 465	30 %
SAT		Télécommuni-cations	6,30	8 200	21 %
Dassault Électronique		Électronique	3,80	3 518	19 %
Schlumberger		Électronique	3,70	4 582	25 %
Motorola		Électronique	2,50	1 831	64 %
Telspace		Télécommuni-cations	2,30	3 579	
Siemens Nixdorff		Informatique	1,90	2 497	4 %

Source : L'Expansion, décembre 1990.

professionnelle, y compris les systèmes de défense (43 %) et l'électroménager. Mais la vente de branches, dernièrement, fait que Thomson est totalement recentré sur son métier de base. Dans l'électronique grand public, Thomson s'est agrandi en reprenant l'allemand Telefunken et le britannique Thorn-EMI, en prenant pied également aux États-Unis avec RCA. Pour autant TCE (Thomson Consumer Electronics), la filiale électronique grand public ne se classe qu'au quatrième rang mondial derrière deux Japonais (Matsushita/JVC et Sony) et Philips-Grundig, avec un chiffre d'affaires deux fois plus faible que Matsushita. La situation est bien meilleure dans l'électronique professionnelle, notamment, pour l'électronique de défense où Thomson-CSF occupe la deuxième place mondiale, derrière l'américain GM-Hughes.

Après sa privatisation et la prise de contrôle d'ITT-Europe, la CGE a décidé sa fusion avec deux de ses filiales, Alsthom et Alcatel, pour prendre désormais le nom d'Alcatel-Alsthom. C'était la reconnaissance du poids pris par deux de ses filiales opérationnelles. Dans le classement mondial des télécommunications, Alcatel-Alsthom est devenu le numéro deux mondial derrière l'Américain ATT, mais doit s'organiser, face à la montée en puissance de Siemens, allié au Britannique GEC et principal acteur d'une OPA réussie sur Plessey. En revanche dans le classement mondial de l'électronique, plus général, Alcatel-Alsthom est seulement sixième, largement devancé par le suédois ABB, l'Américain General-Electric et Siemens. Le groupe paraît, cependant, plus solide que Thomson et dégage en tout cas des résultats positifs alors que son concurrent le plus direct continue de bénéficier du soutien de l'État.

La situation de Bull n'est pas bonne alors que le groupe informatique, redevenu français, réalise pourtant un chiffre d'affaires de 33 milliards de francs, en 1990, après le rachat de Zenith aux États-Unis, lui-même venant après celui de Honeywell. Si le groupe a augmenté ses parts de marché, a accru son chiffre d'affaires pour occuper une douzième place mondiale, il accumule des déficits et se trouve en difficulté, quand les ventes stagnent, alors que les investissements doivent être poursuivis. Sa taille est insuffisante et IBM-France réalise un chiffre d'affaires aussi important. D'où cette interrogation chez les experts : «faut-il sauver Bull?» Car la firme est soutenue financièrement par l'État qui comble ses déficits, en apportant plusieurs milliards en capital, et devrait débourser 20 milliards de francs en recherches, d'ici 1995. Les mesures à venir sont dramatiques pour le groupe qui envisage de provisionner 2,5 milliards pour restructurer un ensemble qui compte trop d'usines et, forcément, trop de personnels. Aux 5 000 licenciements envisagés en 1991, doit s'ajouter l'équivalent en 1993-1994.

La présence de filiales de groupes étrangers est significative de l'internationalisation de l'industrie électronique. Si Sony ne compte que des usines de production, IBM, Hewlett-Packard et Digital ont des laboratoires de recherches en France. Celui d'IBM à la Gaude dans l'arrière-pays niçois est un des plus importants d'Europe. De plus en plus, les groupes doivent travailler ensemble et les alliances se multiplient. Les technologies sont de plus en plus transversales et la recherche exige des combinaisons de compétences entre les entreprises. Pour fabriquer des composants, il faut être performant dans le domaine des matériaux (silicium, supraconducteurs), de l'optique (gravure, laser), de la physique des solides (propriétés des semi-conducteurs). En même temps, la concurrence entre les industries électroniques est mondiale, et la part du chiffre d'affaires de chaque groupe, à l'étranger, est en progression régulière. Enfin, la convergence des activités, au sein de l'électronique, pousse les firmes à développer les coopérations entre celles de l'informatique, des télécommunications et des programmes.

Ainsi, Bull est totalement dépendant de la technologie de NEC pour les gros systèmes informatiques, et la firmes japonaise dispose de moyens financiers sans commune mesure pour épauler Bull. De son côté, Matra a marié son activité de télécommunications avec le Canadien Northern-Telecom. Dans une industrie dominée par des géants, Matra-Communication apparaît trop petite, trop hexagonale. La filiale de Matra a dû investir 500 millions de francs, dans le seul radiotéléphone numérique GSM, et doit mobiliser un milliard de francs, pour ne pas perdre le contact. Ceci ne pouvait se terminer autrement que par la recherche d'un partenaire plus puissant, en l'occurrence le quatrième mondial, France-Télécom s'étant opposée au choix d'ATT. L'ensemble des firmes opérant dans les télécommunications doivent faire de même car les recherches, dans ce domaine, représentent 15 % du chiffre d'affaires. Il faut parvenir à des économies d'échelle et s'associer aux concurrents, pour pénétrer des marchés encore réglementés.

Dans le cas des composants, on assiste à la même tendance. Pour être compétitif dans les nouvelles technologies comme les mémoires flash, capables de sauvegarder des informations quand le courant est coupé, SGS-Thomson a choisi de s'associer avec le Japonais Mitsubishi. Comment procéder autrement, quand le plus gros producteur, Intel, se rapproche de Sharp ? Enfin, en ce qui concerne la technologie des écrans plats, secteur aux mains des firmes japonaises, notamment Sharp, les deux sociétés françaises, SAGEM et Thomson ont décidé de faire cause commune avec Philips, dans le cadre d'une coentreprise (joint-venture) contrôlée, à 80 %, par le groupe néerlandais. Là encore cette coopération s'impose, en raison des sommes considérables qui doivent être investies en recherches.

L'industrie électronique illustre, de manière presque caricaturale, ce glissement des décisions vers les entreprises. Si la puissance publique reste un élément indispensable au développement d'une activité, surtout quand elle peut apparaître stratégique dans l'avenir, ce sont les entreprises qui prennent des risques et qui doivent prendre place sur des marchés devenus de plus en plus concurrentiels, en raison du rapprochement des techniques de traitement de l'information. Des années d'efforts n'ont pas permis, de toute façon, d'éviter des déconvenues, ni une aggravation des déséquilibres commerciaux.

3. Les enjeux commerciaux et sociaux des principales productions

Les hésitations de la politique industrielle, les changements de stratégie des entreprises, ne doivent pas masquer que toute variation de la production ou toute perte de marché a des effets sur l'emploi. Or la position de l'industrie électronique française est particulièrement fragile, puisque les parts de marché sont inférieures à 3 %, en ce qui concerne l'informatique, et à peine supérieures à 4 %, pour le matériel électronique. Certes, l'industrie électronique est bien placée pour la fabrication des centraux de télécommunications, de matériel professionnel militaire, mais elle est incapable de résister à la pression de la concurrence, en informatique et en produits de grande consommation. Si le nombre d'entreprises reste sensiblement le même, les emplois se contractent, et ces mouvements affectent le dynamisme de régions qui avaient parié sur le développement de l'électronique. Sa diffusion est réelle, notamment vers l'Ouest, mais c'est la région parisienne qui concentre encore le plus gros des effectifs et surtout les emplois les plus qualifiés.

A. Des productions fragilisées par la concurrence

Les productions de l'industrie électronique peuvent être regroupées en deux grands secteurs : le matériel professionnel, en y incluant l'informatique, et l'électronique grand public. Ce dernier qui ne représente que 10 % de l'ensemble de la production électronique est aussi celui qui est le plus menacé par la concurrence des pays asiatiques. L'équipement professionnel constitue donc la branche la plus importante en ce qui concerne la valeur ajoutée et, surtout, les retombées des innovations technologiques qui se succèdent. Les produits de l'électronique sont de plus en plus échangés et leur part dans le commerce international progresse. Or, globalement, le échanges de la France sont très déséquilibrés. Aux modestes excédents que nous avons avec l'Union européenne, les pays de l'AELE et les pays en voie de développement non asiatiques, s'opposent les pertes considérables avec les NPI d'Asie, le Japon et les États-Unis (– 20 milliards pour chacun de ces deux derniers pays).

L'électronique grand public

A la différence des autres secteurs de l'électronique, la production de biens pour le grand public est arrivée dans sa phase de maturité car les taux d'équipement des ménages sont élevés pour un grand nombre de matériels : 78 % des ménages ont la télévision, en France, et plus du quart ont acheté un magnétoscope. Ces taux sont encore plus élevés en Allemagne et au Royaume-Uni. Le marché est donc porté par le renouvellement des appareils et l'apparition de nouveaux produits, comme les lecteurs de disques compact et les lecteurs de vidéodisques.

En ce qui concerne la télévision, la bataille autour de la haute définition illustre les tentatives de relance, tout autant que l'obligation de trouver un moyen de résister à la concurrence des pays d'Asie, sur les postes de télévision bas de gamme. La télévision est en effet un des rares domaines où les entreprises françaises aient réussi, aux côtés des Européens comme Philips et Grundig, à maintenir leur position. Certes une grande partie des usines ont été fermées, au profit des nouvelles unités ouvertes dans les pays en voie de développement, mais ce segment a été conservé. En adoptant un standard double de l'ancien, la TVHD permettait de proposer un progrès, tout en imposant le changement de tous les appareils existants, ce qui offrait un vaste marché sur le continent européen et peut-être dans le monde si cette norme s'imposait. L'enjeu était donc de taille. Or, cette solution a peu de chance d'aboutir. Nous avons déjà souligné les mésententes au niveau de l'Union européenne, dans ce domaine. Mais le coup de grâce vient probablement de la numérisation, sur laquelle travaille les Américains, qui devrait s'imposer d'ici la fin du siècle et ne laisser que quelques années de répit à la norme D2Mac. En outre, on a pu vérifier, à cette occasion, que les constructeurs de matériel oublient que les consommateurs n'achètent que si les programmes suivent. En effet, la «télévision avancée» ou ACTV est conforme à la norme américaine et ne nécessite pas le changement des postes de télévision. De ce fait, Thomson comme Philips travaillent sur ce projet qui pourraient apporter une révolution identique à ce que furent la couleur et le magnétoscope.

TABLEAU 38. — *Les principaux produits de l'industrie électronique*

Facturation en milliard de francs	*1989*	*1991*
Matériel électronique professionnel		
Informatique	76,7	79,0
Matériel professionnel	42,2	42,6
Matériel télégraphique et téléphonique	24,1	25,0
Composants passifs	11,7	10,6
Tubes électroniques et semi-conducteurs	10,3	9,2
Appareils de contrôle et de régulation	6,8	8,5
Appareils d'électronique médicale	2,8	3,0
Matériel électronique ménager		
Radiorécepteurs et téléviseurs	7,0	7,8
Appareil d'enregistrement et reproduction	2,6	8,1

Source : SESSI, 1990.

Le groupe Thomson est de loin le plus engagé (près de la moitié de son chiffre d'affaires) et le plus dépendant des évolutions de cette activité électronique grand public. Après avoir pensé s'en débarrasser, la firme a augmenté sa taille par des prises de contrôle dans les autres pays de l'Union européenne et aux États-Unis. La reprise de RCA à General-Electric a coûté plus de cinq milliards de francs à Thomson, mais lui permet d'atteindre une taille mondiale dans le domaine des postes de télévision, en s'octroyant 20 % du marché des États-Unis, devant Philips et Sony. Thomson-Consumer-Electronics fabrique 10 millions de tubes de télévision, commercialise plus de 4 millions de magnétoscopes et caméscopes des marques JVC, Toshiba. Mais cette production est de moins en moins obtenue en France, le groupe ayant largement délocalisé ses unités, vers les pays asiatiques.

TABLEAU 39. — *Évolution du commerce extérieur des produits de l'industrie électronique*
(milliards de francs)

	1980	1985	1989	1990	1991
Matériel professionnel					
Exportations	15,8	41,0	40,1	50,7	54,7
Importations	20,0	42,7	57,5	66,9	71,3
Taux de couverture	79 %	96 %	70 %	75 %	76 %
Matériel informatique					
Exportations	7,2	20,9	33,1	31,5	35,2
Importations	8,5	30,8	54,6	54,4	55,3
Taux de couverture	84 %	68 %	61 %	58 %	63 %

Source : SESSI, 1990.

Ainsi, l'usine d'Angers a perdu la fabrication des moyens formats, au profit de Singapour. Les unités de Lons-le-Saunier, Moulins ont été fermées et la production transférée en Asie. L'usine de production de tubes de Lyon a elle aussi été touchée, la fabrication étant progressivement reportée en Italie à Agnani. Au total, les effectifs des usines françaises se réduisent, alors que progressent ceux des établissements situés en Italie, en Espagne, au Maroc et en Asie, notamment les deux principales usines de Singapour et de Malaisie.

Cette tendance est insuffisamment contrebalancée par l'implantation en France des firmes étrangères. Certes, Sony a ouvert, au cours des dix dernières années, trois établissements dans la région de Bayonne, en créant plusieurs centaines d'emplois. D'autres opérations de ce type ont eu lieu en Bretagne. Mais, rien ne semble pouvoir entraver la pénétration des produits en provenance des pays asiatiques. Aussi, malgré une progression de 30 % des exportations de biens de consommation électronique, le solde commercial reste très déficitaire, légèrement supérieur à 11 milliards de francs.

La production de composants

Composants actifs et passifs pèsent à peu près la même valeur, 10 à 11 milliards de francs de facturation et tiennent une place tout aussi importante dans la filière électronique. Toutefois, l'intérêt se porte plus sur les circuits intégrés que sur les autres composants, en raison de la véritable révolution que ceux-ci introduisent dans le traitement de l'information. La puce semi-conductrice (chip) est mémoire pour stocker les informations ou microprocesseur pour les traiter. Le silicium s'est montré d'une étonnante souplesse. Vers 1970, les premières mémoires emmagasinaient un millier d'informations. En 1986, on commercialisait les premières mémoires de 1 mégabit, soit une capacité 1 000 fois supérieure. Aujourd'hui, on travaille sur des mémoires de 256 méga-bits. Parallèlement le nombre de circuits imprimés, sur une même puce (60 mm^2), a progressé de manière stupéfiante puisque on en dessine plusieurs centaines de milliers sur les composants de technologie VLSI. D'ici quelques années, on dépassera le million de transistors. D'autres matériaux que le silicium sont exploités pour leur qualité supérieure de transmission des signaux, mais, dans l'ensemble, le silicium reste dominateur.

Malgré la restructuration de l'industrie des semi-conducteurs au cours des années 1980, sous la houlette de l'État, et sous la direction de Thomson, le groupe français n'a jamais atteint la taille capable de lui permettre de lutter à armes égales avec les Américains et les Japonais. Les premiers sont d'ailleurs présents en France, depuis plusieurs années, avec les usines de Motorola et IBM notamment.

Comme les produits deviennent obsolètes au bout de trois ans, on estime que pour augmenter le chiffre d'affaires de un dollar, tous les ans, il faut investir la même somme l'année précédente. Pour donner à la branche composants de Thomson la taille recherchée, l'État français et l'État italien ont procédé au rapprochement de SGS-Microelettronica et de Thomson. Mais avec 3 % du marché mondial, la nouvelle entité ne pèse que le tiers de NEC, premier producteur mondial dans ce domaine. L'analyse du rapport des investissements en recherches dans le chiffre d'affaires montre que seules les entreprises adossées à un grand groupe s'en sortent. Il fallait donc trouver à SGS-Thomson de nouveaux appuis. C'est dans ce contexte qu'a été imaginé l'apport financier du CEA et de France-Télécom. Cette solution ayant été finalement abandonnée, on est dans l'impasse. De toute manière une capitalisation n'est pas une stratégie industrielle.

En effet, SGS-Thomson, treizième mondial, reste un généraliste sans véritable points forts et surtout avec des lacunes, dans les mémoires dynamiques et les microprocesseurs. Son association récente avec Matsushita montre quelle sera peut-être la voie suivie. En attendant SGS-Thomson a dû rentabiliser son activité, en procédant à des fermetures d'usines. Quatre d'entre elles ont été fermées, au cours des trois dernières années, et 4 000 emplois supprimés. Les établissements de Tours, Rennes et Aix-les-Bains ont été concernés. En fait, toutes les sociétés sont touchées puisque IBM a cédé son unité de Bordeaux, le repreneur réduisant de moitié les effectifs avant de réembaucher, tandis que Motorola, à Toulouse, doit procéder également à des adaptations.

Le secteur des composants passifs est tout aussi en difficulté, parce qu'il est entre les mains de trop petites entreprises qui ne peuvent faire face aux investissements nécessaires pour innover. C'est aussi un secteur qui regroupe des activités très éclatées qui vont des résistances et des condensateurs aux circuits imprimés en passant par des connecteurs, des écrans et des claviers. La profession est forte de 26 000 salariés travaillant dans des PME dont le chiffre d'affaires progresse moins vite qu'en Europe et dont la compétitivité s'effrite par rapport aux Japonais. Les accords se multiplient entre les entreprises européennes et celles du Japon, ce qui pousse les firmes françaises à se regrouper. Par une série d'acquisitions, Framatome est devenu la première affaire française dans la connectique. LCC-Thomson fédère les activités dans les écrans plats mais a dû s'appuyer sur des partenaires européens, pour poursuivre son développement. Philips Composants occupe la troisième place.

L'informatique

Avec un chiffre d'affaires de l'ordre de 80 milliards, en 1990, soit plus du quart de celui des industries électriques et électroniques ou près de la moitié de celui des seules activités électroniques, la branche informatique est de loin la plus importante, même si le rôle du «hard», s'efface progressivement devant le «soft». La France compte trois grands constructeurs d'ordinateurs, IBM-France, avec deux usines à Corbeil et surtout Montpellier, Hewlett-Packard, installé à Grenoble, et Bull, l'unique rescapé de l'effort français, pour se doter d'entreprises performantes dans ce domaine. En effet, Matra et Thomson, qui avaient été les grands bénéficiaires du programme d'informatisation de l'Education nationale, au milieu des années 1980, ont abandonné cette fabrication.

La crise est dure pour tous les producteurs de matériel, y compris le géant américain. Tous les constructeurs qui opèrent en France livrent des gros ordinateurs dont le marché se rétrécit, en raison de la puissance des micro-ordinateurs, dans bien des domaines d'application. En 1991, le marché français de micro-ordinateurs est dominé par IBM pour 15 %, Apple et Compaq, avec 12 % chacun. Puis suivent une foule de produits dont ceux de Zenith-Data-System, la filiale américaine de Bull, ou Hewlett-Packard. De plus en plus de matériels sont montés par des sociétés de négoce, à partir de composants achetés le meilleur marché possible dans toutes les régions du monde. Même une firme comme Amstrad qui avait bâti sa réussite sur ce principe voit ses parts de marché reculer en France.

On comprend, dans ce contexte, que la situation de Bull ne soit pas bonne et on serait tenté de dire comme certains que pour l'informatique française ce sont vingt-cinq années d'efforts pour rien. Bull a perdu 7 milliards en 1990, doit supprimer près de 10 000 emplois d'ici 1995 et ne peut faire face qu'en continuant de bénéficier de l'aide de l'État, soit deux milliards en 1991. Sur les sept sites situés en France, seuls quatre devraient subsister. A Angers, continue la production des systèmes GCOS, de circuits et de cartes. Il s'agit de la plus grosse usine du groupe en France avec 2 500 salariés. Villeneuve-d'Ascq doit doubler sa capacité en micro-ordinateurs et totalise 400 emplois. Enfin, Belfort est plutôt spécialisé dans les matériels périphériques, notamment les imprimantes, et c'est actuellement l'usine la plus menacée par les restructurations à venir. Bull pourrait la fermer, si un partenaire ne venait pas l'épauler pour cette fabrication.

Les autres secteurs de l'industrie électronique

Le *matériel électronique professionnel* représente une activité importante qui réalise un peu plus de 40 milliards de chiffres d'affaires. Pour l'essentiel, il s'agit de matériel lié à la défense militaire et à l'avionique. De ce fait, ce secteur est fortement marqué par la baisse de la demande qui est fonction de la réduction des risques de tensions dans le monde, des rigueurs budgétaires des États, dans un contexte de crise économique, et d'un recul du marché aérien mondial. Le groupe Thomson est depuis l'origine fortement engagé dans la production de biens électroniques professionnels dont la fabrication est trop liée aux commandes militaires nationales et internationales. S'agissant de livraisons de systèmes complexes exigeant de grandes compétences, dans des domaines aussi variés que le matériel et les programmes, les usines comportent une majorité de personnel qualifié, voire hautement qualifié. Pour l'essentiel, qu'il s'agisse de Thomson ou d'autres groupes, les établissements restent très concentrés dans l'Ile-de-France.

Les *télécommunications* pèsent moitié moins que l'électronique professionnelle, mais ces enjeux sont tout aussi importants, dans la mesure où elles assureront les échanges entre les divers types de matériels électroniques, au cours des prochaines années. Pour y parvenir, la France peut s'appuyer sur deux firmes de très grande dimension. France-Télécom est le cinquième exploitant mondial, avec un chiffre d'affaires de 22 milliards de dollars. Cependant, la société française, sous tutelle absolue de l'État est beaucoup moins internationalisée que ses concurrents, notamment ATT, qui a réalisé des prises de contrôle ou tissé des alliances, pour être présent dans le plus grand nombre de pays possible. En ce qui concerne la production, Alcatel-Alsthom est également parfaitement placée puisqu'elle dispute la place de numéro un mondial à ATT. Le groupe français est en outre présent dans les trois grands domaines des télécommunications que sont la fabrication des centraux de commutation, les transmissions et les câbles. La reprise d'ITT fait d'Alcatel une des premières sociétés mondiales, en matière de centraux à commutation temporelle, tandis que dans le câble elle poursuit sa percée, en prenant le contrôle de STC-Submarine-System, pour devenir la première affaire mondiale dans les câbles sous-marins optiques.

Cependant la France n'est pas forcément bien placée dans les développements en cours des produits grand public. Télécopieurs, téléphone sans fil, proches de l'électronique grand public, qui connaissent les plus forts taux de croissance, sont dominés par les firmes nippones et d'Asie, même si Matra, SAGEM et d'autres entreprises essaient de percer sur ces différents marchés. Bientôt, vont sortir les premiers ordinateurs portables (notebook) capables de communiquer avec le réseau téléphonique. France-Télécom pousse une multitude de petites firmes de moins de trente salariés à sortir des produits répondant à cette nouvelle avancée technologique, comme les cartes d'extension qui permettent de transformer un micro-ordinateur ou un minitel en fax ou en écran vidéo. Ce sont souvent des transfuges du CNET qui ont fondé une entreprise innovante. Toutefois, toutes ces affaires sont de dimension modeste pour poursuivre leurs recherches quand leur produit phare est concurrencé ce qui conduit à des prises de contrôle, souvent étrangères.

L'électronique médicale peut apparaître secondaire si on considère le chiffre d'affaires, mais elle est aussi promise à un bel avenir quand on envisage le développement de l'usage de l'imagerie de médecine nucléaire, composée d'appareils à résonance magnétique et de capteurs capables d'identifier certains des dérèglements biochimiques de l'organisme. Cette production peut être portée par l'expansion constante des dépenses de santé. La France possède avec

Sopha-Medical, la troisième affaire mondiale au sein de laquelle CEA-Industrie est le principal actionnaire. Pourtant, son avenir n'est pas stable du fait de rivalités internes et de l'obligation de recherches de nouveaux partenaires. Il n'est pas impossible que cette activité soit vendue à des firmes nord-américaines, comme Thomson l'a déjà fait, il y a quelques années.

Les sociétés de génie logiciel et de services et d'ingénierie informatique

Un certain nombre d'entreprises opèrent dans le domaine du génie logiciel, c'est-à-dire de programmes qui permettent aux ordinateurs de communiquer. Là encore la plupart des petites affaires, très performantes, mais aussi très fragiles, sont nées d'une application scientifique des laboratoires de recherches et elles ont été fondées par un des ingénieurs qui développait cette application. Ainsi Chorus, qui emploie une soixantaine de personnes, fabrique un système d'exploitation qui permet aux ordinateurs de communiquer. Son directeur est un ancien du CNET. Même chose avec Ilog ou Verilog, qui conçoivent et produisent des logiciels pour les sociétés de service ou les grandes entreprises, à partir des techniques de l'intelligence artificielle. La tendance est à la création d'interfaces graphiques qui facilitent la prise en charge par les utilisateurs, et les sociétés françaises sont devenues assez performantes dans tout ce qui touche l'image. C'est ainsi que certaines ont fait de la cartographie leur spécialisation, comme ADDE. Cependant, malgré le dynamisme de ces PMI, les marchés sont étroits, les moyens financiers souvent insuffisants, et de nouveaux partenaires doivent être trouvés pour assurer le développement.

Les sociétés de services d'ingénierie en informatique (SSII) fournissent une assistance aux entreprises dans le choix de leur informatique et la conception des logiciels d'application. Leur développement est très rapide car les grandes entreprises, qui sont leurs principaux clients, préfèrent s'adresser à elles plutôt que de continuer d'accroître le rôle de directions informatiques internes trop coûteuses. La France est très bien placée, dans ce domaine, avec le numéro un européen, Cap-Gemini, bien que le constructeur automobile Daimler-Benz ait effectué une prise de contrôle déterminante. De son côté, Sema-Metra a fusionné avec le numéro trois britannique, pour donner naissance à Semacap, deuxième groupe européen. L'importance de cette activité n'échappe pas à la puissance publique qui envisage de faire entrer France-Télécom dans le capital de Sogetti SA, qui coiffe Cap-Gemini, et dans celui de Sema-groupe afin de constituer un ensemble qui s'appellerait «France logiciel». Les chances d'y parvenir sont cependant réduites car les acteurs sont trop nombreux, trop opposés, et cette construction, typiquement française, ne cadre pas avec l'internationalisation de ces activités et les stratégies des entreprises.

B. Diffusion spatiale et domination parisienne

Après avoir atteint un maximum, au début des années 1980, l'industrie électronique voit ses effectifs se stabiliser à moins de 300 000 personnes. Comme parallèlement le nombre d'entreprises continue de croître, il est clair que cette stagnation des emplois est le fait des grands groupes qui licencient, alors que des PMI peuvent se développer rapidement et disparaître tout aussi vite, en occupant quelques niches fondées sur l'innovation.

TABLEAU 40. — *Évolution des entreprises et de l'emploi*

	1980	*1989*	*1990*
Matériel électronique			
Nombre d'entreprises de plus de 10 salariés	1 020	1 649	1 650
Effectifs	245 011	226 458	225 996
Matériel informatique			
Nombre d'entreprises de plus de 10 salariés	44	177	195
Effectifs	48 073	57 079	57 846
Total Effectifs	293 084	283 537	283 842

Source : SESSI, 1990.

La baisse des effectifs est d'ailleurs plus sensible pour les ouvriers que pour les cadres et les employés. Ainsi, entre 1986 et 1990, le secteur du traitement de l'information a perdu 2 000 ouvriers pour tomber à 4 500 en 1990, alors que le nombre de cadres et d'employés se maintenait à 48 000 soit 500 personnes de moins. La perte est de 2 500 ouvriers dans le domaine du matériel électronique professionnel contre moins de 1 000 pour les autres catégories. Cette évolution tient évidemment à la délocalisation des unités de production proprement dite, incorporant une faible part de recherches et développement. Ceci ne fait que renforcer le poids de Paris et de l'Ile-de-France dans les industries électroniques (fig. 8).

En effet, la région Ile-de-France concentre près de 90 000 emplois de cette branche, et la part de la grande région parisienne est encore plus marquée, quand on y ajoute le Centre et la haute Normandie qui ont bénéficié d'un certain nombre de créations d'établissements, au cours des trente dernières années. En dehors de la région parisienne, seule la région Rhône-Alpes se détache avec quelque 30 000 salariés. Cette position très favorable est d'ailleurs due au pôle technologique qui s'est progressivement constitué à Grenoble, plutôt que dans l'agglomération lyonnaise, moins en pointe dans ce domaine.

La supériorité de Paris et de sa proche région ne doit pas occulter cependant la diffusion spatiale des industries électroniques dans une grande partie de la France. Cette dispersion a plus profité à l'Ouest, à la région Midi-Pyrénées et à l'arrière-pays niçois. De fait, quand on apprécie le poids des industries électroniques dans l'emploi total de chaque région, on fait ressortir l'impact de telle ou telle activité, de telle ou telle entreprise. Si Paris continue d'affirmer sa

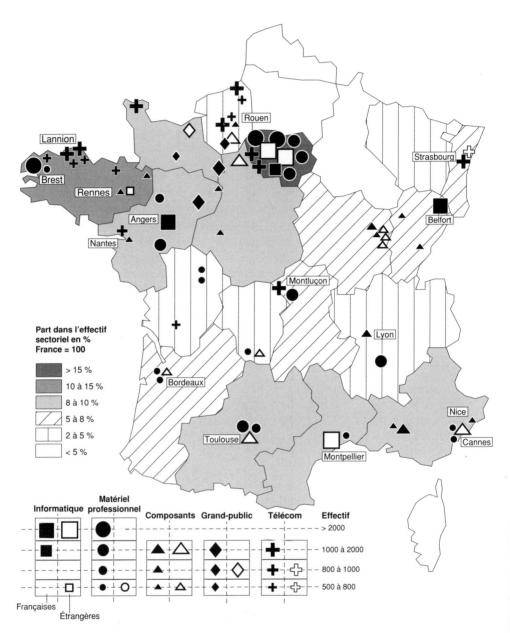

FIG. 8. — *Les industries électroniques.*

prépondérance, on voit apparaître la Bretagne et le pourtour méditerranéen parmi les régions où l'électronique représente plus de 10 % des emplois totaux.

La volonté de faire de la Bretagne une région phare, en matière de télécommunications, avec l'implantation du CNET, la création du centre de Lannion et les développements en matière de recherches qui ont suivi à Rennes, expliquent cette importance. Au total, l'industrie électronique est le premier employeur de Bretagne, avec plus de 16 % de l'emploi régional. Alcatel possède deux usines de plus de 1 000 salariés à Lannion, Matra-Communication est installé à Rennes. S'y ajoute un gros établissement de Thomson-CSF, livrant du matériel électronique militaire, à Brest. En Languedoc-Roussillon, l'implantation d'IBM à Montpellier a été déterminante dans la constitution d'un pôle informatique, et l'établissement est le plus important de la région avec plus de 2 000 salariés. L'activité de traitement de l'information et le matériel électronique regroupent plus de 10 % des emplois du Languedoc-Roussillon. Enfin, cette activité concentre également plus de 10 % des effectifs de Provence-Alpes-Côte d'Azur. Cette valeur est plus élevée dans l'arrière-pays niçois qui a bénéficié de l'effet attractif de Sophia-Antipolis. On peut craindre, cependant, que ces régions ne soient trop dépendantes de cette spécialisation à l'heure où les restructurations conduisent les grands groupes à compresser leurs effectifs.

TABLEAU 41. — *Répartition des effectifs en fonction des catégories professionnelles*

	Ile-de-France		Province	
	Effectif en %	*Variation 1985-1987*	*Effectif en %*	*Variation 1985-1987*
Ingénieurs-cadres	35,6	+ 3,0 %	14,9	+ 21,7 %
ETAM	52,4	– 14,5	47,3	– 15,6
Ouvriers	12,0	– 27,6	37,8	– 15,6
Total	100,0	– 11,1	100,0	– 6,0

Source : INSEE.

Quand on considère la répartition des effectifs par région en tenant compte des qualifications on constate que la suprématie de l'Ile-de-France est restée pratiquement entière. Comme dans l'industrie automobile, il y a bien eu diffusion spatiale, notamment au cours de la phase de décentralisation des années 1960, mais ce glissement vers la province n'a concerné que les emplois faiblement qualifiés si bien que l'essentiel des cadres, des ingénieurs sont restés à Paris et dans sa large couronne. On peut observer combien la région parisienne, au sens large, et les régions de l'Ouest sont sous la domination directe de Paris qui a délocalisé, vers ces zones, les établissements à main-d'œuvre ouvrière en conservant sur place les laboratoires, les centres administratifs et les établissements les plus performants. Même si le groupe Thomson tente de réduire ces dernières années le poids de l'Ile-de-France dans la répartition de ses usines, il s'agit le plus souvent de transferts, dans la proche périphérie, qui ne remettent pas vraiment en cause la supériorité de la région parisienne.

Il faut insister sur le divorce entre l'industrie mécanique et électronique, dans la France entière, mais plus particulièrement en Ile-de-France. L'industrie électronique évite soigneusement la banlieue nord-orientale de l'agglomération dont la vocation métallurgique est affirmée, pour investir la banlieue sud-occidentale, dans le secteur de la Défense et tout autour du complexe militaro-industriel de Vélizy. Alors que les fermetures se succèdent dans la Seine-Saint-Denis, des établissements s'installent à l'Ouest et au Sud.

Cependant, il faut tout de même souligner qu'une proportion non négligeable des emplois créés en province, dans l'électronique, ont profité aux grandes villes, celles qui disposaient de laboratoires universitaires ou des équipes de recherches des grandes entreprises. Les nouveaux venus trouvaient les appuis technologiques indispensables, tandis que de nouvelles créations d'entreprises pouvaient se réaliser à partir de quelques produits innovants que des ingénieurs ou des chercheurs ont tenté de commercialiser. Cet apport des industries technologiques est suffisamment important pour que certaines villes aient fondé leur image sur elles. Montpellier, la surdouée, a profité d'IBM, et Toulouse a su utiliser une image d'innovation basée sur les retombées technologiques de la recherche dans l'aéronautique. Toutes ont tenté d'utiliser ces nouvelles technologies pour construire des parcs d'activités regroupant ces nouvelles industries suivant le modèle de la Silicon Valley, en Californie. Ainsi se sont constituées des technopoles dont les plus anciennes et les plus actives sont celles de Sophia-Antipolis, Labège-Innopole, la ZIRST de Meylan dans la banlieue de Grenoble, et Villeneuve-d'Ascq. Mais Bordeaux, Nantes, Rennes, Montpellier, Marseille, Strasbourg, Nancy ne désespèrent pas d'obtenir la même réussite.

Ce développement, dans quelques grandes villes, ne doit pas cependant faire illusion. Il s'agit d'opérations ponctuelles, souvent liées à des grands groupes internationaux, notamment américains, à Bordeaux, Toulouse et Montpellier. Déjà assez isolés dans leur environnement régional, ces pôles électroniques provinciaux communiquent peu entre eux et s'inscrivent finalement plus facilement dans des réseaux internationaux que régionaux, en raison du poids des firmes étrangères. Ceci n'est guère favorable à la constitution de réseaux nationaux et à une réflexion sur leur place dans le contexte européen et international.

L'industrie électronique est bien l'activité d'entraînement de cette fin du XXe siècle. Les découvertes technologiques se succèdent à une cadence extraordinaire et, comme elles vont dans le sens d'une utilisation convergente, grâce au primat de la numérisation sur toute autre solution, on entre dans le domaine de la communication universelle, de l'intelligence artificielle, des automates qui peuvent, dans certains cas, se substituer aux individus.

En même temps, c'est une des activités où le renouvellement et la banalisation des produits est extrêmement rapide. Cela a des conséquences financières, sociales et spatiales importantes. Toute entreprise qui n'a pas les moyens d'investir chaque année au moins 15 % du chiffre d'affaires dans la recherche, est condamnée à s'affaiblir, face à la concurrence internationale. Dès l'origine cette industrie a donc été soutenue par les financements publics, surtout en France, en bénéficiant des marchés militaires. Mais aujourd'hui, alors que les marchés sont très internationalisés, il faut une stratégie adaptée et être simultanément présent dans les trois grands pôles commerciaux du monde que sont l'Europe, les États-Unis et l'Asie. De ce fait, la concentration est très forte, quelques firmes seulement pouvant s'imposer à l'échelle mondiale. France-Télécom,

Alcatel, Thomson et Bull sont de celles-là, mais elles sont mises à rude épreuve, et leur avenir est loin d'être assuré.

De plus, dès que le produit se banalise et devient un objet de consommation courante, la concurrence des pays en voie dc développement, asiatiques principalement, se fait terriblement sentir car le coût de la main-d'œuvre devient un facteur décisif. Dans le domaine des ordinateurs, alors que les gros systèmes restent une spécialisation des grands pays industrialisés, les micro-ordinateurs sont actuellement fabriqués essentiellement dans les pays asiatiques, soit par les firmes multinationales des pays industrialisés soit par des entrepreneurs locaux qui ont su remonter la filière. L'effet sur l'emploi est évident en France. Les catégories les moins qualifiées, ouvriers principalement, sont le plus affectées par cette concurrence alors que demeurent les emplois les plus qualifiés.

Spatialement, cette évolution conforte Paris et sa région immédiate, de même que quelques grandes villes de province qui fondent leur adaptation, face à la crise industrielle, sur l'essor de ces nouvelles technologies. Or, les grandes firmes sont touchées par la récession actuelle et surtout par la nécessité d'adopter une stratégie moins nationale et plus internationale. Aussi, la poursuite de la croissance de l'emploi dans l'industrie électronique repose plus sur les PMI que sur les grands groupes. Comme ces PMI n'ont pas une assiette financière suffisante, il faut trouver du capital-risque et engager souvent l'aide des régions qui peuvent désormais s'investir dans le développement économique. Dans ces conditions, on comprend la compétition que se livrent quelques grandes métropoles pour maintenir ou accroître la part de l'industrie électronique, étant donné son rôle à venir au cours des prochaines années. Mais c'est évidement Paris qui demeure en position dominante.

Références bibliographiques

BEAUJEU-GARNIER J. (sous la direction de), *Le groupe Thomson*, CREPIF.

BECKOUCHE P., «High tech française et territoire : un double clivage, *in : Les dynamiques spatiales de l'économie contemporaine*

BECKOUCHE P. et CARROUÉ L., *L'électronique française : la division internationale du travail, filiale nationale et tissu industriel régional*, Université de Paris I, STRATES-ISERES, 1987, 300 pages.

BENKO, *Géographie des technopôles*, Masson, Paris,

CARROUÉ L., Les industries électriques et électroniques, *in : La crise de l'industrie française, analyse géographique*, ATP du CNRS «Histoire industrielle de la France», Université de Paris I STRATES, 1987, p. 339-343.

DELAPIERRE M., Le traitement de l'information face à son nouvel environnement, *Notes et Études documentaires*, n° 4932-4933, 1991, 23 pages.

FRÉMEAUX Ph., Le pari de Bull, *Alternatives Économiques*, n° 43, janvier 1987, p. 20-21.

GENTHON Ch., *L'industrie électronique mondiale, Institut de recherche économique et planification du développement*, Université des Sciences sociales de Grenoble, 230 pages.

HATEM F., L'industrie des biens d'équipement professionnels, *Revue d'économie industrielle*, deuxième trimestre 1987, 8 pages.

LEHOUCQ Th. et STRAUSS J.-P., Les industries de haute technologie : des difficultés pour rester dans la course, *Économie et statistiques*, février 1988, 5 pages.

Les industries électriques et électroniques, *Économie et Géographie*, décembre 1988, n° 260, 12 pages.

LORENZI J.-H., La filière électronique, *Revue Enjeux*, juillet 1984, 3 pages.

PARÉ S., *Informatique et géographie*, PUF, collection le Géographe, 1980, 221 pages.

SERFATI Cl., Les industries de haute technologie, Face aux États-Unis et au Japon, l'Europe a-t-elle perdu la bataille?, *Alternatives Économiques*, n° 74, février 1980, p. 30-32.

VELTZ P., L'espace des industries électriques et électroniques, *Annales de la recherche urbaine,* n° 29, 1986, p. 69-78.

7. Les industries de l'armement, du nucléaire, de l'aéronautique et de l'espace : des activités sous forte influence étatique

Déjà sensible dans l'industrie électronique, l'influence de l'État est encore plus pesante dans des activités comme l'armement, l'aéronautique, l'espace et l'industrie nucléaire. On peut même y ajouter certaines activités qui ne peuvent se développer que lorsque les marchés publics sont suffisamment importants. Tel est le cas de l'industrie ferroviaire étroitement dépendante des commandes et du renouvellement de deux sociétés publiques, la SNCF et la RATP. Une partie des activités industrielles restent donc sous un étroit contrôle de l'État pour des raisons stratégiques évidentes, parce que les marchés internationaux leur sont fermés et parce que le risque, notamment financier, est tel que, seule, la collectivité peut le prendre en charge.

La majeure partie de ces activités sont le fait d'entreprises qui opèrent dans d'autres secteurs mais qui consacrent une part plus ou moins importante de leur chiffre d'affaires au domaine militaire ou à des activités civiles, très liées aux décisions de la puissance publique. De ce fait, il est très difficile d'apprécier le poids réel de ces activités, tant dans leurs effets d'entraînement que par les emplois qu'elles créent ou maintiennent. Il n'y a pas de nomenclature spécifique et l'armement est inclus dans le matériel aéronautique et naval parce qu'il en constitue la principale composante.

Cependant, il est indispensable de tenter de cerner ces activités. Elles bénéficient, en effet, d'un soutien constant de l'État par l'intermédiaire de son budget et, durant certaines périodes, elles ont été dotées de moyens considérables pour parvenir à réaliser les objectifs fixés par l'État. Se pose ainsi la question des effets d'entraînement de l'appareil militaire sur d'autres secteurs et, peut-être, la justification d'un important budget militaire. Il s'agit, en effet, d'industries de pointe exigeant la présence d'un très grand nombre de chercheurs et de moyens financiers considérables. Enfin, leur importance en terme d'emplois est loin d'être négligeable puisqu'on estime généralement que ces activités procurent du travail directement à 230 000 personnes, plus si on ajoute les entreprises travaillant en sous-traitance. Les seuls effectifs de l'armement représentent tout de même 1 % de la population active et près de 5 % des effectifs industriels.

Mais leur analyse permet également de montrer les remises en cause actuelles, du fait des changements politiques intervenus dans les pays socialistes, mais aussi des accidents écologiques intervenus, dans ces mêmes pays, en ce qui concerne le nucléaire. Cette étude enfin donne l'occasion de souligner combien certaines régions sont finalement très dépendantes de ces activités, implantées souvent loin des territoires directement menacés en cas de conflit, parce qu'elle jouent un rôle essentiel dans le tissu industriel local globalement insuffisamment diversifié.

1. Des activités stratégiques

Les industries de l'armement, de l'aéronautique, de l'espace, et l'électronucléaire demeurent des activités considérées comme stratégiques par tous les États. Leur contrôle est obligatoire afin de conserver le secret indispensable à la réussite de toute opération militaire et durant la longue période de la guerre froide, les États n'ont pu réduire les dépenses budgétaires affectées à la défense du territoire. Qu'il soit du domaine civil ou militaire, le nucléaire exige la même dépendance de l'autorité de la puissance publique, en raison des risques qu'il fait courir à la population et de la volonté de ne pas favoriser la dissémination de cette arme, dans toutes les mains. Profitant de cette nécessité du secret militaire, ces secteurs ont pu se développer, souvent sans véritable contrôle, du fait même de la présence de hauts fonctionnaires ou de militaires, à la tête de quelques-uns des grands groupes qui travaillent dans ces activités. On a pu évoquer, à ce sujet, la notion de complexe militaro-industriel, dans la plupart des pays, celui de la France étant un de ceux où le système des relations est particulièrement fermé.

A. Le complexe militaro-industriel

Bien que ce terme soit assez polémique, car il a servi à l'opposition de gauche pour dénoncer l'imbrication des intérêts des industriels et des fonctionnaires proches des ministères concernés, il recouvre assez bien une réalité française que les gouvernements socialistes, au cours des années 1980, n'ont pas été en mesure de modifier sensiblement. En effet, des groupes de pression interviennent constamment pour défendre leur point de vue, et peut-être leur avenir. Mais le plus important réside certainement dans cette volonté d'indépendance nationale qui est une constante de la politique française, depuis le général de Gaulle.

Au cœur de ce complexe militaro-industriel, on trouve le ministère de la Défense et, au sein de ce ministère, la Délégation générale pour l'armement (DGA) qui a une triple vocation. Elle est, en effet, chargée de mettre en œuvre des programmes de défense du pays en anticipant sur les risques à venir. La DGA est «l'architecte des programmes d'armes» et, au moyen d'une Direction de recherches et des études techniques (DRET), elle gère un budget de recherches et de développement (R et D), dans le domaine militaire, qui représente près de 40 % du budget public affecté à la R et D.

Elle exerce également une activité industrielle, en fabriquant environ 13 % du matériel acheté par l'armée. La DGA assure, en effet, la gestion des établissements industriels appelés autrefois les arsenaux et qui réalisent près du quart du chiffre d'affaires de l'armement. Elle influence la production de quelques

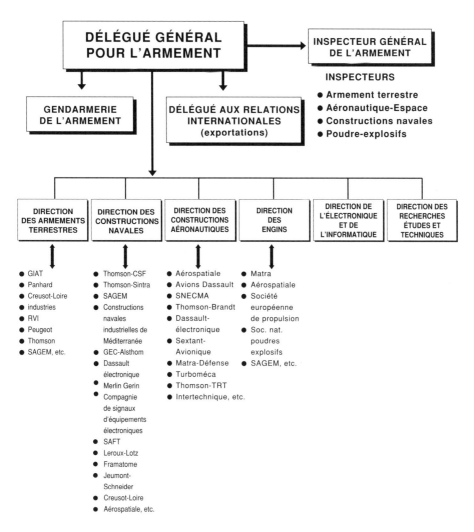

FIG. 9. — *Le schéma du complexe militaro-industriel.*

grands groupes, très orientés vers l'armement, comme Aérospatiale, Dassault et Thomson. La DGA a également la maîtrise industrielle de la production des armes nucléaires, car le Commissariat à l'énergie atomique (CEA) a plutôt en charge la recherche et la production de matières fissiles. Par l'intermédiaire de sa Délégation aux relations internationales (DRI), la DGA joue enfin un rôle important dans le domaine des exportations car elle influence les pays acheteurs en choisissant telle ou telle arme, pour notre armée nationale.

Au total, la DGA mobilise près de 25 000 personnes, militaires et ingénieurs de haut rang compris, pour définir les grands programmes d'équipement qui

TABLEAU 42. — *Montant des dépenses de R & D militaires dans quelques grands pays en 1988 (milliards livres sterling courantes)*

	France	Japon	Allemagne	Royaume-Uni	États-Unis
Dépenses R & D	2,30	0,20	0,60	1,90	23,20
en % du PIB	0,52	0,02	0,13	0,43	0,83

Source : Science policy Support Group.

seront votés par l'Assemblée, lors des débats sur le budget de la Défense. Lancer un nouveau sous-marin nucléaire ou un porte-avions nucléaire constitue une démarche globale qui met en jeu des technologies très différentes, mais toujours de pointe. Elles concernent des dizaines d'entreprises et des centaines de sous-traitants qui seront retenus en fonction de leur capacité à répondre à ces exigences technologiques.

La plupart des experts s'accordent pour admettre qu'il s'agit d'une administration richement dotée en moyens financiers, jusqu'à ces dernières années, dont les performances s'expliquaient par une rare homogénéité humaine. Les polytechniciens, et parmi eux, plus précisément, les ingénieurs de l'armement, tiennent une place décisive dans les choix retenus. Leur nombre est en augmentation constante, depuis quelques années, parallèlement au développement de l'industrie de l'armement. Ils sont présents dans toute la structure du complexe militaro-industriel et ils assurent souvent la pérennité et la cohésion de ce mésosystème dont ils tirent des avantages importants. Mais, de manière plus générale, les hauts fonctionnaires, tous sortis des grandes écoles françaises, font des va-et-vient entre le ministère, où ils passent la première partie de leur carrière, la DGA et les entreprises industrielles, où ils occupent des grandes responsabilités. La notion de complexe militaro-industriel prend, en effet, son véritable sens lorsqu'on souligne la complexité des relations qui unissent les décideurs de la DGA et les industriels les plus concernés.

Le système constitue un monde assez clos où chacun se connaît, cc qui rend, par ailleurs, plus difficiles les changements. Quelques exemples soulignent la nature compliquée de ces relations. G. Renon, PDG de la Société nationale d'études et de construction de moteurs (SNECMA), a été secrétaire d'État au ministère de la Défense. Son prédécesseur, aujourd'hui à la tête de l'Aérospatiale, L. Gallois, a été directeur du cabinet de J.-P. Chevènement, lorsqu'il était ministre de la Défense. L'ancien patron de l'Aérospatiale, H. Martre, est un ancien directeur de la DGA. Comme ces trois fortes personnalités, beaucoup d'ingénieurs commencent ainsi leur carrière à la DGA avant de prendre des responsabilités dans les entreprises dépendantes de la puissance publique. Ceci n'est pas propre à la France, mais le fait est plus sensible dans notre pays, depuis que l'État est devenu l'actionnaire unique ou majoritaire de la plupart des grandes entreprises qui opèrent dans ces différentes activités.

B. *L'oligopole français de l'armement*

Les nationalisations successives n'ont laissé, en dehors de la tutelle de l'État, qu'un petit nombre d'entreprises, surtout présentes dans la production d'équipements. Déjà fortement engagé auprès des firmes construisant des cellules depuis la nationalisation de 1936-1937, l'État a procédé en 1957 a une série de regroupements en créant deux sociétés, Nord-Aviation et Sud-Aviation, avant de les fusionner, en 1969, pour donner naissance à l'Aérospatiale. On sait, d'autre part, que Dassault qui avait pris le contrôle de Bréguet et d'autres petites affaires a été nationalisée en 1982. Ainsi les deux premières entreprises de l'Aéronautique dépendent directement de l'État. On peut y ajouter la SNECMA, le premier motoriste, qui contrôle Messier-Hispano-Bugatti ou encore la Société européenne de propulsion (SEP). En définitive les principales sociétés nationalisées réalisent, à elles seules, 83 % du chiffre d'affaires de l'aéronautique, en France, et emploient 70 % des effectifs.

Les liens industriels et financiers de l'oligopole français de l'armement apparaissent clairement, sur le document présenté (fig. 10). Toutes les firmes de l'industrie aéronautique et spatiale vendent à l'État une part importante de leur production, celle-ci étant en moyenne égale au tiers du chiffre d'affaires. Cette dépendance est déjà moins forte pour des entreprises dont l'armement n'est pas la seule activité, mais pour Renault Véhicule Industriel, cela représente tout de même 10 % du chiffre d'affaires. On notera, également, que les organismes bancaires et les assureurs ont des participations croisées dans la plupart de ces entreprises. C'est donc une grande partie des sociétés appartenant à l'État qui sont concernées, plus ou moins directement, par la branche armement.

Dans le domaine de l'énergie nucléaire, on retrouve quelques-uns des ingrédients qui viennent d'être décrits. Au centre du système, le Commissariat à l'énergie atomique (CEA), créé en 1945, à la demande du général de Gaulle, afin que la France garde son indépendance dans cette technique de pointe, destinée à des applications à la fois militaires et civiles. Le CEA avait donc reçu une double mission, militaire et civile, que l'on retrouve dans son organisation. Il s'agit d'un établissement à caractère scientifique, technique et industriel, dirigé par un administrateur général nommé en conseil des ministres pour trois années. Existe également un Haut Commissaire de grande renommée scientifique et un comité de l'énergie atomique, présidé par le Premier ministre.

Autour du CEA, s'est progressivement construite une filière qui est présente dans presque tous les maillons, depuis la recherche jusqu'aux applications industrielles et à la production. Le CEA demeure le plus important centre de recherches sur le nucléaire en France, tant dans le domaine militaire que civil. Sa filiale, la Compagnie générale des matières nucléaires (COGEMA) est le numéro un mondial du combustible et du retraitement des déchets radioactifs. Framatome, le constructeur de chaudières, est un des premiers opérateurs mondiaux dans ce domaine essentiel pour les centrales nucléaires. Cet ensemble pouvant s'appuyer sur EDF, une des plus fortes compagnies électriques d'Europe et premier client des firmes précédentes. On retrouve, une fois de plus, l'imbrication entre responsables, administratifs, chercheurs et industriels, laquelle est dénoncée par les opposants à l'option du tout nucléaire, choisie par la France, lors de la crise de l'énergie du milieu des années 1970.

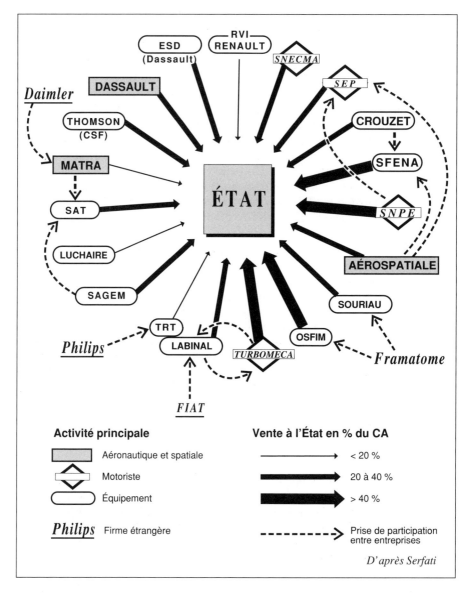

Fig. 10. — *Liens industriels et financiers de l'oligopole français de l'armement.*

2. L'importance de ces activités stratégiques

Les industries de la Défense mobilisent une partie non négligeable du budget de l'État. Ces moyens financiers ne profitent pas seulement aux établissements qui sont la propriété de l'État, ils sont destinés également à des entreprises publiques et privées qui participent à la production d'armes ou de matériels civils. Une part majeure de cette production appartient au domaine des activités de haute technologie et on peut estimer que des progrès technologiques réalisés au cours de ces recherches militaires peuvent ensuite être transférés vers les applications civiles. Pour autant, les effets d'entraînement des industries de la Défense sont-ils aussi importants que ses partisans veulent le laisser croire? En outre, si les ventes d'armes ont procuré des rentrées de devises non négligeables et ont parti-cipé au comblement du déficit de la balance commerciale, la situation est aujourd'hui beaucoup moins favorable.

A. Quels effets d'entraînement d'une industrie de pointe?

L'ensemble de ces activités industrielles, stratégiques pour l'État, appartient au domaine des industries de haute technologie et sont souvent qualifiées d'industries de pointe, au regard des recherches qui sont menées, des dépenses nécessaires pour parvenir à des applications qui peuvent se révéler des échecs retentissants. On peut simplement citer en exemple le Concorde, réussite certaine au plan technologique, mais échec grave pour l'industrie aérospatiale française, en terme économique et surtout commercial. Pour défendre la poursuite de tels programmes non assurés du succès, les responsables font valoir que ces activités stratégiques ont des retombées importantes sur les autres secteurs de l'activité.

L'emploi du terme d'industrie de pointe se justifie par la nature des produc-tions qui sont soumises à une concurrence internationale très vive. Il convient, en permanence d'offrir les technologies les plus appropriées et surtout les plus sophistiquées, en démontrant qu'on est à la pointe du savoir-faire. Que l'on songe aux progrès spectaculaires accomplis sur les avions qui embarquent de plus en plus d'informatique, aux armes toujours plus précises placées sur les avions de combat, au degré de sécurité qu'il faut atteindre, dans les centrales nucléaires, pour éviter les risques d'accidents. Cela se traduit par l'augmentation constante du rôle de l'électronique dans les avions et dans les centrales nucléaires que ce soit pour passer des ordres, traiter de l'information, suppléer aux défaillances humaines. C'est aussi le développement de technologies fondées sur des matériaux nouveaux, comme les matériaux composites, plus résistants que l'acier, surtout dans les fortes températures, et aussi plus légers.

Pour parvenir à rester compétitives, les entreprises opérant dans ces activités de pointe doivent procéder à des dépenses considérables en recherches et déve-loppement (R et D). Le pourcentage du ratio, correspondant au montant des sommes consacrées à la recherche rapporté à la valeur ajoutée hors taxes, est de 25 % pour les industries à haute densité technologique en général, de 31 % dans la construction électronique et il grimpe à près de 60 % dans l'industrie aéronau-tique. Entre 1981 et 1990, cette part n'a cessé de croître, passant de 39 % à 58 %, ce qui prouve l'impérieuse nécessité d'innover pour rester dans la course. Le CEA compte 12 centres de recherches, encore aujourd'hui, huit à vocation civile et quatre à vocation militaire. Le plus important, celui de Saclay dans le sud de Paris, rassemble plus de 5 000 chercheurs.

Pour faire face à ces dépenses de recherches, pour couvrir les besoins en investissements, les entreprises ont dû bénéficier de l'appui financier constant de l'État. La part des dépenses militaires dans le produit intérieur brut total, s'est maintenue au taux de 4 % en France, tout au long des années 1980. Ce taux est inférieur à celui des États-Unis et de la Grande-Bretagne, mais il est largement supérieur à ceux de l'Allemagne et du Japon. Mieux, dans une conjoncture budgétaire difficile, ce sont les crédits de fonctionnement qui reculent alors que progressent ceux consacrés à l'équipement. Depuis la fin des années 1980, les crédits d'équipement représentent près de 60 % du total des dépenses militaires. Le tiers de ces sommes vont à l'équipement nucléaire, les deux tiers à l'équipement militaire classique et 1 % seulement est consacré à l'espace.

Les grands programmes militaires inscrits dans la loi de programmation de 1987-1991, dite Loi Giraud, nécessiteront des engagements financiers, de l'ordre de 1 600 milliards de francs, d'ici l'an 2000, date à laquelle s'achèveront la plupart de ces projets. On en trouvera quelques exemples dans le tableau ci-dessous. Pour justifier de telles sommes, pour lesquelles, d'ailleurs, on note un véritable consensus parmi tous les partis politiques, le ministre M. Giraud avait mis en avant des raisons de politique industrielle. «Les programmes d'armement induisent des emplois français. Ils vont irriguer la plupart des industries modernes, leurs laboratoires, leurs ateliers de prototypes, alimenter la recherche et l'innovation dans la compétition intellectuelle avec l'étranger».

Une des particularités des ces activités stratégiques est la longueur des cycles économiques. Il faut compter plusieurs années, entre la construction d'un proto-type, dans le domaine de l'armement comme du nucléaire, et son lancement en série. Les risques d'erreur sont donc nombreux car il est difficile de connaître avec précision l'état du marché. Qui pouvait prévoir la fin de la guerre froide ou les conséquences de la guerre du Golfe sur le transport aérien?

TABLEAU 43. — *Quelques exemples de programmes dont l'exécution dépasse la loi de programmation 1987-1991 et évolution de leurs coûts (en milliards de francs 1986 et 1990)*

	Coût 1987-1991	*Coût d'ensemble 1987*	*Coût d'ensemble 1990*	*Taux d'exécution 1990*
Sous-marin nucléaire, nouvelle génération	20,6	68,0	126	1/5
Porte-avions nucléaire	5,5	23,9	24	1/7
Char AMX Leclerc	3,7	45,0	58	1/10
Projet hélicoptère franco-allemand	3,8	60,0		
Avion de combat Rafale	5,4	142,0	178	

Source : loi de programmation 1987 et loi de Finances 1991.

Les entreprises qui travaillent dans ces activités souhaitent donc bénéficier de programmes de longue durée qui leur permettent de gommer, en partie, ces aléas conjoncturels. C'est l'objet de la loi de programmation militaire, mais c'est aussi l'objectif du programme électronucléaire français. Dans le cas de la loi de programmation militaire pour la période 1987-1991, l'État s'engageait à financer pour près de 500 milliards de francs d'équipements divers se répartissant entre les grands programmes (38 %), comme les avions Mirage 2000, le sous-marin et le porte-avions nucléaire et les programmes indispensables concernant les missiles, les systèmes de surveillance (42 %). Sur cet ensemble, les crédits dégagés en faveur des forces nucléaires et spatiales dépassent le tiers des sommes. On prévoyait, par ailleurs, que 66 % des financements iraient au secteur privé ou parapublique et que les dépenses seraient réparties entre l'électronique pour 33 %, l'aérospatial pour 25 % tandis que 20 % allaient aux véhicules, armes, poudres et munitions.

Ce sont de telles perspectives dont ont besoin les entreprises dépendant de la DGA. Ainsi l'Aérospatiale, la SEP, la SAGEM et le CEA devaient mettre au point les missiles M5 et S4. Le CEA, Thomson et la SAGEM étaient mandatés pour construire le sous-marin et le porte-avions nucléaire. Enfin, on connaît l'importance du projet d'avion de combat Rafale pour le groupe Dassault, de même que pour la SNECMA qui fournira les moteurs.

Pour sa part le CEA a disposé de moyens financiers presque illimités dans les années les plus fastes et souvent incontrôlés, du fait de l'aspect stratégique de sa mission. De 1960 à 1987 il aurait perçu, pour l'ensemble de ses activités, l'équivalent de 260 milliards de francs 1989. Encore aujourd'hui, sa dotation est d'environ 16 milliards de francs annuellement, même si ce montant diminue régulièrement depuis le milieu des années 1980. Cette réduction a d'abord affecté le domaine civil pour frapper également le militaire, plus récemment.

Par la diversité de ses besoins, qui vont de l'habillement à l'arme nucléaire, par l'importance de la recherche et des sommes engagées, parce que ces activités donnent du travail à plus de 8 000 entreprises, même si une poignée d'entre elles rafle la majorité des contrats, les industries de l'armement, de l'aéronautique et de l'espace, de l'industrie nucléaire sont censées avoir des effets d'entraînement sur d'autres secteurs de l'industrie. C'est là un vaste débat pour lequel il n'y a pas de réponse tranchée.

Cependant, une poignée de secteurs industriels et un tout aussi petit nombre d'entreprises profitent des conditions qui viennent d'être évoquées. En mettant de côté les établissements dépendant de la DGA dont la seule vocation est l'armement, on observe que l'industrie de l'armement fait vivre deux grands secteurs, l'aérospatial et l'électronique professionnelle. De son côté, l'industrie nucléaire accorde une grande place à la production d'armes nucléaires, mais sa part dans l'activité d'armement reste très modeste, par comparaison avec les deux autres secteurs.

Les partisans d'une industrie de l'armement font ressortir que celle-ci a un impact industriel et économique incontestable par le nombre des emplois, son rôle dans l'aménagement du territoire et ses résultats, dans le commerce extérieur. De fait, l'industrie liée à la défense du territoire s'adresse à une vingtaine de secteurs industriels et les entreprises dans l'ensemble trouvent souvent bien des avantages à travailler pour la DGA, malgré les contrôles imposés par cet organisme. En effet, les contrats obtenus permettent aux entreprises de développer des technologies exceptionnelles qui, dans les meilleures conditions, peuvent déboucher sur des applications et des diversifications dans le domaine civil. La présence d'une production militaire permet de bénéficier d'une étiquette « haute technologie » qui peut servir de carte de visite. Un deuxième avantage résulte des financements obtenus car, en raison de la manière dont sont déterminés les prix des matériels militaires, cette fonction est presque toujours par définition rentable. A titre d'exemple, les profits de Thomson, en 1989, étaient supérieurs à deux milliards de francs dans le domaine militaire contre 0,7 dans le civil. Enfin, jusqu'à ces dernières années, la production de matériel militaire offrait une stabilité non négligeable à l'entreprise soumise aux aléas de la conjoncture, depuis 1975. Pendant la récession des années 1970, on a pu ainsi observer que les constructeurs aéronautiques ont pu préserver leur niveau d'activité en reportant, sur la composante militaire, une partie des moyens consacrés à la production civile.

TABLEAU 44. — *L'activité armement par secteur industriel (en %)*

Secteur industriel	Part du secteur dans l'activité d'armement	Part de l'armement dans le secteur d'activité
Aérospatial	35	69
Électronique dont électronique professionnelle	25 21	18 55
Établissement de la DGA	16	100
Industrie nucléaire du CEA	5	50
Mécanique et métallurgie	8	5
Construction navale (hors DGA)	6	15
Autres secteurs	5	2

Source : ministère de la Défense.

Dans ces conditions, on comprend que les dépenses militaires puissent jouer un rôle d'entraînement dans l'économie, en stimulant la recherche de pointe, en favorisant l'usage de technologies avancées et en soutenant la croissance et l'emploi indirectement. Cependant, les effets d'entraînement ne sont certainement pas aussi évidents que certains l'imaginent. D'abord, on peut souligner que l'Allemagne et le Japon, qui ont connu le développement économique le plus brillant au cours du dernier quart de siècle, ont consacré moins de moyens financiers que les autres États à l'armement, comme au nucléaire, dont ils étaient exclus. Ensuite, l'effort en faveur du militaire a des effets pervers avec des retombées négatives dans les applications civiles. Dans un marché captif, national, les industriels, qui travaillent pour l'armement, en viennent à développer des produits de haut niveau, pour lesquels tous les coûts sont permis parce que seule la performance compte.

L'exemple de l'industrie électronique permet de montrer que les divergences s'accroissent entre les besoins des militaires et les applications civiles. L'innovation en électronique de défense concerne ce qu'on dénomme la guerre électronique, ce qui pousse à développer les mesures et contre-mesures, sans véritables possibilités de transferts vers le civil. De plus, les composants pour les militaires ont des caractéristiques différentes. Et cela explique la volonté de l'État de conserver un producteur, en l'occurrence Thomson, même si ce dernier a dû se trouver des partenaires. Enfin, le développement de l'industrie électronique française, sous la protection de l'État, a abandonné l'innovation aux mains de deux grands champions nationaux, Thomson et Alcatel qui ont privilégié les commandes publiques et ont peu pénétré, au moins jusqu'à ces dernières années, les marchés mondiaux.

La maîtrise technologique française, dans le domaine de l'électronique embarquée à bord des avions de combat ou des missiles, est reconnue. Cela n'empêche pas notre pays d'être devenu très dépendant des produits asiatiques, dans le domaine de l'électronique grand public, mais également en informatique. Les dépenses militaires en R et D favorisent l'émergence d'un tissu industriel performant pour des activités de pointe, mais sans effet suffisamment important sur la production de masse. Les transferts de technologie du militaire vers le civil sont moins nombreux qu'on ne le pense. Les technologies militaires sont trop sophistiquées et coûteuses pour déboucher rapidement dans le civil. Qu'on en juge par la percée, très lente, des matériaux composites, comme nous l'avons souligné à propos de l'automobile.

Par ailleurs, la production militaire est couverte, souvent, par le secret. Et cela a pour effet de freiner la diffusion des technologies mises en œuvre. Cela se vérifie facilement quand on compare les transferts d'innovation, dans deux agglomérations, comme Bordeaux et Toulouse, qui bénéficient d'une forte activité dans le domaine aéronautique et spatial. A Toulouse, où la construction aéronautique et spatiale est plus orientée vers le civil, de nombreuses petites entreprises ont tenté de valoriser une découverte ou des compétences acquises au sein des grands groupes. A Bordeaux au contraire, la dominante militaire a été un frein au développement d'un processus identique.

B. Des activités dans la tourmente

Les industries de l'armement, de l'aéronautique et de l'espace, de l'électronucléaire sont entrées dans une phase de crise qui fait craindre, à certains, de retrouver une situation qui a été celle de la sidérurgie au moment de la crise pétrolière. Cette crise n'a pas les mêmes causes pour chacune de ces activités stratégiques, mais les résultats sont identiques et se traduisent par des pertes d'emplois, des restructurations et une stratégie d'ouverture vers des partenaires européens.

La baisse des exportations des industries de l'armement est significative des difficultés actuelles de cette branche. Alors que le chiffre d'affaires de la production destinée au marché national a légèrement progressé entre 1981 et aujourd'hui, malgré la stagnation enregistrée au cours des dernières années, celui qui correspond aux exportations s'effondre véritablement. Il passe, en effet, de

44 à 50 milliards de francs, durant la première partie de la décennie à moins de 30 milliards en 1991. Or, parallèlement, les importations de matériel militaire ont augmenté. Nulles ou presque jusqu'en 1980, elles atteignent 5 milliards de francs, en moyenne entre 1981 et 1985 et bondissent à plus de 10 milliards actuellement. Le solde commercial de l'armement s'est donc dégradé passant de plus de 30 milliards, au milieu des années 1980, à moins de 20 milliards en 1991. Cette activité demeure un des points forts de l'industrie française si on considère le solde positif et sa contribution à l'évolution de la balance commerciale. Mais son rôle est amené à diminuer car les ventes se tassent rapidement.

TABLEAU 45. — *Les chiffres d'affaires (hors taxes) de l'industrie de l'armement (milliards de francs)*

	1981	1982	1983	1984	1985	1986	1987	1988	1989	1990	1991
France	63,5	71,6	74,4	73,3	74,5	76,3	82,5	85,5	88,1	88,6	86,5
Exportations	43,8	44,4	46,3	54,8	54,1	50,3	38,6	41,9	39,7	39,8	29,1
Total	107,2	116,0	120,7	128,5	128,5	126,6	121,2	127,4	127,8	128,4	115,6

Source : DGA.

L'industrie de l'armement française est victime de la chute des dépenses militaires, dans notre pays et dans la plupart des États de la planète, sauf ceux du Proche-Orient et d'Asie. Les programmes militaires sont touchés de plein fouet parce qu'on a appelé les « dividendes de la paix ». Les militaires réorientent leurs missions et revoient de ce fait des équipements à la baisse dans des budgets en réduction. Mais l'état de suréquipement du marché mondial est une autre raison de cette évolution. Les principaux acheteurs sont les pays pétroliers du Moyen Orient. Or la France a du mal à maintenir ses positions dans cette partie du globe où elle subit la concurrence des États-Unis, du Royaume-Uni et même des nouveaux producteurs comme le Brésil. Il est significatif, qu'au moment où les ventes de la France plongent, les États-Unis maintiennent les leurs, tandis que les Allemands réussissent à les accroître.

Les conséquences de cette évolution se traduisent par des réductions d'effectifs, dans toutes les entreprises, et la DGA estime que l'emploi total, dans l'industrie de l'armement, est passé de 300 000 au milieu des années 1980, à 250 000 actuellement. Si les grands groupes sont capables de redéployer leurs activités, les petites et moyennes entreprises souffrent. Panhard, qui appartient au groupe Peugeot, a réduit ses effectifs de moitié, pour tomber en dessous de 500 salariés travaillant dans l'armement. La chute des emplois chez Luchaire est encore plus spectaculaire, de plus de 8 000 à 3 500 aujourd'hui. Il est vrai que la firme a été mêlée au scandale des ventes d'armes à l'Iran. La société a d'ailleurs éclaté, une partie étant reprise par Bertrand-Faure et l'autre par le GIAT (Groupement industriel des armements terrestres). Les restructurations ne peuvent se limiter au territoire national car il faut concevoir du matériel utilisable par l'ensemble des pays européens.

Les entreprises travaillant dans le nucléaire sont également concernées, mais celles qui opèrent dans l'électronucléaire le sont plus encore. En France, la

TABLEAU 46. — *Évolution des effectifs 1982-1992 dans quelques firmes de l'armement*

	Effectif 1982	*Effectif 1992*	*Évolution en volume*	*Évolution en %*
Thomson CSF	40 148	21 000	– 19 148	– 47,7
Aérospatiale	36 450	26 422	– 10 028	– 27,5
GIAT Industrie	17 000	11 771	– 5 229	– 30,8
Dassault Aviation	15 782	11 291	– 4 991	– 28,5
SNECMA	12 595	13 405	+ 810	+ 6,5
SAGEM	7 787	5 700	– 2 807	– 26,8
SNPE	6 843	4 961	– 1 882	– 27,5
Matra	5 933	3 200	– 2 733	– 46,0
Turboméca	4 351	3 922	– 429	– 9,9
Dassault Électronique	3 238	3 196	– 42	– 1,3
SEP	3 227	3 662	+ 435	+ 13,5

Source : *Alternatives économiques*, mai 1994.

dernière commande de réacteur remonte à 1990, et d'ici l'an 2000, EDF ne prévoit pas d'engager plus de deux ou trois nouvelles tranches, soit une centrale tous les quatre à cinq ans. L'effet de ce gel des programmes nucléaires civils, en France, va se faire sentir réellement, à partir de 1993-1994, car il y a encore aujourd'hui plusieurs réacteurs en construction, mais ensuite le coup d'arrêt va être brutal. Ainsi, est mise à mal une filière électronucléaire qui devait construire, alimenter et gérer cinq à six nouveaux réacteurs, chaque année.

On s'interroge donc sur le devenir du CEA qui emploie plus de 20 000 chercheurs. Les autres entreprises, telles Framatome, la COGEMA suppriment des emplois par milliers. Certes, Framatome peut compter sur la maintenance de l'outil nucléaire en place, mais il lui faut diversifier ses activités et le groupe s'oriente donc vers la connectique en reprenant des entreprises plus petites. On se souvient, par ailleurs, de la bagarre boursière autour de la télémécanique. Les ventes à l'extérieur se limitent à des pays solvables et qui continuent de croire encore au nucléaire. Seuls les pays asiatiques poursuivent leur équipement, mais la filière française se heurte à la rivalité des Allemands et des Américains. Tout est public dans cette filière, sauf GEC-Alsthom qui est cantonné dans la fabrication des turbo-alternateurs. Or cette prépondérance de l'État risque d'être remise en cause par la prise de contrôle de Framatome par Alcatel. Certains hauts fonctionnaires de l'État évoquent «l'alcatellisation» du nucléaire français à cette occasion et manifestent leur opposition.

Le CEA lui-même est menacé d'implosion. On a tenté de donner au CEA une vocation industrielle plus affirmée, en l'organisant autour de trois compétences : les combustibles et leur retraitement avec la COGEMA, la construction de chaudières nucléaires, avec Framatome, et une compétence informatique, en s'appuyant sur la CISI. Mais cette volonté n'a pu aboutir, tant sont grands les antagonismes entre les directeurs de branches, au sein du CEA. La COGEMA et la CISI ont obtenu une certaine autonomie par rapport au CEA. De leur côté, les laboratoires apparaissent trop cloisonnés. L'histoire du CEA, depuis les cinq dernières années, ressemble à un démantèlement non officialisé mais tout aussi réel. La tentation existe d'y parvenir totalement en séparant le militaire du civil, en réunissant au sein du CNRS une partie des chercheurs des laboratoires. Le CEA demeurerait seulement un centre de recherche à la disposition d'EDF. C'est dans ce contexte, qu'il faut replacer l'accord intervenu entre Framatome et Siemens en 1989 pour fonder une filiale commune qui sera chargée de l'exportation des centrales nucléaires, en dehors de la France et de l'Allemagne.

Déjà touchée par les désengagements militaires et par le manque de moyens financiers de ses acheteurs, l'industrie aéronautique et spatiale n'échappe pas non plus aux difficultés de l'aviation civile. Traditionnellement, l'essor de l'aéronautique était dominé par la production d'avions militaires (75 % dans le cas de la France). Pour le monde entier, la part du militaire est passée de 82 % des marchés en 1960, à un tout petit peu plus de 50 %, actuellement. Parallèlement augmentait la part de l'aéronautique civile et de l'espace. Cette baisse du marché militaire a des conséquences très graves pour le groupe Dassault qui n'avait pas vendu un avion militaire depuis plusieurs années avant la commande récente de Taïwan. Seul le projet Rafale, uniquement soutenu par les militaires français, laisse espérer des jours meilleurs.

Mais dans le domaine civil, la situation n'est pas forcément meilleure car la concurrence de Boeing est forte et le marché américain est plus vaste. En effet, en s'orientant vers le civil, les constructeurs doivent parvenir à lancer des séries suffisamment longues pour que les coûts unitaires s'abaissent afin de permettre aux firmes d'êtres compétitives. De ce fait, la coopération européenne devient obligatoire et le succès de l'Airbus repose, en grande partie, sur cette internationalisation de la production. Mais, le choix d'un partage des tâches en Europe remet en cause des stratégies nationales. D'autant que le marché des avions civils est en très faible expansion depuis maintenant près de 10 ans. Aux effets de la déréglementation du marché du transport qui a commencé aux États-Unis et de la réduction du nombre des compagnies et de leur flotte, s'ajoutent les conséquences de la guerre du Golfe. Les compagnies aériennes cherchent à faire des économies, et les commandes restent insuffisantes.

3. Les industries de la Défense

L'évocation des industries de la Défense ne peut se limiter à présenter leur rôle stratégique et leur poids dans l'économie française. Ces activités s'inscrivent aussi dans l'espace et tiennent souvent une place fondamentale dans l'économie de nombreuses villes. Les perspectives difficiles ont donc des conséquences sociales graves, tant à l'échelon de la nation que sur le plan local. La Communauté européenne est elle-même dans l'obligation d'introduire une réflexion sur l'avenir de plusieurs régions trop dominées par les activités militaires, et donc fortement touchées par la récession actuelle.

Avec un peu plus de 230 000 emplois en 1992, les industries de la Défense regroupent 1,1 % de l'emploi total en France et plus de 5 % des seuls emplois industriels. Le personnel recule, depuis près de 10 ans, si bien, qu'entre 1986 et aujourd'hui, les industries de la Défense ont perdu près de 70 000 salariés. Seules les industries liées à l'électronique et à l'informatique n'ont pas été trop affectées par cette baisse. Elle est en revanche sévère dans les deux plus importantes activités, la production d'armes terrestres et navales et l'industrie aéronautique militaire et civile.

TABLEAU 47. — *Évolution des effectifs de la Défense*

	1986	*1992*	*1993*	*Variation 1986-1993*
Direction générale de l'armement dont tâches étatiques tâches industrielles	73 500	52 500 24 100 28 400	51 300 23 800 27 500	– 22 200
Nucléaire	10 000	9 500	8 500	– 1 500
Aéronefs et engins	81 000	57 600	54 000	– 27 000
Électronique, Informatique	53 500	54 700	50 400	– 3 100
Autres branches	82 000	73 900	66 200	– 15 800
TOTAL	300 000	248 200	230 400	– 69 400

Source : DGA.

A. L'industrie aéronautique et spatiale

Il est habituel de distinguer trois grandes composantes, au sein des industries aéronautiques et spatiales. La plus importante par son chiffre d'affaires et ses effectifs, est celle des avionneurs et des fabricants de missiles. Elle s'accompagne du groupe des firmes que forment les motoristes parce que ces derniers proposent des propulseurs pour les avions et les fusées. La moins importante est celle des équipementiers pour l'aéronautique.

La construction d'avions et de missiles est dominée par deux très importantes sociétés, Aérospatiale et Dassault-Aviation, qui sont le résultat de regroupements imposés par l'État, depuis près d'un demi-siècle. L'Aérospatiale est, de loin, la plus grande et la plus diversifiée puisqu'elle fabrique des avions civils (Airbus et ATR) et militaires, ces derniers dans le cadre de Euroflag une structure de coopération européenne. Elle est également présente dans le domaine des hélicoptères, là encore en association avec des groupes européens. S'y ajoutent sa participation aux programmes spatiaux, y compris le projet Hermès, ainsi que sa production de missiles militaires. Le fleuron de l'Aérospatiale demeure cependant l'Airbus qui arrive après le demi-succès de la Caravelle et l'échec du Concorde.

TABLEAU 48. — *Les grandes sociétés de l'industrie aéronautique et spatiale en 1990*

Sociétés	Secteur	Chiffre d'affaires en MM de F	Effectif	% à l'exportation
Aérospatiale	Aéronautique	49,6	43 200	65 %
SNECMA	Moteurs	24,0	26 600	57 %
Dassault Aviation	Aéronautique	16,0	14 000	47 %
Matra Aéronautique	Espace	10,0	5 300	
Sextant avionique	Électronique de vol	5,5	8 740	32 %
SEP (SNECMA)	Moteur	4,5	4 000	5 %
Turboméca (Labinal)	Moteur	2,7	3 950	52 %
Dassault Électronique	Électronique	3,8	3 500	20 %
Messier-Bugatti (SNECMA)	Équipements	2,6	3 200	33 %
Hispano-Suiza (SNECMA)	Aéronautique	2,2	2 900	36 %
Sogerma-Socea (Aérospatiale)	Maintenance Aéronautique	1,8		
SFIM	Équipement	1,6	2 744	34 %

Source : L'Expansion, 1992.

L'histoire du Concorde est une parfaite illustration des contraintes de cette activité. En 1962, au moment où la SNIAS travaillait sur les plans d'une Caravelle de 120 places, elle reçut l'ordre d'abandonner ses recherches pour se consacrer à la réalisation du Concorde. Cet avion supersonique constitue une prouesse technologique remarquable, mais il fut étudié sans considérations sérieuses de rentabilité et demeure, ce qu'il a toujours été, un avion de prestige, en raison de son trop petit nombre de places et de la forte consommation de carburant au moment où éclatait la crise pétrolière. L'avion revenait à près de

40 millions de dollars, contre 27 à 35 millions de dollars pour un gros porteur, comme le 747. Peu d'exemplaires ont été finalement construits et neuf Concorde ont été mis en service, sur les lignes de British-Airways et Air France uniquement parce que ces compagnies ont reçu des aides significatives de leurs gouvernements respectifs. La série Caravelle ne put ensuite jamais concurrencer les avionneurs américains.

Heureusement, le programme Airbus a permis à l'Aérospatiale de faire face à une situation très délicate, du fait de l'échec du Concorde. Il est aussi la démonstration qu'il y a peu d'avenir pour une industrie aéronautique civile exclusivement nationale. Cet avion, dont la première version est l'Airbus A-300, se décline aujourd'hui en de nombreuses séries dérivées. Il est fabriqué au sein d'un consortium, Airbus-Industrie, qui est un groupement d'intérêt économique associant Aérospatiale (40 %), Deutsche-Aerospace (38 %), British-Aerospace (20 %) et l'Espagnol Casa (2 %). L'Airbus A-320 a des ailes qui viennent de Grande-Bretagne, une partie du fuselage d'Allemagne, l'autre des usines françaises. S'y ajoute la participation des Belges et des Espagnols. Le tout est assemblé à Toulouse, y compris les moteurs qui sont de type CFM, société réunissant SNECMA et l'Américain General-Electric ou IAE c'est-à-dire produit par un consortium regroupant l'Américain Pratt et Whitney, Rolls-Royce et Fiat. Puis, l'avion est expédié vers Hambourg pour y être habillé. Mais, c'est encore à Toulouse, qu'on installe toute l'électronique de bord, celle-ci étant de plus en plus complexe sur les nouvelles séries.

Dassault-Aviation est, depuis l'origine, nettement spécialisée dans la fabrication d'appareils militaires. La série la plus renommée est celle des Mirages dont la dernière série est le Mirage 2000, sorti en 1982, qui a encore reçu des améliorations. La dernière création est le Rafale qui n'existe, pour le moment, qu'à titre de prototype et dont le succès n'est pas garanti hors de France ce qui pèse sur sa fabrication en série, même si l'État a pris des engagements répétés. Les tentatives de Dassault-Aviation, dans le civil, sont peu convaincantes. Le Mercure a été un échec, et si le Falcon se vend mieux, ce n'est pas suffisant pour éviter une diminution drastique des emplois, dans le groupe. Il y avait 16 000 salariés en 1986, et seulement 12 000 fin 1992. Certains sites ont été fermés, de telle manière qu'on ne compte plus que huit établissements, chacun étant spécialisé.

Les motoristes emploient environ un cinquième des salariés de l'aéronautique. La plupart des firmes dépendent, plus ou moins, de la SNECMA, puisque cette entreprise publique contrôle la Société européenne de propulsion qui intervient surtout dans le lancement des engins balistiques. En outre, l'État a obligé la SNECMA à reprendre toute une série de petites affaires qui travaillaient dans les moteurs d'avions ou le secteur aéronautique comme la Société chatelleraudaise de travaux aéronautiques (SOCHATA) ou encore Hispano-Suiza, absorbée en 1968, de même que Messier-Hispano. La SNECMA propose des moteurs d'avions pour les séries militaires et civiles. Dans ce dernier cas elle est associée comme on l'a vu à General-Electric, pour l'équipement des Airbus. Seule Turbomeca échappe à cette concentration, mais cette firme, qui fournit surtout des moteurs pour les hélicoptères, a dû s'appuyer sur un partenaire plus puissant, l'équipementier Labinal.

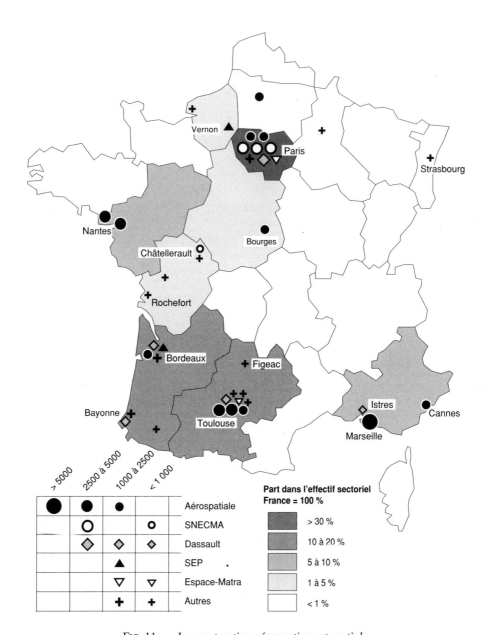

Fig. 11. — *La construction aéronautique et spatiale.*

Au contraire des deux précédentes, la *fabrication d'équipements aéronautiques* se distingue par son extrême dispersion et la variété de sa participation. Mais, en terme d'emplois ou de chiffre d'affaires elle représente un peu moins du tiers de l'activité aéronautique ce qui n'est pas négligeable. Les entreprises, qui opèrent dans ce domaine ne sont pas toutes spécialisées dans la production d'équipements aéronautiques, et c'est dans ce cadre que l'on trouve les firmes qui sont spécialisées dans l'électronique en raison de la place prise par les équipements de ce type. On peut ainsi distinguer trois grandes catégories de fabricants : ceux qui livrent des équipements de bord complets comme Crouzet, la Société d'applications générales d'électricité et de mécanique (SAGEM), la Société d'instruments et de mesures (SFIM), Électronique Serge Dassault ou encore Sextant avionique, que détiennent conjointement Thomson et l'Aérospatiale. Pour leur part, Messier-Hispano et Ratier à Figeac fournissent des équipements de cellules avec trains d'atterrissage. Enfin, les équipements de télécommunications ou de mesures de navigation font intervenir de nouveau, la SAGEM, Crouzet et la Société française d'équipements pour la navigation (SFENA).

Le poids de l'Ile-de-France demeure prépondérant (fig. 11). Si on s'en tient aux seuls salariés du secteur aéronautique et spatial, cette région rassemble près de 40 % des emplois et possède près d'une dizaine d'établissements industriels dépassant 2 000 salariés. C'est, de loin, la plus forte concentration de toute la France. Cette suprématie est certainement plus manifeste encore si on prend en compte la valeur ajoutée de ces usines, car il s'agit le plus souvent de centres de recherches et d'établissements fabriquant les parties les plus sophistiquées et les plus nobles de cette industrie. Les entreprises se sont installées, de préférence, dans la partie ouest et sud de l'Ile-de-France, comme la SNECMA, dans la ville nouvelle d'Evry.

Quatre autres régions, seulement, se signalent par leur part dans l'emploi total de l'aéronautique. Il s'agit de l'Aquitaine, de Midi-Pyrénées et de Provence-Alpes-Côte-d'Azur, avec 11 % des emplois chacune et des Pays de Loire avec moins de 10 %. Cette présence de l'industrie aéronautique, dans le sud de la France, s'explique par la nécessité de mettre ces activités à l'abri des risques d'occupation au moment des grands conflits de ce XXe siècle. Dans l'ensemble cette industrie est située dans les grandes agglomérations de la moitié sud du territoire. Si Marseille est la seule à posséder une usine (l'Aérospatiale) de plus de 5 000 salariés, Nantes-Saint-Nazaire, Bordeaux et surtout Toulouse profitent de toute une série d'établissements dont certains comptent plus de 1 000 personnes. On peut noter une dispersion un peu plus forte en Aquitaine, dans les pays de l'Adour, et en Poitou-Charentes. Cette activité est souvent déterminante dans l'économie locale puisque les emplois de l'industrie aéronautique représentent 14 à 15 % des effectifs de l'industrie manufacturière en Aquitaine, Midi-Pyrénées et Provence-Alpes-Côte-d'Azur.

La localisation de l'industrie spatiale permet de mieux mettre en évidence la place de l'Ile-de-France et celle de Toulouse. Le point de départ de l'aventure spatiale française a été la création du Centre national d'études spatiales (CNES) qui était chargé de construire une filière opérationnelle allant du pas de tir jusqu'aux satellites en passant par les lanceurs. Après quelques difficultés, l'industrie spatiale a décuplé son chiffre d'affaires et emploie, aujourd'hui, près de 22 000 personnes, dont 4 000 au CNES et dans ses laboratoires et 9 000 dans la production spatiale proprement dite. Les principales firmes, partie prenante dans cette activité, sont les mêmes que pour l'aviation ; il convient d'y ajouter Matra qui est au cœur de la structure qui met au point les satellites et, également, le CNES. Or, dans ce cas, la position de Toulouse est particulièrement forte car elle possède des établissements du CNES, de Matra et de l'Aérospatiale. Si la capitale du Midi-Pyrénées ne peut rivaliser avec Paris, elle tire cependant profit du développement des recherches spatiales et de leurs succès. Ce n'est pas le cas, par exemple à Bordeaux, très marquée par des établissements militaires. Ainsi, l'unité de la SEP, implantée à Bordeaux, travaille principalement sur des programmes militaires et c'est, dans la région parisienne, que la maison mère rassemble l'essentiel des activités spatiales.

Cette différente répartition des tâches a son importance quand il s'agit de mesurer l'impact des difficultés actuelles dans l'industrie aéronautique. Ainsi, Toulouse, dont la production est orientée vers les avions civils et l'espace est moins touchée que d'autres. Cependant, les responsables économiques tablent sur une perte de 8 000 emplois d'ici la fin 1994 si la morosité persiste dans le trafic aérien international. La situation est bien plus grave à Bordeaux puisque toutes les usines de la place, Aérospatiale, Dassault-Aviation, SEP, travaillent principalement dans le domaine militaire. Les prévisions faites, aussi bien en France qu'à l'échelon européen, tablent sur une crise régionale sévère, et la Commission a déjà décidé d'octroyer à la région bordelaise des aides communautaires pour tenter de diversifier les activités locales.

La construction aéronautique et spatiale est de plus en plus réalisée en coopération avec d'autres firmes d'Europe et, parfois, avec des sociétés américaines, comme dans le cas des motoristes. La coopération s'impose en raison des investissements à réaliser, surtout dans le domaine spatial, mais aussi parce que les produits ne peuvent devenir rentables que si le marché est assez vaste. Cela est vrai aussi pour le matériel militaire même si les cloisonnements sont plus vivaces entre pays de l'Union européenne. Elle est également rendue indispensable par la force de la concurrence américaine. Au projet Airbus, qui date de 1970 et que nous avons déjà évoqué, succède, en 1974, la création de l'Europe space agency (ESA) qui regroupe 15 États. De son côté, la France a été la plus volontaire, dans la naissance d'Arianespace, dont elle détient 60 % du capital, mais où participe Deutsche-Aerospace (DASA), une filiale de Mercedes-Benz.

Pour toutes ces raisons, l'Aérospatiale a dû multiplier les alliances avec de nombreux partenaires européens, parmi lesquels DASA est de loin le plus important, aux côtés de l'Italien Aliena et de l'Espagnol Casa. On peut, d'ailleurs, s'interroger, aujourd'hui, sur la nature de cette entreprise publique qui, du fait de l'enchevêtrement de ces alliances multiples, a perdu une partie de son identité nationale. Au point que certains imaginent son évolution vers un holding, par l'intermédiaire duquel l'État ferait passer son message, qui coifferait de multiples filiales relativement autonomes. Dans ce domaine aussi se vérifie la difficulté de conduire, de manière indépendante, une politique strictement nationale.

L'industrie aéronautique et spatiale joue un rôle fondamental aux exportations. A titre d'exemple, Airbus Industrie a rapporté 13 milliards de francs de devises en 1991, ou encore 35 milliards de francs en cinq ans, et on comprend, aisément, que cela ait eu un impact considérable sur le commerce extérieur de la France. Or la conjoncture devient très difficile, avec l'effondrement des ventes de matériel militaire et la stagnation de celles destinées au marché civil. Sur un marché plus étroit les ventes sont plus difficiles, d'autant que les États-Unis ont une politique très active auprès des États qui dépendent d'eux, et que l'URSS écoule à bas prix sa propre production. Quelles seront les incidences sur l'industrie aéronautique et spatiale française dans les années à venir? L'intégration européenne, déjà largement entamée dans le programme Airbus ou d'Arianespace, plus timide dans le domaine militaire si on en juge par le fait que les Européens n'aient pu s'entendre pour faire du Rafale leur avion de combat, pourrait s'imposer encore plus rapidement.

B. Les industries de l'armement

C'est une série d'activités difficile à cerner car la nomenclature de l'INSEE est insuffisante pour prendre en compte la totalité des produits qui sont destinés à l'armement. A cette difficulté statistique, s'ajoute la part de secret certainement plus forte en France que dans les autres pays où l'accès aux sources est plus aisé. Une décomposition en grands secteurs industriels permet de faire ressortir le poids de l'électronique avec 33 % de l'ensemble de la fabrication

TABLEAU 49. — *Les groupes français et l'industrie de l'armement en 1990*

Sociétés	Chiffre d'affaires (milliards de francs)	% du C. A en armement	Dépenses totales en R et D (milliards de F)
Direction des constructions navales	20,0	100	
Groupement industriel des armements terrestres (GIAT)	10,5	100	1,6
Thomson CSF	37,0	94	8,2
Dassault	17,8	86	3,0
Dassault Électronique	4,4	80	
Société nationale poudre et explosifs	2,9	70	
SFIM	1,6	60	
Aérospatiale	33,0	49	12,6
Matra	24,3	33	2,7
CEA	29,2	30	
Labinal	4,0	27	0,7
SAGEM	5,9	25	
SNECMA	14,1	20	3,1

Sources : DGA et F. Chesnaix et Cl. Serfati.

d'armes, immédiatement suivi par l'aéronautique avec 32 %. En fait, comme une partie de l'électronique est destinée à l'aéronautique et au spatial, c'est bien cette branche qui l'emporte, ce qui nécessitait son analyse spécifique. Suivent les armements terrestres avec 15 %, les constructions navales 9 %, le nucléaire 5 % et des divers 6 %.

La DGA dispose de ses propres moyens de production. C'est dans les arsenaux qu'est produite la totalité des constructions navales au sein de la Direction des constructions navales et une grande partie de l'armement terrestre au sein du Groupement industriel de l'armement terrestre (GIAT). Quant aux charges nucléaires, elles sont totalement contrôlées par le CEA. Ces entreprises totalement dépendantes de l'État font la totalité de leur chiffre d'affaires dans l'armement, mais elles ne font que 16 % du chiffre d'affaires pour un effectif de 30 000 salariés dans l'industrie.

La Direction des constructions navales a conservé quatre arsenaux qui construisent et entretiennent les navires militaires et constituent des établissements industriels de grande taille car ils comptent de 5 000 à 10 000 salariés suivant le cas. Celui de Brest est spécialisé dans les navires de gros tonnages tels les porte-avions et les pétroliers qui servent au ravitaillement de la flotte. Cherbourg livre les sous-marins nucléaires dont le dernier vient d'être mis à la mer. Lorient et Toulon sont orientés vers les autres types de bâtiment, et se sont ces derniers qui pâtissent le plus des difficultés actuelles, notamment celui de Toulon, de loin le plus important par ses effectifs. A cela, s'ajoutent des établissements travaillant pour la marine, comme Indret en Loire-Atlantique, qui fournit le matériel de propulsion ou encore Ruelle, en Charente, et Saint-Tropez, dans le Var, qui fabriquent des armes pour la flotte.

Le GIAT est encore à la tête d'une dizaine d'établissements. A Bourges et à Angers se trouvent des unités d'expériences techniques, tandis que le Laboratoire central de l'armement est à Arcueil, dans la banlieue sud de Paris. D'autres unités correspondent à des ateliers de construction qui livrent des véhicules blindés comme les chars de la famille des AMX, puis prochainement des Leclerc, ainsi que des canons et des munitions. Les principaux ateliers sont ceux de Bourges, Roanne, Tarbes, mais le GIAT est également présent à Toulouse, au Mans, à Rennes et dans la banlieue parisienne à Issy-les-Moulineaux et Puteaux. Saint-Étienne et Tulle sont plutôt des manufactures d'armes. Bien que n'appartenant pas au GIAT s'ajoutent à cette liste les usines de poudre de la Société nationale des poudres et explosifs (SNPE) dont trois sont implantées dans le Sud-Ouest à Angoulême, Bergerac et, la plus importante, à Bordeaux dont la vocation est cependant plus liée à la propulsion des engins spatiaux.

Ces entreprises d'État, dont le personnel ouvrier a un statut de fonctionnaire, sont en pleine transformation. La réforme la plus importante concerne le GIAT, en raison de la baisse d'activité plus forte de ces établissements, trop spécialisés dans la fabrication d'armes terrestres du fait des dépenses plus importantes dans l'aéronautique et l'électronique. Ainsi, le pourcentage d'électronique, dans un char AMX, est passé de 10 % à 50 % dans le cas du Leclerc. Intervient probablement la dérive des prix, que nous avons déjà évoquée. Ainsi il devait être produit 1 400 exemplaires du char Leclerc pour 45 milliards de francs 1986, mais la DGA a annoncé en 1991 qu'on se limiterait à 800 exemplaires pour 63 milliards.

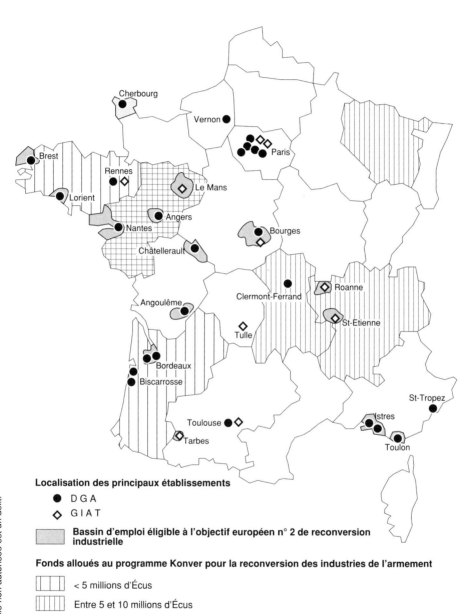

Localisation des principaux établissements

● D G A

◇ G I A T

Bassin d'emploi éligible à l'objectif européen n° 2 de reconversion industrielle

Fonds alloués au programme Konver pour la reconversion des industries de l'armement

< 5 millions d'Écus

Entre 5 et 10 millions d'Écus

> 10 millions d'Écus

Fɪɢ. 12. — *Les industries étatiques de l'armement.*

Depuis 1990, le GIAT a été transformé en GIAT-Industrie afin de lui permettre de privatiser une partie de son capital et de s'associer à des sociétés privées, dans certains projets. Ce changement de statut offre aussi l'avantage de faciliter la réduction d'emplois dans les arsenaux, y compris sous la forme de licenciements ce qui était impossible avec des ouvriers ayant un statut de fonctionnaires. Usant de ces nouvelles possibilités, GIAT-Industrie multiplie les acquisitions en France (Manhurin-Défense et Luchaire) et à l'étranger, notamment en Belgique. Enfin GIAT-Industrie s'associe avec Renault et Creusot-Loire pour fabriquer un véhicule d'accompagnement du char Leclerc.

Plusieurs centaines de PMI travaillent pour l'industrie de l'armement, mais elles pèsent peu face à la poignée de grands groupes qui occupent ce marché. Pour les seules dépenses électroniques de la DGA on estime que la part destinée aux PMI représente moins de 20 % du budget alloué et en plus, sur ce volume, moins de 5 % leur est accordé directement, le reste transitant par les grandes firmes. Parmi ces grands groupes, on retrouve, bien entendu, Thomson-CSF qui réalise près de 80 % de son chiffre d'affaires dans l'armement. Mais d'autres firmes d'électronique sont également très liées à la fabrication de matériel militaire terrestre comme la SAGEM et l'équipementier Labinal. Les dix principaux industriels du char Leclerc illustrent cette diversification des intervenants et le rôle du privé dans la fabrication finale. En effet, la SAGEM, pour le viseur, et la SACM, pour le moteur, se partagent un quart du prix de série du char. Viennent ensuite Valéo, la SFIM, Creusot-Loire et les ateliers du GIAT à Bourges, Tarbes et Roanne.

De toutes les entreprises n'appartenant pas à l'État, mais contrôlées par lui, depuis la nationalisation de 1982, Thomson-CSF est, de loin, la plus importante. Il s'agit du numéro deux mondial, derrière l'Américain GM-Hughes et du premier Européen devant GEC-Siemens. La société française réalise un bon tiers de son activité militaire dans les systèmes d'armes et d'électronique sous-marine ce qui justifie la présence de quelques établissements de production à Brest et en Provence. C'est dans ce domaine que Thomson est incontestablement le plus fort sur le plan européen. Un autre petit tiers est constitué par les productions dans la détection, la communication et le contrôle, et là encore, Thomson est numéro un en Europe, pour ces spécialités. En revanche, sa position est moins forte dans l'équipement aéronautique dont il tire cependant un quart de son chiffre d'affaires et dans les composants qui interviennent pour 11 %. Pour demeurer le plus fort, Thomson est obligé de s'ouvrir plus largement à l'Europe. Si les acquisitions de la branche militaire de Philips lui ont permis d'accroître son poids, c'est généralement par le biais des alliances et de la coopération que le groupe arrivera à élargir ses ventes en direction de la RFA et du Royaume-Uni. Les experts estiment, en effet, que le rapprochement entre GEC et Siemens est le résultat des craintes qu'inspire la domination de l'entreprise publique française.

Ces restructurations, dans les entreprises de l'État comme dans les firmes privées qui travaillent dans la Défense, s'accompagnent d'une réduction drastique des emplois. GIAT-Industrie s'est séparé de 3 000 salariés en 1991, et 2 000 autres devaient être concernés en 1992. Thomson-CSF a supprimé près de 2 000 emplois en 1992 et annonce des réductions identiques pour 1994. Bien qu'on manque d'éléments, tous les sous-traitants souffrent de la diminution des commandes et si les suppressions d'emplois ne se chiffrent pas par milliers, elles sont très importantes puisque les entreprises de sous-traitance regroupent, environ, 20 % des salariés de l'armement. Le pire est peut-être à venir car divers scénarios pour la période 1993-1997 tablent sur 50 000 à 100 000 suppressions d'emplois dans la part de l'industrie de l'armement qui couvre les besoins nationaux et 7 800 à plus de 30 000 au sein des entreprises qui travaillent plutôt à l'exportation.

Cette politique de contraction des effectifs a des conséquences fâcheuses dans les régions où sont présentes les établissements travaillant pour la Défense. Pour des raisons stratégiques déjà évoquées, ceux-ci sont presque tous implantés au sud d'une ligne allant du Havre à Marseille, c'est-à-dire dans cette France considérée comme sous-industrialisée (fig. 12). La fermeture de telle ou telle usine, la réduction importante des emplois dans telle autre, ont des conséquences graves localement.

Trois cas de figure peuvent être distingués pour schématiser. Comme pour l'industrie aéronautique, l'Ile-de-France concentre une grande partie des activités d'armement terrestre. Si les établissements de cette région ne sont pas épargnés par les réductions d'emplois, les conséquences sont moins graves qu'ailleurs car les pertes sont moins lourdes et le poids de l'armement, dans l'industrie, est moins grand. Quand les licenciements de l'armement terrestre s'ajoutent à ceux de l'aéronautique, comme à Bordeaux, on atteint un seuil de gravité important car c'est une partie du tissu économique local qui est touché d'autant que ces unités permettaient indirectement de développer des activités de haute technologie. Mais la situation devient encore plus dramatique quand les arsenaux fournissent l'essentiel de l'emploi et sont au cœur du tissu industriel de la ville par leur rôle d'animation. A ce titre, la baisse des effectifs des arsenaux de Brest et de Toulon pénalise des ports qui jusqu'alors avaient fondé leur développement sur l'activité militaire. Mais la situation peut être aussi grave dans des villes moyennes comme Bourges, Roanne, Tulle ou Tarbes, quand l'atelier de la DGA ou de GIAT-Industrie est en position dominante.

Ainsi, l'économie de Bourges a été modifiée lors de l'installation des arsenaux de l'État après la défaite de 1871. Pendant un siècle, les industries de l'armement vont faire la fortune de Bourges et d'une partie du Cher. Au début des années 1980, GIAT-Industrie, Aérospatiale, Luchaire, Établissement technique de Bourges, concentrent 10 % des emplois du bassin de Bourges et 25 % de l'emploi industriel. Le poids est encore plus grand si on incorpore les sous-traitants. Or, toutes les entreprises de l'armement licencient. L'effectif d'Aérospatiale est tombé de 3 000 en 1985 à moins de 1 900 et les établissements du GIAT de 2 500 à 650. Ni l'État ni les collectivités territoriales n'ont préparé la reconversion d'un bassin d'emploi aussi marqué par la monoactivité. La diversification est rendue d'autant plus difficile que l'aéronautique civile et les constructions mécaniques sont affectées par une baisse de la demande. Ce ne sont pas les fonds de conversion apportés par l'État et l'Union européenne (programme Konver) qui permettront de créer rapidement de nouveaux emplois. On ne reconstruit pas en peu de temps un tissu industriel.

L'analyse des industries liées à la Défense est indispensable pour comprendre un certain nombre de choix qui ont été faits dans la politique industrielle de la

France. Il ne faut pas perdre de vue que ces activités ont ponctionné la majeure part des sommes que l'État a engagées dans la recherche et le développement, tandis que quelques grands programmes militaires ont mobilisé les grands groupes tirant profit des investissements de la puissance publique. Quelques-uns des champions nationaux, que la France a souhaités avoir pour s'opposer aux multinationales étrangères, trouvent une partie de leur fondement sur des bases militaires.

Or, on assiste a une transformation importante. Les États n'hésitent plus à remettre en cause des programmes d'armement, même si la France poursuit une politique d'indépendance nationale plus marquée que d'autres, comme le montrent les sommes mobilisées dans les programmes militaires à venir. En ce qui concerne le matériel militaire, les séries deviennent plus courtes et doivent être renouvelées plus rapidement pour rester dans la course à la défense électronique. Aussi, les responsables des forces armées n'hésitent plus à acheter du matériel étranger immédiatement disponible plutôt que d'attendre l'arrivée d'un produit qui sera peut-être dépassé. Tout cela fragilise les entreprises françaises qui ne peuvent espérer compenser ces reculs par un accroissement de leurs ventes à l'étranger tant la concurrence américaine et soviétique est forte. La diversification dans des applications civiles paraît tout aussi aléatoire puisqu'un pan important des activités électroniques est dominé par des firmes asiatiques tandis que l'effondrement du marché aérien et les difficultés financières des compagnies réduisent les commandes d'avions civils.

La production d'armes demeure encore le meilleur moyen de s'en sortir. Mais la plupart des responsables s'accordent pour penser que cela passe par une coopération européenne plus forte. Nous en avons donné quelques exemples. Toutefois, les alliances dans des projets militaires paraissent moins réalisables que pour des programmes civils comme Airbus ou Arianespace. Les tribulations de l'avion de combat européen montrent que les États ne sont pas prêts à abandonner leur souveraineté, dans des domaines considérés comme stratégiques.

En attendant, la crise des industries de l'aéronautique, de l'armement et de l'industrie nucléaire civile a de graves conséquences sociales, et celles-ci se traduisent, spatialement, par l'affaiblissement du tissu industriel local partout où les établissements militaires ou travaillant pour la défense maintenaient des emplois. Cet impact est d'autant plus grand que les usines liées à la production de matériel militaire sont implantées dans la partie ouest et sud de la France, là où l'industrialisation n'a jamais été importante. L'avenir de certaines villes à vocation militaire, comme Brest et Toulon, est apparemment compromis. D'autres, comme Bordeaux et Toulouse, avaient pu s'appuyer sur ces activités pour valoriser une image de renouvellement industriel fondée sur les hautes technologies. Les événements secouent tout le tissu industriel local. Même si Toulouse se sent moins menacée, en raison de l'importance prise par l'industrie spatiale, les autorités locales se sont immédiatement opposées à toute idée de privatisation de l'Aérospatiale. Les assurances apportées par l'État valent plus que toute réorientation vers le marché international.

Mais, le meilleur atout des industries de l'armement et du nucléaire demeure leur rôle dans le commerce international et leur contribution à réduire le solde de la balance commerciale, en général, et des produits industriels, en particulier. La vente d'une centrale nucléaire, d'avions de combat ou d'un Airbus et les contrats d'utilisation du lanceur Ariane permettent de réaliser de grosses rentrées de devises. De plus, ces ventes sont très influencées par les plus hautes autorités de l'État, au cours de leur déplacement. Il y a un enchaînement de circonstances, auxquelles on peut ajouter la connivence entre les rouages de l'État et les industriels de l'armement, qui plaide en faveur de la poursuite de ces activités. Mais, en cette fin de siècle les temps sont durs pour tous les acteurs d'activités industrielles qui restent très dépendantes des décisions de la puissance publique et du contexte international.

Références bibliographiques

BÈS M.-P. et GILLY J.-P., *Dynamique territoriale des activités de l'espace*, *Notes et Études Documentaires*, n° 4932-33, 1991, 10 pages.

CARROUE L., *Les industries européennes de l'armement*, Masson, 1993, 248 pages.

CHARDONNET J., L'industrie aéronautique française, *Géographie et recherche,* n° 47, 1983, p. 63-84.

CHARDONNET J., Situation actuelle et perspectives de l'industrie aéronautique française, *Géographie et recherche*, n° 69, 1989, p. 75-93.

CHESNAIS F. et SERFATI Cl., *L'armement en France, genèse, ampleur et coût d'une industrie*, Nathan, collection CIRCA, 1992, 208 pages.

DUSSAUGE P., Activités dans l'armement et stratégie d'entreprise, *Revue de la Défense nationale*, mars 1986, 5 pages.

DUSSAUGE P., L'industrie française d'armement, *Economica*, 1985.

GIGET M., L'impact économique de l'industrie spatiale, *in : le rapport pour le Sénat de Paul Loridant sur les orientations du programme spatial européen*, 1992, 10 pages.

HEBERT J.-P., Armement : la tourmente, *Alternatives Économiques,* n° 75, p. 16-17 et n° 117, p. 45 à 51.

HÉBERT J.-P., *Les ventes d'armes*, Syros, paris, 1988.

JALABERT G., *L'industrie aéronautique et spatiale en France*, Privat, 1974, 520 p.

MELTZHEIM B., Budget de la défense, industrie de l'armement et loi de programmation militaire (1987-1991), *Bulletin du Crédit national*, 1988, n° spécial, 6 pages.

RAMÉ J.-B., L'industrie de l'armement en France : impact industriel et économique, *Enjeux*, avril 1986, 3 pages.

MORVAN Y., L'industrie aéronautique et spatiale, les contraintes d'un secteur en mutation, *Revue d'économie industrielle*, 1985, 6 pages.

SERFATI Cl., Les industries européennes d'armement : le chemin de la coopération, *Notes et Études Documentaires*, n° 4932-33, 1991, 20 pages.

8. Déclin et renouveau des industries de base

Depuis la révolution industrielle du XIXᵉ siècle, l'industrialisation de la France s'est appuyée sur l'essor des industries de base. A l'acier qui entre dans la construction du réseau ferroviaire, des automobiles, des navires et de l'habitat collectif, s'ajoute la métallurgie des métaux non ferreux où l'aluminium occupe de loin la première place, tandis que les produits issus de la chimie viennent enrichir une gamme de biens destinés aux activités d'équipement du pays et à la consommation des ménages. Dans ce même contexte, les industries du verre doivent répondre à une demande toujours plus forte, tout en proposant des biens bénéficiant de progrès spectaculaires.

Toutes ces activités, auxquelles il faudrait ajouter la papeterie, la production des cimenteries et d'autres secteurs, appartiennent au groupe des biens intermédiaires dont l'objectif premier est de fournir aux autres activités industrielles les éléments nécessaires à la fabrication de marchandises destinées aux entreprises et aux ménages. Elles ont la particularité de livrer des produits de forts tonnages et de faibles valeurs, des pondéreux, dont la fabrication demeure proche des marchés pour éviter des déplacements qui pèsent sur le coût final. Mais elles ont été aussi considérées par les États comme des activités stratégiques. La création de la CECA en 1951, qui permet de mieux associer les ressources françaises et allemandes pour assurer le développement de la sidérurgie, constitue une assez bonne illustration des choix effectués au sortir de la Seconde Guerre mondiale en raison de l'importance accordée à ces industries de base.

En cette fin du XXᵉ siècle, l'environnement est radicalement transformé. Les industries de base ont été frappées de plein fouet par la crise économique qui, depuis 1975, est à l'origine d'une baisse très forte de la demande. Mais la concurrence internationale est aussi devenue plus sévère, ce qui oblige les entreprises à mener une politique de conquête pour occuper de nouveaux marchés à travers le monde. Aussi, le domaine des industries de base est un de ceux où la concentration a été poussée au maximum, mais toujours dans le cadre national afin que la France dispose de «champions nationaux» capables de s'adapter aux mutations actuelles.

1. La crise

La crise qui a affecté les industries de base, depuis le milieu des années 1970, est toujours aussi sensible en ce début de la dernière décennie du XXᵉ siècle. Certes, des signes de renouvellement sont perceptibles parce que, face à la demande, des efforts d'adaptation et de restructuration réalisés par les entreprises ont eu des résultats. Mais, rares sont les industries de base qui peuvent s'estimer tirées d'affaire. A de courtes périodes de reprise succèdent des rechutes tout aussi sensibles qui se traduisent par la poursuite des licenciements, la montée de l'endettement et des pertes.

Portées à bout de bras par l'État, leur principal actionnaire, conduites à opter pour des délocalisations afin de rester compétitives, obligées de fermer les usines les moins rentables et souvent les moins bien situées, les entreprises du secteur des industries de base peuvent paraître engagées dans la voie d'un déclin irréversible. De fait, parallèlement à ces tendances lourdes, les années 1980 ont été marquées par la montée de l'électronique, frappées du sceau de la modernité, si bien que le salut semblait venir d'un effort soutenu en direction de ces nouvelles branches. Or, comme pour les industries de l'électronique, le bilan mérite d'être nuancé parce que les firmes ont procédé à des restructurations assurant plus de dynamisme, en cas de reprise du marché, et parce que, dans la plupart de ces domaines, des efforts importants ont été faits en matière de recherche pour proposer de nouveaux produits répondant à l'attente des clients.

A. Les aspects de la crise

Il n'est pas utile de revenir sur le choc qu'a constitué la crise de 1975 sur l'industrie française, et plus particulièrement sur les secteurs de base. En revanche, il faut insister sur le fait que ce qui avait été perçu comme tout à fait conjoncturel, s'est révélé, par la suite, fondamentalement structurel. Ainsi s'expliquent les modestes résultats des plans de soutien aux industries de base, au cours des années 1980. Toutefois, toutes les branches n'ont pas été frappées en même temps, ni avec la même dureté. De même, la crise n'est pas continue puisqu'une réelle reprise s'est manifestée à la fin des années 1980, mais la guerre dans le golfe Persique et surtout le ralentissement économique général ont fait replonger la plupart des entreprises des industries de base.

TABLEAU 50. — *Indices de production industrielle en France (base 100 en 1985)*

	1980	*1988*	*1989*	*1990*	*1991*	*1992*
Industrie	102	108	112	114	114	114
Biens intermédiaires	106	110	115	115	114	115
Minerais, transformation acier	124	100	101	98	94	95
Minerais, métaux non ferreux	108	109	112	113	110	105
Industrie du verre	100	101	103	109	108	110
Chimie de base, textile artificiel	89	110	113	111	113	120
Industrie papier, carton	92	115	117	118	117	113

Source : SESSI, 1990.

Si l'évolution des indices de production industrielle, pour les biens intermédiaires, est comparable à ceux de l'ensemble de l'industrie, on observe que les activités de base, prises isolément, ne font pas preuve du même dynamisme et seule la chimie échappe à la stagnation générale, grâce aux plastiques qui continuent de bénéficier d'un marché soutenu en raison de leur utilisation comme substitut aux métaux. On constate également que la sidérurgie plonge de nouveau dans une crise sévère, tandis que l'aluminium et l'industrie du papier entrent dans une phase de déprime dont on craint qu'elle soit durable.

B. Quelques raisons d'une crise

Parmi les raisons de cette crise, il en est qui sont propres aux entreprises françaises et aux choix économiques effectués depuis 1945. Il s'agit plutôt d'analyser ici l'impact de l'environnement international sur les industries de base françaises. Trois points peuvent ainsi être approfondis. La crise découle avant tout d'une réduction de la demande en produits de base. Mais, elle résulte aussi de la montée en puissance de nouveaux pays producteurs ainsi que de l'ouverture des anciens pays socialistes au marché mondial. Enfin, la recherche de coûts moindres à l'étranger a conduit les firmes françaises à pratiquer des politiques de délocalisation.

TABLEAU 51. — *Production, satisfaction du marché intérieur et exportations, 1980-1988, en France (taux de croissance annuel moyen, au prix de 1980)*

	Production	Marché Intérieur	Exportations	Importations
Extraction minerai de fer	– 12,4	– 2,8	– 9,4	0
Sidérurgie	– 2,1	– 2,4	+ 0,8	+ 0,6
Métallurgie des métaux non ferreux	+ 0,1	– 0,3	+ 2,0	– 1,3
Industrie du verre	+ 0,3	+ 0,6	+ 2,9	+ 5,7
Chimie	+ 1,1	+ 1,3	+ 5,6	+ 6,4
Industrie du papier et du carton	+ 2,8	+ 2,8	+ 7,1	+ 5,3

Source : comptabilité nationale.

Durant les années les plus critiques de la décennie précédente, l'extraction des minerais ferreux et non ferreux et la métallurgie qui leur est associée ont été les plus touchées par la récession du marché intérieur ainsi que par les difficultés rencontrées pour accroître la pénétration sur les marchés extérieurs. En revanche, l'industrie du verre, la chimie et le secteur du papier et du carton ont continué d'être portés par une demande suffisante, tant à l'intérieur de la métropole que dans les autres pays. Depuis le début des années 1990, toutes ces branches sont à nouveau affectées par la récession liée à une nouvelle baisse de la demande.

La crise de 1974 marque un arrêt particulièrement net dans la progression de la demande en produits de base. Alors que la demande mondiale augmentait au rythme de plus de 5 % par an, à la fin des années 1960 et au début des années 1970, elle plonge à moins de 1 % par an pour l'aluminium et l'acier et se stabilise autour de 2 à 3 % pour les fabrications de la chimie de base. Ceci se manifeste essentiellement dans les pays industrialisés et entraîne dans ces pays des surcapacités qui nécessitent une politique d'ajustement, en supprimant les sites les moins rentables et en compressant les emplois.

Les exportations ne peuvent compenser en totalité ce recul de la consommation intérieure car les pays en voie de développement ont mené, depuis la fin des années 1960 une politique de développement des industries lourdes. La Corée du Sud et le Brésil sont devenus exportateurs d'acier. Ces mêmes pays, les pays du golfe Persique ainsi que quelques autres détenteurs de gisements de pétrole, ont multiplié les installations pétrochimiques afin de valoriser leurs ressources naturelles. L'apparition de ces nouveaux producteurs explique la répartition différente de la production de l'industrie de base par grandes zones.

TABLEAU 52. — *Répartition de la production de quelques produits de base par grandes zones (tonnages en %)*

	1973				1988			
	Engrais azotés	Éthylène	Acier	Alu-minium	Engrais azotés	Éthylène	Acier	Alu-minium
Pays industrialisés dont Europe	55,0 24,0	90,0 35,9	63,3 26,3	73,8 22,4	32,1 13,0	70,1 26,1	47,9 20,8	62,2 22,0
PVD	9,7	2,8	10,5	5,9	22,0	16,8	23,4	18,0
Pays de l'Est	35,4	7,2	26,2	20,3	45,9	13,1	28,7	19,8

Source : SEDEIS.

En cette fin d'année 1993, les cours mondiaux de la plupart de ces produits de base sont au plus bas. A titre d'exemple, en ce qui concerne l'aluminium, en dollars constants, les cours sont au niveau le plus bas, jamais atteints depuis la Seconde Guerre mondiale, et il n'y a pas de raison que la situation s'améliore, au cours des années qui viennent, en raison de l'excédent considérable de l'offre par rapport à la demande. Par rapport à la crise de 1974, l'élément nouveau est l'irruption de considérables tonnages provenant de Russie. En effet, avant la chute du régime communiste, ce pays consommait tout ce qu'il produisait dans son industrie d'armement et aéronautique. Désormais les excédents sont en vente afin de trouver les devises nécessaires pour le développement de la Russie.

Pour sa part, l'industrie papetière française, qui avait assez bien résisté aux premières récessions, et qui a renouvelé ses équipements grâce à des investissements, s'enfonce dans la crise depuis 1992. Le groupe La Rochette, numéro quatre en France par son chiffre d'affaires, et propriétaire de la Cellulose-du-Rhône et d'Aquitaine, a perdu 441 millions de francs, au cours du premier semestre 1993, pour un chiffre d'affaires de 1,6 milliard de francs. Ceci reflète l'effondrement des prix de la pâte à papier, passés de 840 dollars la tonne en 1989 à 400 dollars en 1993. Cette situation résulte de la politique du franc fort qui freine la compétitivité des firmes françaises, alors que celles de Scandinavie sont au contraire dopées par des dévaluations et accroissent leur pénétration en France comme en Allemagne.

Cette redistribution de la production mondiale s'explique aussi par les politiques de délocalisation pratiquées par les grandes firmes mondiales dans les secteurs de l'aluminium principalement et secondairement dans celui de la chimie lourde. Les firmes françaises ont été aussi obligées de prendre en compte les avantages comparatifs des régions les mieux dotées en ressources naturelles et en main-d'œuvre meilleur marché.

Toute la stratégie de Péchiney, numéro trois mondial, en prenant en compte la production consolidée, est marquée par un développement international de la production. Plusieurs paramètres interfèrent dans les décisions de délocalisation. Il convient en effet d'être proche des lieux où l'électricité est abondante et bon marché, de se situer à proximité des gisements de bauxite et d'être installé dans les grandes zones de consommation d'aluminium dans le monde.

Face à l'arrêt de l'exploitation des gisements de Brignoles dans le Var, Péchiney a pris des positions en Grèce (gisement de Delphes) et surtout en Guinée où le gisement de Boké (11 millions de tonnes par an) est un des meilleurs du monde. Parallèlement la production d'alumine a été développée en Australie (usine de Gladstone pour laquelle Péchiney possède une participation de 20 %), à Delphes, à Fria en Guinée. Enfin des unités de production d'aluminium primaire sont implantées au Cameroun (Edéa), en Grèce (Saint-Nicolas), aux Pays-Bas (Vlissingen), en Australie à Tomago sur la côte est (participation de 35 %) et enfin au Québec dans l'établissement de Becancour près de Montréal (participation de 25 %).

Les firmes chimiques françaises sont également tentées de prendre pied en Asie où le marché est plus dynamique qu'en Europe. C'est dans ce contexte qu'Elf-Atochem vient de construire une nouvelle usine à Singapour pour livrer 30 000 tonnes de granulés de plastiques qui auparavant étaient importés de l'établissement de Carling en Lorraine ou de celui de Gonfreville en Normandie. Pour le groupe, cette décision tient à l'obligation de se rapprocher des donneurs d'ordre qui sont les entreprises électroniques japonaises. Fabriquer sur place devient indispensable pour s'adapter à la demande. En attendant, les unités françaises devront trouver d'autres débouchés.

2. De considérables efforts d'adaptation

La multiplicité des facteurs qui interviennent pour expliquer la crise nécessite des efforts d'adaptation dans des directions extrêmement variées. Il faut procéder à des investissements pour réduire les coûts de production, supprimer les usines les moins bien placées et les moins performantes, partir également à la conquête de nouveaux marchés, hors de l'hexagone. Ces différentes options demandent des moyens financiers considérables et justifient que la concentration soit aussi poussée dans le cas des industries de base. C'est sûrement un des domaines où la politique des «champions nationaux» a un sens. De fait, une série de regroupements ont conduit à donner à une seule firme la quasi-totalité de la production. Mais pour y parvenir, on a dû procéder à de nombreuses fermetures de sites, ce qui modifie assez profondément la localisation des industries de base.

Les énormes efforts réalisés pour restructurer des industries de base en grave danger avaient-ils une chance d'aboutir? Ne fallait-il pas envisager de se replier sur des activités incorporant plus de valeur ajoutée et utilisant plus de savoir-faire comme l'électronique? En quelque sorte, les investissements financiers seraient-ils rentabilisés? La France, comme les autres pays de l'Union européenne, n'a pas accepté d'abandonner un secteur qui peut apparaître encore comme stratégique puisqu'il alimente une partie des autres branches industrielles. Mais, il se trouve que les industries de base demeurent encore assez protégées par des coûts de transport qui restent dissuasifs. Sur une longue distance maritime, le transport d'une tonne d'acier revient à 10 % du prix final pour une tôle automobile anticorrosion, et à près de 20 %, pour des ronds de béton. Il en est de même pour les plastiques dont le prix final est augmenté de 10 à 15 %, en cas de déplacement par voie maritime.

A. *Une modernisation industrielle très avancée*

La concentration des usines sur quelques sites, à la suite de nombreuses fermetures, a été rendue possible par l'augmentation de la taille des hauts fourneaux. Il fallait près de 150 hauts fourneaux en 1960 pour couler 12 millions de tonnes de fonte, quand une quantité supérieure a été obtenue avec seulement 17 hauts fourneaux en 1990. Les anciens fours Thomas et surtout Martin ont été remplacés par des fours à l'oxygène. De plus, les progrès réalisés dans la production d'acier, grâce à des fours électriques, expliquent la croissance du nombre des mini-usines à partir du milieu des années 1970. Ces dernières utilisent des ferrailles de récupération et parviennent à livrer des fers à béton ou des fils machines à des prix extrêmement bas. L'augmentation de la taille des fours électriques, l'utilisation du courant continu, la mise en place de coulée continue permettent, aujourd'hui, à ces mini-usines de fournir des tôles minces. C'est une concurrence de plus pour les grandes sociétés sidérurgiques qui s'appliquent à contrôler ces petites et moyennes entreprises. C'est ainsi que Usinor-Sacilor possède une filiale Unimétal, associée à l'italien Riva, pour être présent sur le marché des produits de ce type.

La même course à la taille s'observe dans la chimie organique. Ainsi, le complexe pétrochimique de Mardyck a été équipé, à partir de 1979, d'un vapocraqueur d'une capacité de 250 000 tonnes portée ensuite à 320 000 tonnes, ainsi qu'une unité de polyéthylène, capable de fournir 150 000 tonnes par an, pratiquement doublée, en 1982, par une nouvelle ligne de production. Enfin un groupe belge ajoutait 120 000 tonnes de polypropylène destiné à la fabrication de tapis et moquettes.

Notons également que la toute nouvelle usine d'aluminium de Péchiney, à Dunkerque, met en œuvre les nouvelles techniques de production, en utilisant des cuves à 300 000 ampères, avec une seule série de 264 cuves d'électrolyse pour produire 215 000 tonnes de métal primaire. Dans la métallurgie des non-ferreux en général, mais dans celle de l'aluminium en particulier, des progrès exceptionnels ont été faits pour développer le recyclage afin de moins dépendre des importations de bauxite ou d'aluminium primaire. La principale filière est celle de l'affinage, activité industrielle qui consiste à refondre, après des opérations de tri, des débris ou des déchets d'aluminium qui proviennent des phases de production ou de transformation ou des biens manufacturés en fin de vie. Pour cette raison, la plupart des établissements sont proches d'une fonderie et dépendent des firmes de production. L'autre filière de recyclage est celle de l'utilisation directe de chutes neuves d'industrie. Au total, 300 000 tonnes d'aluminium sont ainsi recyclées chaque année en France.

Cette évolution vers des établissements de plus grande dimension a commencé avant la crise, et s'est même poursuivie pendant celle-ci, parce qu'on n'avait pas imaginé qu'elle durerait et parce que ce choix paraissait le seul possible pour enrayer la concurrence des nouveaux producteurs. Une des principales évolutions récentes réside dans l'intégration des opérations sur un seul site. Il s'agit de développer, en un seul lieu, la totalité, ou presque, de la filière de production d'acier ou des oléfines, et le plus souvent cette évolution s'est accompagnée d'un abandon des anciennes localisations, par manque de place pour de nouvelles implantations comme sur les littoraux.

Dans la sidérurgie, hauts fourneaux, laminoirs et ateliers sidérurgiques ont été regroupés. Ainsi pouvait-on pratiquer la coulée continue, ce qui a permis de supprimer jusqu'à six opérations et de passer directement de l'aciérie à la brame, c'est-à-dire le lingot de quatre à quatorze mètres de longueur qui sera transformé en tôle. Les gains concernent aussi bien des économies en métal, jusqu'à 100 kg par tonne d'acier produite, que des consommations en énergie moindres, et surtout une productivité accrue, par suppression des temps morts au cours des opérations. Tout le monde s'accorde pour estimer que les groupes sidérurgiques qui maîtriseront la coulée continue en bandes minces, — procédé qui autorise la fabrication directe de tôles peu épaisses —, occuperont une position dominante sur le marché dans les années à venir.

En ce qui concerne l'industrie pétrochimique, l'intégration en un seul site des différentes opérations permet de tirer parti des synergies existantes entre les différentes filières chimiques. L'intégration peut se fait vers l'amont, à proximité des unités de raffinage, en renforçant le rôle de la basse Seine et de l'étang de Berre. L'implantation vers l'aval consiste à développer des capacités de polymérisation, voire de transformation des plastiques. Mais l'intégration peut encore être horizontale en jouant sur des filières complémentaires. Sur l'étang de Berre et à Lavéra on a développé une association chlore-soude, tandis qu'à Rouen, Nantes ou Toulouse on trouve des liens entre l'industrie du chlore et celle des engrais. Mais cette règle est loin d'être générale puisque l'usine Norsk-Hydro, qui vient d'ouvrir à Ambès en Gironde, reçoit de l'ammoniac importé.

La modernisation concerne encore l'automatisation des tâches. Déjà très avancée dans la chimie et l'aluminium, l'informatisation a fait de grands progrès dans la sidérurgie. La recherche de la flexibilité par rapport aux sources d'approvisionnement est un autre élément du progrès réalisé. Ainsi le vapocraqueur de Naphta-Chimie à Berre peut passer indifféremment du gaz au gas-oil. Dans l'aluminium, l'effort a plutôt porté sur la réduction de la consommation d'électricité puisque cette dernière tient encore une grande place dans le coût final. Ainsi la consommation unitaire d'électricité par kilo d'alumine n'est plus que de 15 kWh en France, et même de 13 kWh à Saint-Jean-de-Maurienne.

B. La domination des « champions nationaux »

Peu de secteurs industriels ont connu un tel regroupement des entreprises au point qu'une seule affaire exerce un quasi monopole sur la production nationale, dans le domaine de la sidérurgie et de la métallurgie de l'aluminium. Si la concentration est moins poussée dans les autres branches, La France s'est tout de même dotée de quelques firmes de taille mondiale, dans la chimie et le verre. Seule l'industrie papetière peut apparaître encore trop morcelée, ce qui explique sans aucun doute la moindre résistance aux difficultés récentes et la pénétration plus grande des capitaux étrangers, au cours des dernières années.

TABLEAU 53. — *Place des sociétés françaises de l'industrie de base*

	Chiffre d'affaires en milliards de F	Résultats en milliards de F	Place en Europe	Place mondiale
Rhône-Poulenc (Chimie)	81,7	+ 2,1	n° 6	n° 8
Usinor-Sacilor (Sidérurgie)	86,9	− 2,4	n° 2	n° 3
Péchiney	65,3	+ 0,2	n° 1	n° 1

Source : L'Expansion, décembre 1993.

Si depuis la fusion d'Usinor et Sacilor, le nouvel ensemble contrôle près de 97 % de l'acier livré en France, c'est avant tout le résultat d'une faillite des entreprises privées et d'une intervention, de plus en plus massive, de l'État dont la nationalisation de 1982 est l'aboutissement. En effet, la modernisation de la sidérurgie, par le secteur privé, a été réalisée au moment où le marché s'effondrait, à partir de 1975. Aussi en 1978, l'endettement d'Usinor et Sacilor atteignait plus de 20 milliards de francs soit les trois cinquièmes du total de l'ensemble de la sidérurgie. Les années 1980 sont marquées par l'aide massive de l'État, à travers quatre plans. En moyenne, les besoins de financement ont été d'environ 20 à 25 milliards de francs, durant chaque plan, dont une grande partie a été orientée vers de nouveaux investissements et le reste, vers des dotations en capital.

La décennie 1980 est également marquée par des restructurations internes et une poursuite de l'absorption de sociétés permettant de diversifier la production d'acier. Dans cette voie, le meilleur exemple reste la prise de contrôle par Sacilor d'Ugine-Aciers, de Gueugnon et d'Imphy afin d'être présent dans le domaine des aciers inoxydables. L'essentiel demeure cependant une remise en ordre à l'intérieur des deux groupes, ce qui est réalisé en deux étapes, à partir de 1984. Usinor et Sacilor créent deux filiales communes, l'une pour regrouper les opérations sidérurgiques pour les produits longs et aciers courants, Unimétal, l'autre, Ascométal, pour les aciers spéciaux destinés à la construction. La fusion des deux holdings intervient, entre 1986 et 1987, sous la forme juridique actuelle d'un seul holding. Elle permet de concentrer en une seule branche tous les produits plats courants par la fusion d'Usinor-Acier, de Sollac et de Solmer et une branche produits plats spéciaux et aciers inoxydables, autour de Ugine-Aciers. Cette dernière démarche achève un effort de restructuration plus avancé dans les produits longs.

Au terme de quarante années de fusions, la France possède la troisième entreprise sidérurgique dans le monde. Cette dimension n'exclut pas la fragilité de l'entreprise publique, comme l'indiquent des résultats financiers négatifs alors que ses concurrents font mieux, notamment Nippon-Steel et Thyssen. Cependant, ce retour au déficit ne doit pas cacher l'effort d'assainissement réalisé puisque après des années de lourdes pertes, Usinor-Sacilor a engrangé quelques bénéfices entre 1988 et 1991.

Malgré l'existence de plusieurs grandes firmes, la chimie française apparaît trop morcelée face à ses concurrents allemands. Rhône-Poulenc, le premier français, se retrouve au huitième rang mondial, assez nettement distancé par le trio allemand (BASF, Bayer et Hoescht) et l'anglais ICI. En fait, le bon classement de Rhône-Poulenc résulte de son développement dans la chimie fine car le groupe s'oriente de plus en plus vers l'aval, abandonnant ainsi à d'autres partenaires le secteur de la chimie lourde.

Depuis la nationalisation de 1982, l'État a voulu constituer des pôles spécialisés autour de l'Entreprise minière et chimique (EMC), des Charbonnages de France-Chimie (CDF-Chimie) et de Rhône-Poulenc. A la fin des années 1980, ces trois grands de la chimie lourde française, Atochem, Orkem et EMC, arrivaient assez loin derrière les grandes entreprises allemandes. D'où l'idée de réorganiser la chimie lourde autour de Elf-Aquitaine afin de donner à une firme française un poids suffisant dans le contexte international, car, ensemble, elles ne réalisent que 5 % de la chimie mondiale. Dans le domaine de la chimie lourde, Elf-Aquitaine devient, au début de l'actuelle décennie, la première affaire en élargissant la gamme de ses activités par la reprise de la chimie lourde de CDF-Chimie, rebaptisée Orkem en 1988, attribuée à sa filiale Elf-Atochem. Avec moins de 50 milliards de francs de chiffre d'affaires, Elf-Atochem reste de petite dimension, mais peut s'appuyer sur les moyens financiers de la première société française. Ce n'est pas le cas de EMC dont l'avenir n'est pas tranché.

Dans la métallurgie de l'aluminium, Péchiney règne sans partage, depuis que l'État l'a débarrassé d'un certain nombre d'activités annexes afin que le groupe se recentre sur son métier de base, en bénéficiant également de sa fusion avec Ugine-Kulhmann. Aussi, Péchiney est devenu le troisième producteur d'aluminium dans le monde et se place en tête, par rapport à ses concurrents, quand on s'appuie sur le chiffre d'affaires. Toutefois, le groupe est touché par le marasme récent et doit amplifier une diversification commencée il y a déjà quelques années. C'est déjà le cas pour Saint-Gobain, leader européen pour le verre, mais à la tête d'un portefeuille d'activités diverses. Dans une conjoncture économique difficile, les firmes de l'industrie lourde cherchent à ne pas dépendre d'un seul produit, en élargissant leur gamme, tout en restant dans leurs compétences.

La constitution de ces « champions nationaux » sous l'égide de l'État n'est pas une règle absolue. L'industrie papetière française en fournit un contre-exemple. Il s'agit pourtant d'une industrie tout aussi gourmande en capitaux afin de moderniser des équipements en progrès constants et afin d'atteindre une dimension suffisante, pour abaisser les coûts. Or le groupe Arjomari, numéro un en France, n'arrive qu'à la neuvième place en Europe, assez loin derrière les trois entreprises suédoises qui réalisent un chiffre d'affaires deux fois plus élevé. La firme française ne produit pas de pâte marchande alors que ses concurrents directs sont présents sur l'ensemble de la filière. C'est le cas de la Cellulose du Pin, filiale de Saint-Gobain, dont le poids reste insuffisant et c'est pour cette raison que la totalité des activités de la Cellulose du Pin vient d'être vendue à une des plus importantes firmes européennes de l'emballage.

C. *Diversification et internationalisation des activités*

Le processus de concentration trouve rapidement ses limites quand les effets de la crise ou de l'évolution des marchés obligent les entreprises à trouver d'autres solutions que le contrôle du seul marché national. Bien que plus dépendantes des commandes du marché intérieur que d'autres industries, les industries de base doivent s'ouvrir à la concurrence internationale et mieux se préparer aux changements que doit introduire le marché unique au cours de cette décennie. Diversification et internationalisation deviennent alors des impératifs et ce n'est pas un hasard si cette volonté se manifeste, surtout depuis la fin des années 1980. A cette date, la plupart des firmes françaises ont retrouvé une meilleure assise financière et peuvent donc se livrer à des investissements hors des frontières pour préparer les échéances.

Comme cela a déjà été évoqué par ailleurs, diversification ne signifie pas dispersion. Les grandes affaires de l'industrie de base restent dans le champ de leur compétence en cherchant seulement à élargir la gamme de leurs produits de telle manière qu'augmente la valeur ajoutée. C'est aussi une réponse à la concurrence venue des pays en voie de développement. En effet, la période de production en grande quantité de produits banalisés, — ce que certains dénomment l'ère de « commodities » —, semble achevée. La part du produit de base de la matière première utilisée doit diminuer au profit des dépenses de recherches, de transformation et de commercialisation. Il faut accroître la part des produits à haut niveau de technologie pour compenser les pertes, dans les métiers de base, et être en mesure de résister à la concurrence des pays extérieurs, mieux placés en terme de production de masse.

Dans la majorité des cas, cela s'accompagne d'un glissement, vers l'aval, des activités de l'industrie de base. Développement dans le domaine des aciers spéciaux pour la sidérurgie, place de plus en plus grande accordée à la parachimie, pour les entreprises de cette branche, développement d'autres métiers liés à l'aluminium, dans le cas de Péchiney. Cette diversification peut se réaliser en utilisant des compétences internes aux entreprises, mais le plus souvent elles y parviennent en absorbant des unités spécialisées sur ces nouveaux créneaux. Ces dernières sont souvent étrangères et, en les reprenant, les groupes français accroissent leur internationalisation. Celle-ci s'effectue de plus en plus suivant un axe nord-nord afin de conquérir de nouveaux marchés dans les pays industrialisés. Si ces tendances sont les mêmes pour les «champions nationaux», les moyens d'y parvenir sont variables car cela dépend de la position de l'entreprise dominante et de sa capacité à évoluer. L'analyse de quelques cas permet de montrer quelques stratégies différentes.

La politique d'Usinor-Sacilor est celle du «tout acier». En fusionnant, les deux entités françaises ont élagué tout ce qui était éloigné de la production sidérurgique. C'est exactement le contraire de ses concurrents allemands ou japonais qui mènent des actions de diversification, en renforçant leur position dans la mécanique lourde ou en pénétrant dans l'électrique et l'électronique. Rassurés par le retour aux bénéfices, Usinor-Sacilor a conduit, entre 1989 et 1991, des rachats en tout genre, pour un montant de 7 milliards de francs.

Outre des affaires françaises, ont été ainsi réalisées des prises de participation à l'étranger. En prenant le contrôle à hauteur de 70 % du sidérurgiste allemand sarrois, Saarstahl, Usinor-Sacilor est devenu le numéro deux de l'acier outre-Rhin. Mais en Janvier 1994, Usinor cédait sa participation dans Saarstahl pour un mark symbolique en raison des pertes de cette unité allemande fortement soumise à la concurrence des aciers de la partie Est. Dans ce même pays, des rachats ont porté sur des sociétés fabriquant des treillis, sur une filiale de Hoesch et des accords ont été passés avec Mannesmann. La même démarche a été adoptée avec le Luxembourgeois ARBED dans le domaine des poutrelles. En Allemagne, en Italie, au Royaume-Uni, le groupe français a pris le contrôle de négociants en acier afin de mieux mettre sa production en phase avec les besoins du marché. Seules les tentatives vers les États-Unis n'ont pas eu de suite, le groupe ayant renoncé au dernier moment à absorber LTV Steel, sidérurgiste de Dallas, parce que l'opération apparaissait trop risquée.

Le «tout acier» exige de demeurer un généraliste. L'organigramme d'Usinor-Sacilor fait clairement ressortir cette division entre les produits plats, les produits longs et la branche acier inoxydable. La première nommée pèse pour plus de 40 % dans le chiffre d'affaires et pour plus de la moitié dans les résultats. C'est tout le contraire d'une diversification qui consisterait à abandonner progressivement le secteur des produits plats et longs à la rentabilité incertaine. En revanche, le groupe compte sur sa branche aciers spéciaux pour rééquilibrer ses résultats en raison d'une demande plus soutenue. C'est Ugine-SA qui est la société pivot de cette branche au sein d'Usinor-Sacilor. Elle est le spécialiste mondial du laminage à froid des tôles inoxydables et le numéro deux dans les produits longs inoxydables. Douze mille personnes se répartissent entre quatre aciéries en France et dix usines de transformation.

Si Usinor-Sacilor n'envisage pas de se diversifier hors de l'acier, Péchiney, qui a suivi une stratégie assez voisine jusqu'à maintenant, semble y être contrainte. L'internationalisation de Péchiney a été imposée par la nécessité de s'implanter dans les zones où le coût de l'électricité était le moins élevé. C'est ainsi que le groupe est venu s'installer en Australie et au Québec. La diversification de la production a accompagné ce redéploiement géographique. Péchiney, déjà présent dans l'industrie des combustibles nucléaires, grâce à des filiales communes avec la COGEMA, tente de faire de même aux États-Unis et travaille sur de nouveaux matériaux tels que l'association aluminium-lithium. L'objectif est d'accroître la part des produits à haute valeur ajoutée, destinée surtout à l'industrie aéronautique et spatiale. La reprise de deux sociétés nord-américaines du secteur aéronautique (Howmet et Cercast) répond à cette nouvelle orientation. Mais l'opération la plus spectaculaire reste la prise de contrôle d'American Can qui a permis à Péchiney de devenir le numéro un mondial de l'emballage. L'emballage constitue, en effet, un secteur en pleine croissance, principal débouché pour l'aluminium, plus encore aux États-Unis qu'en Europe. Avec American Can, Péchiney réalise désormais plus de 40 % de son chiffre d'affaires aux États-Unis. En même temps la part de la production d'aluminium tombait de 75 % à 35 % du chiffre d'affaires.

Le «tout aluminium», comme le «tout acier» a ses limites. Le marasme actuel, l'effondrement du prix de la tonne d'aluminium, la concurrence des pays de l'Est, font que les stocks augmentent tandis qu'une usine comme celle de Dunkerque, censée être la plus performante du monde, perd de l'argent. Les responsables de Péchiney n'ont plus qu'une idée en tête, réduire la part du métal blanc dans l'activité du groupe. Deux orientations nouvelles ont été évoquées, durant l'année 1993. Dans le cadre de la fin du monopole de la distribution de l'électricité dans l'Union européenne, l'État ne verrait pas d'un mauvais œil le rachat de la Compagnie nationale du Rhône par Péchiney qui demeure un gros consommateur d'énergie. Pour le PDG de Péchiney, c'est en effet la possibilité «de rééquilibrer nos résultats avec une activité plus régulière». En aval, certains envisagent un rapprochement entre Péchiney et Saint-Gobain, grâce à des échanges de participation. Cela permettrait à Péchiney de développer des activités indépendantes de l'aluminium, en bénéficiant du savoir-faire de Saint-Gobain. Autant de projets qui ne sont pas à ce jour concrétisés, mais qui témoignent des évolutions à venir.

Diversification et internationalisation sont également au centre des préoccupations des firmes chimiques françaises. Mais du fait d'une moindre concentration, les stratégies sont forcément différentes. Air Liquide et L'Oréal, par exemple, très spécialisés et dominateurs dans leur domaine, ont conduit depuis très longtemps une politique d'internationalisation qui fait que la première est présente dans plus de 150 pays et la seconde dans une soixantaine. D'autre part, on assiste à un glissement vers des activités plus valorisantes, par une intégration vers l'aval, sans que la démarche soit comparable. Ainsi, Elf Aquitaine qui demeure marqué par ses activités pétrolières, se diversifie vers l'aval en développant la chimie lourde, de même, d'ailleurs, que la parachimie avec sa filiale Sanofi. Pour Rhône-Poulenc, au contraire, la diversification résulte d'un désengagement dans la chimie lourde et d'un accroissement de son rôle dans la parachimie.

Toutes s'internationalisent en pénétrant sur le marché américain qui constitue toujours le plus gros marché mondial de la chimie, mais en accélérant également leurs investissements vers l'Asie dont le dynamisme s'affirme d'année en année.

Au cours des dernières années, le groupe Rhône-Poulenc a acquis une quinzaine d'entreprises aux États-Unis, appartenant aussi bien au domaine de la chimie minérale que de la pharmacie, avec la reprise de Rorer ou de la recherche, avec un laboratoire de vaccins contrôlé par sa filiale Mérieux. De 3 % du chiffre d'affaires en 1985, les États-Unis représentent aujourd'hui près du quart de ce dernier et le groupe y emploie près de 15 000 personnes. Depuis le début des années 1990, Rhône-Poulenc a décidé de mettre ou plutôt d'accentuer son effort vers l'Asie, en se donnant pour objectif de faire plus de 10 % du chiffre d'affaires avec cette partie du monde. L'usine d'Inchon construite en Corée du Sud en joint-venture en est une bonne illustration. De même, la filiale japonaise de Rorer lui permet d'être présent dans la pharmacie.

Elf-Aquitaine a suivi la même voie et sa part sur le continent américain a fortement augmenté, depuis le début des années 1980. Dans la chimie minérale le groupe a racheté une firme texane opérant dans le carbonate de soude et les engrais et a également repris une autre affaire produisant du fluor. De son côté Elf-Atochem a conclu une alliance avec la société américaine Röhm and Haas, dans le domaine du verre acrylique. Enfin, Elf-Sanofi a signé des accords originaux avec l'Américain Sterling-Winthrop puisque les deux associés s'entendent pour produire et distribuer des médicaments sous ordonnance en se partageant le marché mondial.

L'analyse de la part du chiffre d'affaires des entreprises françaises à l'étranger montre que les groupes de l'industrie de base ont su parfaitement négocier leur internationalisation, en faisant mieux que les constructeurs automobiles ou les fabricants d'équipements électroniques. Derrière Péchiney qui fait plus de 80 % de son chiffre d'affaires à l'étranger, suivent Rhône-Poulenc (78 %), Usinor-Sacilor (67 %) et Elf-Atochem (62 %).

3. Les implications sociales et territoriales des restructurations

Ces succès, en matière d'adaptation au nouveau contexte international ne suffisent pas à maintenir l'emploi. Bien au contraire, puisque les gains obtenus en modernisant les unités de production se combinent au processus de relocalisation-délocalisation pour accélérer les fermetures des sites les moins rentables, les moins bien placés sur le territoire national, pour répondre aux nouvelles exigences. La physionomie industrielle de régions entières ou de bassins locaux très spécialisés a été remodelée voire anéantie. La carte des implantations des industries de base a été profondément transformée alors que les difficultés de la branche automobile ou de l'électronique interviennent dans des pôles urbains plus diversifiés.

A. *Le regroupement géographique des industries de base*

Les opérations de restructuration des industries de base ont eu un impact très important sur la répartition spatiale des établissements sur le territoire français

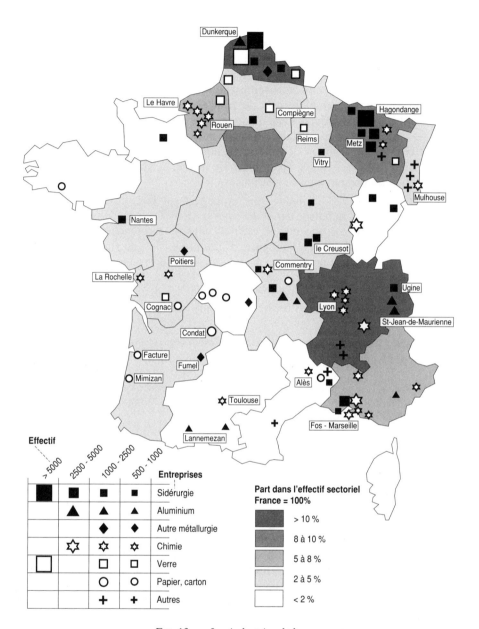

Fig. 13. — *Les industries de base.*

(fig. 13). De vastes régions, dont la puissance industrielle était vantée depuis plus d'un siècle, se retrouvent vidées de leur substance. Ce sont les régions orientées vers une monoactivité sidérurgique qui paient évidemment le plus lourd tribut aux évolutions qui viennent d'être décrites. Mais peu de lieux échappent aux difficultés. Quant aux pôles littoraux développés à partir du début des années

1970, fondés sur la théorie des industries-industrialisantes et sur la nécessité de s'adapter à la nouvelle donne internationale, ils n'ont pas atteint le degré de développement qui avait été envisagé. C'est sûrement un avantage en terme d'environnement, car la concentration sur un même espace d'activités aussi polluantes, parfois à haut risque, n'est plus envisagée avec le même laisser-faire. Le souci de protéger l'environnement est devenu la règle pour les nouveaux sites, comme pour les anciens qui ont réussi à survivre à la crise.

Les pôles littoraux

L'implantation des industries de base a été le plus souvent déterminée, en France, comme dans les vieux pays industriels d'Europe, par la présence de sources d'énergie ou de matières premières. Ces choix du XIXe siècle conditionnent encore une partie de la localisation de l'industrie de base. Les établissements sidérurgiques sont liés au charbon dans le Nord et dans le Massif Central, au minerai de fer en Lorraine. L'industrie de l'aluminium est présente dans les vallées alpines et pyrénéennes où l'électricité était meilleur marché à la fin du XIXe siècle. La chimie minérale s'est installée sur les gisements de potasse (Alsace) et de sel (Lorraine). En revanche la chimie organique, dépendante des approvisionnements en pétrole occupait déjà une position littorale, souvent dans un estuaire.

La majorité des industries de base, mises en service récemment, a été installée sur des littoraux, soit sur des sites existant comme dans la chimie organique, soit sur de nouveaux sites pour la sidérurgie ou l'aluminium. Toute une série de facteurs pèsent dans le même sens et rendent les littoraux très attractifs. Il s'agit de répondre au défi que représente la maritimisation de l'économie. Une grande partie des matières premières consommées par l'industrie de base française est importée. C'était la règle pour le pétrole, et il en est de même pour d'autres éléments. Ainsi le charbon à coke peut-il venir des États-Unis, d'Afrique du Sud ou d'Australie. Le minerai de fer est importé du Canada, du Brésil, de Mauritanie et parfois d'Australie. La Guinée est devenue le principal fournisseur de bauxite. Cet approvisionnement mondial permet aussi d'acheter les qualités qui sont requises pour répondre aux nouvelles exigences de telle ou telle fabrication en acier.

La position littorale assure une ouverture plus aisée pour la commercialisation des excédents en direction des autres pays européens ou du reste du monde. Les succès de l'industrie sidérurgique ou chimique nipponne à l'exportation ont poussé les autorités françaises à faire les mêmes choix quand il s'est agi de moderniser l'industrie sidérurgique ou d'installer de nouvelles capacités en produits de base de la chimie organique. Ceci a pesé lourd dans les choix de Dunkerque et Fos-sur-Mer et on se rappelle qu'il avait été envisagé de faire de l'estuaire de la Gironde un nouveau pôle de la chimie lourde française.

Enfin les littoraux offraient l'avantage de proposer de vastes espaces pour accueillir des unités de dimension de plus en plus grande comme les hauts fourneaux, les vapocraqueurs ou les nouveaux bacs pour la production d'aluminium. En outre, l'évolution vers le regroupement des opérations industrielles, d'une même filière, sur un même lieu exige également des terrains industriels de grande dimension, bien placés pour être desservis par des moyens de communication performants. La nouvelle unité de production d'aluminium de Péchiney, à Dunkerque, est construite sur un site de 65 ha, l'usine sidérurgique possède, pour sa part, 450 ha et celle de Fos-sur-Mer dispose de 1 500 ha bien évidemment sous-utilisés. Cela ne signifie pas que la totalité de l'espace possédé est occupé, mais la firme veut disposer des possibilités d'extension nécessaires en cas de réussite de son projet.

Ces nouveaux complexes industriels installés sur des zones-industrialo-portuaires (ZIP) ne peuvent être localisés n'importe où sur les littoraux. Seuls les ports disposant de vastes terrains plats, assez éloignés des grandes densités urbaines en cas de risques industriels majeurs avaient une chance de devenir des pôles industriels. Seuls Dunkerque et Fos-sur-Mer répondaient à ces critères tandis que le site d'estuaire de la basse Seine permettait de conserver l'existant voire d'ajouter quelques unités de production supplémentaires. D'autre part, ce choix ne pouvait être que celui de la puissance publique puisque leur occupation exigeait d'énormes investissements que ne pouvaient faire les industriels. L'État français a choisi Dunkerque en raison de sa position dans cette partie de l'Europe où dominent Anvers et Rotterdam et parce que l'on pouvait s'appuyer sur une très ancienne tradition sidérurgique régionale. Au contraire, Fos-Marseille permettait de rééquilibrer la répartition des industries de base, au profit de la France du sud, tout en plaçant la sidérurgie et la chimie française en mesure de participer au renouveau d'une Méditerranée dont on pensait qu'elle allait devenir un ensemble industrialisé plus important avec les efforts de développement de l'Italie du sud, de l'Espagne et de l'Algérie.

Trois grands pôles littoraux émergent dans le domaine des industries de base. Deux, ceux de Dunkerque et Fos-sur-Mer, présentent une large gamme d'activités, allant de la métallurgie à la chimie lourde. En revanche, l'estuaire de la basse Seine est nettement plus marqué par la chimie organique, tout en offrant par ailleurs une structure industrielle bien plus diversifiée que les deux autres puisque de nombreuses industries d'équipement y sont présentes, notamment l'automobile.

De Dunkerque à Calais, sur près de 35 km, de vastes terrains ont été conquis sur le sable ainsi que sur des polders vers l'intérieur. Le port autonome dispose ainsi de plus de 20 000 ha de zones industrielles dont l'aménagement est assez facile. Quant au port, dont la vocation était gênée par la présence de sillons sableux parallèles au rivage, il offre désormais les meilleurs atouts, grâce aux moyens de dragage modernes, et est accessible aux pétroliers et vraquiers de près de 300 000 TPL (tonnes de port en lourd). C'est un élément déterminant dans la localisation de plusieurs unités de l'industrie de base qui permettent à Dunkerque de connaître un processus équivalent à celui enregistré dans les ports voisins et concurrents, Anvers et Rotterdam.

L'usine sidérurgique d'Usinor en est le fleuron avec une capacité de 8 millions de tonnes. Il s'agit d'un complexe intégré de quatre hauts fourneaux, disposant de deux aciéries en coulée continue, de trois trains de laminage, un à large bande, un pour tôles fortes et un dernier à laminage à froid. Même si l'effectif de salariés n'a jamais atteint ce qui avait été prévu, l'unité de la Sollac demeure le deuxième employeur de la région du Nord-Pas-de-Calais et procure en outre du travail à plus de 1 500 personnes pour des travaux de maintenance. S'y ajoutent enfin l'établissement de fabrication de tubes de Grande-Synthe et celui d'aciers spéciaux de Leffrinckoucke.

L'installation récente de l'usine de production d'aluminium de Péchiney, fondée sur les tarifs préférentiels d'EDF et les facilités d'approvisionnement en alumine, est venue renforcer ce pôle métallurgique. C'est de loin le plus gros investissement réalisé en France depuis la crise de 1975. C'est aussi une usine particulièrement performante par la mise en œuvre des dernières techniques de fabrication, par l'automatisation et la conception des bâtiments. En revanche ses choix technologiques pour produire près de 300 000 tonnes d'aluminium par an ne procureront pas autant d'emplois que la sidérurgie, 1 000 étant prévus à terme. Heureusement, l'implantation, à Bergues d'une unité de fabrication d'emballage d'aluminium destinée à livrer des boîtes pour Coca-Cola, vient compléter le dispositif et apporte quelques emplois de plus.

Enfin, en quelques années Dunkerque est devenu un pôle chimique très important. Probablement tentés par les espaces disponibles alors que les zones portuaires d'Anvers et Rotterdam arrivent à saturation, les groupes mondiaux de la chimie ont investi sur le site qui jusqu'alors ne disposait que d'une unité de raffinage alimentée par du pétrole arrivant par le port. Si le vapocraqueur de Mardyck a été implanté en 1979 et offre une capacité de près de 300 000 tonnes, d'autres unités ont été ajoutées grâce à des capitaux belges, italiens et français entre 1980 et 1990. En outre, d'autres investissements ont été faits dans la para-chimie et la pharmacie ce qui évite à Dunkerque une trop forte orientation dans l'industrie lourde.

Le pôle littoral de Marseille est constitué de deux sous-ensembles. Celui de l'étang de Berre est dominé par les raffineries et la chimie lourde dont quelques unités ont été implantées entre les deux guerres mondiales, l'ensemble ayant pris sa forme définitive dans les années 1950. L'autre, plus récent, se place à Fos-sur-Mer, sur un domaine de près de 10 000 ha appartenant au port autonome. Le site présente bien des avantages puisque les cailloutis de la Crau facilitent le creusement de darses, capables d'accueillir des navires de 300 000 tonnes tandis que les nappes phréatiques assurent l'alimentation en eau d'activités très gourmandes.

Fos-Lavera-Berre forme le premier ensemble de la chimie de base organique de France avec une capacité de plus de un million de tonnes pour ces deux vapo-craqueurs fournissant de l'éthylène : Naphta-Chimie, propriété conjointe de Elf-Atochem et BP-Chemicals et Shell-chimie à Berre. Ces vapocraqueurs sont reliés par gazoducs à celui de Feyzin, près de Lyon, et connectés à l'usine de Saint-Auban. Cette plate-forme a, en outre, la particularité d'être associée à une puissante chimie du chlore qui offre une capacité de près de 800 000 tonnes. Tous les grands intermédiaires organiques sont représentés à l'exception des polystyrènes. Si les plus anciennes implantations sont inscrites sur le pourtour de l'étang de Berre, les nouvelles créations ont choisi le site de Fos qui offrent de vastes étendues. Air Liquide, ICI et Ugine Kuhlmann ont été les premiers occupants. L'installation du groupe américain ARCO, en 1986, qui produit des glycols et du propylène, constitue un des derniers exemples.

En 1969, l'État prenait la décision d'implanter la SOLMER (Société lorraine et méridionale de laminage continu) à Fos-sur-Mer afin de disposer sur les rives de la Méditerranée d'une sidérurgie sur l'eau capable d'alimenter tout le sud de la France et de concurrencer les unités italiennes. Placée sur les terrains qui bordent la darse numéro un, cette usine sidérurgique intégrée devait disposer de trois hauts fourneaux. L'usine actuelle, devenue la propriété d'Usinor, ne compte qu'une seule tranche par rapport au projet initial car la crise n'a pas permis d'atteindre la capacité prévue. Son potentiel de quatre millions de tonnes, destiné à la sortie de produits plats, n'a jamais été exploité. La même mésaventure est arrivée à Ugine dont l'unité de fabrication d'aciers spéciaux située de l'autre côté de la darse, livre 250 000 tonnes contre près de 600 000 tonnes prévues à l'origine.

Conçus dès le départ pour être automatisés, ces grands équipements n'ont pas été créateurs de nombreux emplois. Naphta-Chimie compte moins de 2 000 personnes, dont une majorité de personnel hautement qualifié, ainsi que quelques centaines d'emplois dans la sous-traitance et la maintenance. De son côté, la SOLMER avait recruté 6 000 ouvriers dont un tiers venait de Lorraine. Sur les nouveaux terrains de Fos-sur-Mer, on avait escompté créer 10 000 emplois dans les industries de base. Dans ce domaine, l'objectif a presque été atteint. En revanche, les effets d'entraînement sont quasiment inexistants et on est loin des prévisions. En outre, on prend plus nettement conscience aujourd'hui des atteintes portées à l'environnement dans des espaces assez fragiles. La pollution de la Méditerranée est inquiétante tandis que l'étang de Berre est menacé. Le grave incident survenu récemment, dans une unité pétrochimique proche, révèle un peu plus la nature des risques.

Entre Le Havre et Rouen, de grandes plates-formes pétrochimiques se succèdent à proximité d'une série de grandes raffineries constituant là aussi un cortège de nuisances allant de la pollution de l'air à celle de l'eau, notamment de la Seine. Rouen est certainement une des villes les plus polluées de France. Dans la vallée, se trouve la deuxième capacité de France pour les vapocraqueurs (près de 800 000 tonnes) et ce pôle chimique apparaît le plus complet, compétent pour la chimie minérale et organique avec sa production d'éthylène, de benzène, d'acide phosphorique et d'ammoniac (1 250 000 tonnes). Seul le chlore est absent de ses principales productions.

Un premier ensemble d'industries chimiques de base entourent l'énorme raffinerie Total de Gonfreville-l'Orcher. Les usines de la Normande de l'Azote, d'Atochem livrent de l'éthylène, du toluène tandis que la COFAZ fournit des engrais. Pour autant la zone ne compte que 4 000 salariés permanents. Un deuxième ensemble est constitué à proximité de la raffinerie ESSO de Port-Jérome et de celle de Mobil à N.-D. de Gravenchon. Les mêmes dérivés sont livrés par des groupes internationaux dont Hoechst, Bayer et Exxon-chimie.

Le drame des régions intérieures

L'ensemble des vieilles régions industrielles, nées sur les anciens gisements de matières premières, doit faire face aujourd'hui à des handicaps majeurs qui se traduisent par la disparition progressive des industries de base. Ces handicaps tiennent d'abord à la trop forte concentration de l'activité dans la filière amont de la production. Les restructurations s'accompagnent d'un regroupement des usines sur les sites les mieux localisés par rapport aux moyens de communication modernes et les plus aptes à favoriser l'installation d'unités de fabrication ayant besoin de vastes espaces. Cette évolution se traduit par de fortes pertes d'emplois, laissant sans travail une main-d'œuvre excellemment formée dans des métiers traditionnels, mais peu préparée aux exigences des activités modernes.

La crise des vieilles régions industrielles orientées vers les industries de base est avant tout celle de la sidérurgie. En effet, la spécialisation chimique est faible, en dehors du pôle de Lyon, et ce dernier n'a pas été trop affecté par la crise. De même, les réorganisations dans la métallurgie des non-ferreux ne s'accompagnent pas de transformations aussi brutales, même si le bassin de Lacq a perdu son usine de fabrication d'aluminium pourtant une des plus modernes de France au moment de son entrée en service au début des années 1960. Péchiney rassemble ses unités dans les Alpes où Saint-Jean-de-Maurienne reste le principal fleuron, de même que dans les Pyrénées avec les usines de Auzat et Lannemezan. Ces sites restent cependant menacés car Péchiney doit réduire, en 1994, sa production nationale de 120 000 tonnes conformément aux accords passés entre producteurs de métal blanc. Enfin, les malheurs de l'usine papetière de la Chapelle-Darblay, les difficultés de la Cellulose du Pin ou de Gascogne implantées dans le massif Landais sont plus limitées dans leurs conséquences sociales et territoriales.

Le drame de la Lorraine permet de tenter de préciser les faiblesses et les erreurs qui ont conduit à la disparition progressive d'un grand nombre d'usines sidérurgiques et à la suppression de milliers d'emplois. La spécialisation dans la sidérurgie y est plus forte que dans nulle autre région de cette dimension. Avant le choc de 1974, un ouvrier sur deux travaille, directement ou indirectement dans l'acier et cette valeur est encore plus forte localement où on peut atteindre près de 60 % dans le bassin de Longwy. La restructuration au sein des entreprises a démarré ici plus tardivement que dans le nord. SIDELOR est née, en 1960, par rapprochement de plusieurs forges et aciéries, tandis que la fusion de SIDELOR et de De Wendel qui donne naissance à SACILOR n'intervient qu'en 1974. Le retard technologique de l'ensemble était criant, notamment autour de Longwy, Hayange et Rombas. Réalisée de manière trop incohérente, la modernisation ressemble à un rapiéçage associant un haut fourneau flambant neuf à d'autres équipements en aval restés en l'état, ou l'inverse.

La réorganisation de la sidérurgie en Lorraine a été plutôt dictée par l'existence de liens financiers entre les sociétés. On ne s'est pas assez préoccupé des regroupements géographiques indispensables ou bien on n'a pas eu le courage de trancher dans le vif en privilégiant les meilleurs emplacements. Les dissensions ont été vives, quand il s'est agi de vivifier quelques pôles secondaires et de condamner les autres. La construction de Fos-sur-Mer, avec des capitaux lorrains, est apparue, avec le recul, comme un mauvais choix puisque cette nouvelle unité sur l'eau devenait un concurrent de l'acier lorrain. Enfin la sidérurgie lorraine est demeurée ancrée dans la fabrication de produits longs alors que les signes de faiblesse se multipliaient avant même la crise de 1974.

Les différents plans sidérurgiques ont eu plus d'impact en Lorraine que nulle part ailleurs car la modernisation des installations s'est traduite par de très importantes réductions d'emplois. D'autre part, les usines les plus vétustes ont été fermées. Ainsi dans la région de Longwy ne subsistent plus que deux laminoirs occupant moins de 1 000 personnes alors qu'on comptait jusqu'à huit établissements, dont quatre autour de Longwy. La partie de la vallée de la Moselle au nord de Metz n'a pas été épargnée par ces restructurations. Thionville et Hagondange ne possèdent plus que des aciéries électriques, les hauts fourneaux d'Uckange ont été arrêtés en 1991. Quant à l'unité sidérurgique de Gandrange, elle n'est pas tout à fait comparable aux complexes de Fos-sur-Mer et de Dunkerque car elle n'est pas totalement intégrée. C'est une aciérie et un laminoir associés à une usine de production de fonte toute proche, celle de Rombas. Comme Fos-sur-Mer, elle a été bloquée dans son développement par la crise de 1974 et a une capacité de quatre millions de tonnes d'acier. Le projet de construire un train universel à Gandrange a été abandonné par Sacilor, sous la pression de l'État qui a estimé la réalisation trop coûteuse et le risque trop grand. On a préféré moderniser les sites existants de Usinor à Valenciennes et d'Hayange pour Sacilor. Au total, la Lorraine ne compte plus que deux hauts fourneaux contre 30 trente ans auparavant.

Dans le Nord la crise sidérurgique a frappé les deux foyers les plus spécialisés. L'activité était en effet centrée sur la vallée de l'Escaut et, secondairement, dans celle de la Sambre. Il ne reste plus que de petites usines, trois à proximité de Valenciennes et Anzin, deux dans la périphérie de Maubeuge. La production de fonte a disparu, dès 1967, pour la Sambre et à la fin des années 1970 à Valenciennes. Aux côtés d'Usinor, Vallourec, affaire spécialisée dans les tubes sans soudure, maintient une activité. Malgré la perte de milliers d'emplois, la secousse a été un peu moindre car la montée en puissance de Dunkerque a permis de conserver une puissante sidérurgie, dans le Nord, en déplaçant une petite partie des ouvriers concernés.

D'autres régions sidérurgiques, plus modestes, ont été frappées de plein fouet par cette crise. Le bassin de Saint-Étienne, constitué de plusieurs vallées où s'alignaient les établissements, ne conserve plus que cinq usines dont deux seulement livrent de l'acier électrique. Le choc a été tout aussi important au Creusot. Dans les Alpes, ne subsiste que la grande usine d'Ugine spécialisée dans la fabrication d'aciers spéciaux. Enfin, dernière en date de ces fermetures, celle de l'usine USINOR de Caen, ancienne Société métallurgique de Normandie, dont les effectifs avaient pourtant été ramenés à moins de 2 000 personnes et les activités limitées à la production de fontes spéciales et fils de machines.

B. Des emplois en recul, une reconversion difficile

L'ensemble des activités industrielles formant les biens intermédiaires a perdu près de 300 000 emplois entre 1980 et 1991. Un peu plus de la moitié de ses pertes est intervenue dans les branches des industries de base. Si on y ajoute les 70 000 emplois également perdus par les industries de la fonte et du travail des métaux, on arrive à près de 400 000 pertes en une dizaine d'années. Ces valeurs donnent une idée du véritable séisme qui frappe des activités traditionnelles, fondement de la révolution industrielle du XIXe siècle. La disparition des emplois n'affecte pas seulement des individus dans leurs revenus, ce sont des régions entières qui doivent abandonner un imaginaire, une culture ouvrière. Des liens de forte dépendance par rapport à l'usine, dans le cadre d'une société assez nette-ment paternaliste développée par les maîtres de forge puis leurs successeurs, rendent plus difficile l'évolution des mentalités. Des flambées de colère ouvrière jalonnent plus de quinze ans de licenciements.

L'emploi a décliné dans toutes les activités de l'industrie de base, mais les industries liées à la métallurgie du fer sont celles qui ont été le plus durement affectées par la crise qui s'est déclenchée en 1974. En effet, à elles seules, elles totalisent le quart des pertes d'emplois dans les industries intermédiaires, et la moitié, au sein des industries de base référencées dans le tableau. Au sein du groupe des mines, métaux ferreux et acier, la sidérurgie a payé le plus lourd tribut. Certes la fermeture progressive des mines de fer en Lorraine a sa part dans ce recul, mais cela est sans commune mesure avec les effets des restructurations dans les usines produisant de l'acier.

TABLEAU 54. — *L'évolution de l'emploi dans les industries de base (en milliers)*

	1980	1984	1986	1987	1988	1989	1990	1991	*Variation 1980-1991*
Mines, métaux ferreux, acier	168	141	127	117	105	100	95	90	− 78
Mines, métaux non ferreux	70	64	60	59	57	56	55	54	− 16
Verre	68	59	55	53	53	54	55	54	− 14
Chimie de base	153	134	131	128	123	122	122	120	− 33
Papier et carton	120	110	106	103	102	103	105	104	− 16
Total	579	508	479	460	440	435	432	422	− 157
Biens Intermédiaires	1 522	1 315	1 240	1 216	1 202	1 222	1 239	1 223	− 299

Source : SESSI.

Vers 1950, la sidérurgie employait 170 000 personnes en comptant l'ensemble des individus dépendant des entreprises mêmes quand ils faisaient partie de l'administration ou de la recherche. Actuellement, on est tombé à moins de 50 000 personnes et au rythme des plans de réduction d'effectifs annoncés par Usinor pour les années à venir, on sera rendu rapidement à 40 000 salariés. Ainsi, en une quarantaine d'années la sidérurgie aura perdu environ les deux tiers de son effectif, et peu de branches industrielles auront été aussi laminées.

Les réductions resteront limitées jusqu'au début des années 1970 puisqu'on comptait encore 150 000 personnes en 1969. Comme la période demeure euphorique en terme de croissance économique, ce léger tassement reflète quelques efforts de restructuration et un début de gain de productivité. Entre 1970 et 1983 les départs s'amplifient puisqu'on ne compte plus que 90 000 actifs dans la sidérurgie à cette date. Ces pertes vont au-delà de ce qui avait été prévu dans les différents plans de sauvetage de la sidérurgie. Ainsi, les plans aciers de 1977-1980 et 1978-1980 ne prévoyaient que 20 000 suppressions d'emplois. De même, les deux plans des années 1980 envisageaient 15 000 puis 20 à 25 000 suppressions d'emplois alors qu'on se retrouve avec un effectif réduit de 40 000 individus.

La Lorraine a été plus touchée que le Nord puisque aucune création n'est venue compenser les fermetures intervenues sur la plupart des anciens sites. De 80 000 salariés en 1974, elle plonge à moins de 15 000 au début des années 1990 et ce recul devrait se poursuivre au cours de l'actuelle décennie puisque la suppression de plusieurs milliers d'emplois est programmée dans le contexte de la nouvelle crise. Dans le Nord, ils ne sont plus 15 000 à travailler l'acier, dont un peu plus de la moitié sur le site de Dunkerque. Dans les vallées alpines, les réductions ont été aussi drastiques y compris à Ugine où on relève seulement 1 400 salariés contre plus de 3 000 avant la crise. Enfin, à titre d'exemple récent, 1 300 emplois disparaissent à Caen.

Ces pertes d'emplois ont fait l'objet de violentes réactions syndicales, voire patronales car on portait atteinte à un imaginaire, notamment en Lorraine qui croyait être le «Texas des années soixante». Aux scènes d'émeutes enregistrées à Longwy lors de la première grande restructuration de 1979, ont succédé de nouvelles manifestations au cours de l'année 1984. Les journaux locaux faisaient leurs gros titres sur la «Lorraine trahie» et évoquaient «l'euthanasie» pour décrire la perception locale de tels choix sociaux. Le sentiment de trahison était d'autant plus vif que cette région avait soutenu le parti socialiste, au moment des présidentielles, et qu'elle comptait sur une réactivation du potentiel local. Le plan Fabius de 1984, logique dans sa stratégie économique, est considéré comme une trahison en terme de développement local et au plan social. On peut également observer, dans une conjoncture aussi mauvaise, que les syndicats n'ont plus de stratégie globale pour défendre leur région. La crainte de perdre leur emploi conduit les responsables locaux à défendre leur site contre un autre. Ainsi les ouvriers de Trith-Saint-Léger ont crié victoire en apprenant que le train universel de Gandrange ne serait pas construit alors que pour ceux de Gandrange cette décision ruinait d'autres espérances, celles de construire, autour de ce site, un pôle sidérurgique comparable à ceux de Dunkerque ou de Fos-sur-Mer.

On ne peut limiter au seul aspect de l'emploi les conséquences sociales de cette crise des industries de base et de la sidérurgie plus particulièrement. A partir de quelques exemples il est facile de montrer que les effets sont cumulatifs. Dans la vallée de la Sambre, c'est bien entendu l'emploi qui est concerné en premier, dans l'acier, mais aussi dans toutes les entreprises de sous-traitance et de maintenance qui vivaient dans l'orbite de la sidérurgie. Plusieurs grandes entreprises ont mis la clé sous la porte comme Usinor, Cockerill, Titan-Coder, tandis que d'autres ont réduit leurs effectifs telles Vallourec, Boussois, Sambre et Meuse. Dernière en date de ces crises, celle qui secoue Jeumont-industrie.

Seule Maubeuge-Construction-Automobile, filiale de Renault, emploie encore plus de 2 000 salariés. Comme le tertiaire ne joue aucun rôle correcteur en raison de sa faible représentation, les commerces et les services trop dépendants des usines ferment à leur tour. Dans les paysages cela se traduit par l'emprise considérable des friches, la croissance du nombre des logements vacants et, par ricochet, l'effondrement de la valeur de l'immobilier. Certains quartiers apparaissent comme dévastés avec leur cortège d'usines et de commerces fermés, de logements abandonnés. La ville de Jeumont a dépensé plus de trois millions de francs pour détruire et réhabiliter des quartiers. Les populations les plus démunies, les moins formées sont condamnées à demeurer sur place. Résultat, le taux de chômage est supérieur à 21 %, celui des jeunes de moins de 25 ans est de 39 %, autant de taux largement supérieurs à ceux de la France entière. De même on compte près de 6 % de RMIstes dans le bassin de la Sambre contre 2,5 % en France.

Pour ceux qui restent, l'espoir de trouver un nouvel emploi est bien mince. Aussi, trouve-t-on dans ces vieilles régions industrielles un cortège de travailleurs aux qualifications très modestes qui vivotent en attendant la retraite. La Lorraine compte ainsi près de 45 000 préretraités. Les autres s'en vont vers d'autres régions, notamment l'Ile-de-France dont les soldes migratoires sont excédentaires avec ces vieilles régions industrielles.

Quand les populations sont ainsi paupérisées et les paysages urbains complètement défigurés, quand l'environnement est également dégradé par des années de laisser-faire en matière de développement industriel, les chances d'attirer de nouvelles entreprises restent faibles. Pour s'en sortir, l'aide de l'État, des entreprises qui se sont désengagées par l'intermédiaire de fonds de développement, des collectivités locales est absolument nécessaire. Encore faut-il que les élus locaux soient capables de se mobiliser, de passer au-dessus des rivalités internes.

Les solutions ne sont pas simples comme le montre l'exemple du Creusot. En juin 1984, arrive l'inimaginable, pour les ouvriers du Creusot, Creusot-Loire dépose son bilan. L'Association pour le reclassement et la formation des anciens salariés de Creusot-Loire (ARFAS) est chargée de trouver des solutions pour ce personnel. Un an après, elle estime que 90 % des licenciés sont reclassés. En fait, les études conduites par le CNRS durant l'année 1987 montrent qu'à peine un peu plus de la moitié de ceux qui ont participé à l'enquête occupe un emploi. Les autres sont au chômage et dans deux cas sur trois il s'agit d'anciens de Creusot-Loire. On constate que les primes versées à des entreprises pour embaucher des ouvriers licenciés n'ont fait que retarder d'une ou deux années la mise au chômage du personnel le moins qualifié et le plus fragilisé. Enfin, parmi ceux qui exercent un travail, la part de ceux qui ne touchent que le SMIC est passée de 10 à 33 %. Pour rester sur place, les anciens ouvriers ont dû accepter une baisse de leurs revenus.

Pour attirer de nouvelles entreprises, un pôle de conversion a été créé et richement doté en moyens financiers puisqu'on estime qu'entre l'Union européenne, la DATAR, les sociétés de reconversion et les collectivités locales, un milliard de francs ont été investis. Début 1990, 200 PME étaient venues s'installer sur ce pôle de conversion, mais la plupart ont préféré Chalon, moins marquée par la mainmise de Creusot-Loire. Neuf cents emplois ont été tout de même offerts sur le Creusot dont 200 par la SNECMA. La venue de cette entreprise est bonne pour l'image de la ville ouvrière, mais hautement automatisée la SNECMA emploie peu de monde et a dû chercher hors de la région le personnel dont elle avait besoin.

Le cas du Creusot est une bonne illustration de ce qui se passe dans les régions de France affectées par la crise des industries de base. Le pôle européen, réalisé sur trois États et englobant Longwy, est de même nature. Les moyens financiers engagés y sont tout aussi considérables puisque l'aide de l'Union européenne est encore plus marquée s'agissant d'une coopération transfrontalière qui bénéficie des financements d'INTERREG. A une plus petite échelle, des démarches du même ordre sont entreprises dans le bassin de Lacq où l'épuisement du gisement va provoquer des remises en cause tout aussi graves localement. Déjà Péchiney a supprimé son usine d'aluminium de Noguères et la plate-forme chimique est menacée. Des pressions sont faites sur Elf-Aquitaine pour que la société s'associe et, surtout, finance la reconversion de ce bassin ouvrier très récent.

Peut-on parler d'un renouveau des industries de base ou faut-il croire, avec les plus pessimistes, que le déclin est irrémédiable dans une économie de plus en plus mondialisée? On ne peut se permettre de répondre simplement dans un sens ou dans l'autre. La démarche la plus sûre est de partir d'un constat sur la capacité de la France, et au-delà des pays de l'Union européenne, de conserver une industrie de base. Une seule certitude existe : pour garder les centres de décision et les usines de l'industrie de base il faut être capable d'innover constamment et de conquérir de nouveaux marchés parmi les pays les plus dynamiques de la planète. Pour répondre à ces critères, les entreprises françaises doivent accroître la part de la recherche et posséder la taille adéquate pour disposer de la force commerciale qui permet de s'imposer face aux concurrents.

Par rapport à ces exigences, il est évident qu'on peut parler de renouveau des industries de base en France au cours des quinze dernières années. L'appareil productif a été rationalisé avec les conséquences sociales que l'on sait, modernisé pour parvenir à obtenir des gains de productivité identiques à ceux de nos partenaires européens et de nos concurrents asiatiques. L'innovation a permis de s'adapter à la disparition des marchés de produits de masse et les entreprises parviennent à répondre aux besoins des clients.

La politique des «champions nationaux», poussée à l'extrême dans plusieurs des secteurs des industries de base, a finalement des résultats positifs. Les échanges commerciaux sont positifs chaque fois que le segment est occupé par une firme de grande dimension. Ainsi la sidérurgie, la chimie organique, le verre ont des soldes favorables depuis plusieurs années. En revanche, la chimie minérale, plus éparpillée et surtout l'industrie papetière n'y parviennent pas. L'aluminium constitue un cas à part en raison de l'importance du facteur énergie électrique dans le choix des localisations. A la limite, il est préférable que des investissements étrangers viennent compléter le tissu industriel dans ces secteurs en retard de restructuration comme l'industrie papetière. La taille facilite aussi les investissements à l'étranger afin de ne pas dépendre seulement du marché intérieur.

Mais les signes de faiblesse existent également. Après avoir connu des résultats positifs à la fin des années 1980, les entreprises enregistrent à nouveau de graves pertes. Les industries de base ne peuvent plus compter sur une croissance continue comme celle des « Trente Glorieuses ». Les phases de développement et de crise se succèdent en raison d'un marché plus sensible à la conjoncture et plus soumis à la concurrence de produits de substitution qui peuvent provoquer une baisse des prix aux effets dévastateurs dans des sociétés où la part du capital immobilisé est considérable. D'où la volonté de se diversifier pour répartir les à-coups de la production, quitte à pénétrer dans de nouveaux domaines.

Références bibliographiques

CHARDONNET J., La sidérurgie française : son évolution, ses difficultés, *Géographie et Recherche*, n° 82, mai 1992, 102 pages.

CHARDONNET J., Du nouveau sur l'industrie de l'aluminium, *Géographie et Recherche*, n° 64, 1987, p. 53-63.

HATEM F. et STOFFAËS Ch., *L'avenir des industries de base en France et en Europe*, Chronique d'actualités de la SEDEIS, 7 pages.

HATEM F., Le renouveau des industries de base, *Alternatives Économiques*, octobre 1990, p. 35-37.

L'industrie chimique en France, *Économie et Géographie*, n° 303, 16 pages.

L'industrie de l'aluminium, *Économie et Géographie*, n° 293, mars 1992, 16 pages.

Les aciers inoxydables, *Économie et Géographie*, n° 291, janvier 1992, 12 pages.

MASSUS M. et STURM J., L'industrie papetière vingt ans après, *Revue forestière française*, n° 4, 1992, p. 299-320.

PÉGURET A., L'industrie papetière en France et dans le monde, *Bulletin du Crédit national*, 1er trimestre 1990, 7 pages.

9. Les industries du textile et de l'habillement dans la tourmente

Avec près de 350 000 emplois au début des années 1990, les industries du textile et de l'habillement occupent la deuxième place des activités manufacturières. Ainsi se manifeste encore l'importance de ce secteur industriel, probablement un des plus anciens, qui répond à un besoin élémentaire de la consommation humaine, immédiatement après l'approvisionnement en nourriture. Ces activités appartiennent, en effet, à l'ensemble des fabrications destinées à la consommation courante des ménages, au même titre que la production de chaussures, de bijoux et que celle de biens fournis par le secteur de la parachimie et de la pharmacie. Ces deux derniers continuent d'ailleurs de progresser alors que la consommation de vêtements et de chaussures stagne.

L'ensemble de ces secteurs peut d'ailleurs être regroupé dans ce qu'il convient de nommer les industries destinées à la personne qu'une analyse globale pouvait sembler justifier. Toutefois, afin d'éviter de multiplier les études de cas et pour privilégier une présentation approfondie d'une de ces branches de l'industrie de la personne, nous avons décidé de ne retenir que les industries du textile et de l'habillement. Les autres ne seront mentionnées qu'indirectement. Mais il est vrai que, surtout dans le cas du luxe, la cohérence est forte et nous aurons l'occasion de le montrer.

Contrairement à la majorité des autres secteurs industriels, les industries du textile et de l'habillement sont soumises à une vive concurrence de la part des pays en voie de développement ainsi que des pays de l'Europe de l'Est. Il s'agit, en effet, d'une activité moins exigeante en capitaux qui peut permettre à des entrepreneurs de réussir sans trop de moyens. D'un autre côté, faute de mutation technologique importante, elle reste une activité de main-d'œuvre où les coûts continuent de peser, face à la concurrence de pays qui disposent d'un personnel abondant et bon marché.

Cependant, on ne doit pas perdre de vue que les industries du textile et de l'habillement constituent une filière bien plus complexe qu'on ne pourrait le penser à première vue. Quelques grands groupes dominent dans la partie amont de la production, alors que l'atomisation des entreprises est maximale dans le domaine de l'habillement, plus dépendant de la mode et de la conjoncture économique. Aussi les stratégies sont-elles différentes suivant les stades de production, la taille des entreprises, le marché recherché : produit standardisé ou vêtement de luxe.

Industries qualifiées de traditionnelles, les industries du textile et de l'habillement n'en occupent pas moins une place de choix dans l'emploi industriel des régions ainsi que dans la plupart des grandes villes. Or il s'agit d'un des secteurs les plus touchés par la crise économique des années 1970 et, contrairement à d'autres, il ne semble pas en mesure d'enrayer le déclin. Les conséquences sociales sont, on s'en doute, catastrophiques, d'autant plus que le textile occupait une position dominante localement, soit dans quelques régions très spécialisées, soit dans des petites villes, en milieu rural, où il occupait la première place. Les pouvoirs publics ont tenté, à plusieurs reprises, de juguler cette crise et d'interrompre l'hémorragie des emplois, sans grands succès.

1. Une grande sensibilité à la conjoncture et à la concurrence internationale

La crise que connaissent les industries du textile et de l'habillement en France n'a rien de spécifique. Elle se manifeste parmi tous les grands pays industrialisés, obéit de ce fait aux mêmes contraintes internationales, subit de la même manière les changements de comportement des ménages et pâtit fortement de l'instabilité économique de ces vingt dernières années.

Plus que tout autre élément, les pertes d'emplois dans ce secteur sont mal vécues par les populations concernées. Les syndicats manifestent leur mécontentement devant la propension des firmes à délocaliser leurs établissements, dans des pays où la main-d'œuvre est moins coûteuse. Les patrons rétorquent que la pratique des délocalisations permet de sauver des emplois en France, suggérant même que les suppressions auraient pu être plus grandes encore sans cette pratique. Cette question n'est pas nouvelle et nous avons déjà pu observer que les délocalisations étaient nombreuses dans la construction de biens d'équipements ménagers comme les postes de télévision et le secteur audiovisuel, de manière plus étendue. Mais jamais cet aspect n'a pris autant d'ampleur que dans l'habillement. De récentes études, notamment celle menée par une commission sénatoriale, insistent sur les effets de la concurrence internationale. Il s'agit donc d'un point fondamental sur lequel nous reviendrons plus longuement.

A. Une crise presque ininterrompue

De la fin des années 1960 au début des années 1980, la part de la France dans la production textile mondiale est passée de 6 % à 3 %. Les années 1970 ont donc été marquées par une crise sévère, faisant suite à des années de croissance, pendant la période des « Trente Glorieuses ». Cette période éprouvante se traduit par une réduction de 30 % du nombre des entreprises, une chute des effectifs de près de 40 % et une baisse de la production de l'ordre de 15 %.

Le début des années 1980 s'accompagne d'une amélioration sensible de la situation. Certes, les emplois continuent de se réduire, mais cela intervient au rythme de 2 % par an, au lieu de 5 à 6 % durant la deuxième moitié des années 1970. De plus cette baisse de l'effectif est plus liée à des progrès, en matière de productivité, qu'à un déclin proprement dit des industries du textile et de l'habillement. En effet, les entreprises ont considérablement investi progressant en volume de 23 % contre 14 % pour l'ensemble de l'industrie, entre 1980 et 1984. Parallèlement, le secteur améliore ses positions à l'exportation et limite la pénétration étrangère.

TABLEAU 55. — *Quelques indicateurs pour apprécier l'importance de la crise dans le textile et l'habillement*

	1980	*1984*	*1986*	*1988*	*1990*	*1991*	*1992*
Évolution de l'emploi (en milliers)	565	470	433	390	360	341	320
Nombre d'entreprises (plus de 10 salariés)		5 361		5 218	4 933		
Indices trimestriels de production industrielle	112			89	84	81	80

Source : SESSI.

Les quelques indicateurs regroupés dans le tableau ci-dessus montrent que la crise n'a finalement pas été vraiment enrayée. La dégradation de l'emploi est certainement le signe le plus palpable de la gravité de la crise. Durant la décennie 1980, les industries du textile et de l'habillement ont perdu 100 000 emplois et, depuis 1990, la filière perd régulièrement 20 000 personnes chaque année. Les dernières statistiques font état de 20 000 employés de moins dans ce secteur, ce qui ramène la filière à 300 000 en 1993, soit deux fois moins que dans les années 1970. Le recul est donc impressionnant. Chaque jour, la presse relate les difficultés de quelques entreprises de ce secteur, les plus connues, tant d'autres n'ayant pas de notoriété suffisante pour être mentionnées. C'est Éminence qui ferme deux usines dans le Gard, Uzès et Boiset-Gaujac, en 1992, ce qui s'est traduit par la disparition de plus de 230 emplois. Dim, son principal concurrent américain, en supprime deux fois plus, en cet été 1994, répartis sur plusieurs sites de production dans les Vosges, la Corrèze (Ussel), la Loire-Atlantique et Autun.

Durant l'année 1991, les défaillances d'entreprises ont concerné près de 100 entreprises dans le textile et près de 200 dans l'habillement, soit près de 15 % des défaillances d'entreprises en France dans l'ensemble de la filière. Il n'y a guère de secteurs aussi touchés puisque la moyenne en France est de 3 %, pour l'ensemble des activités manufacturières. Mais les conséquences sociales sont encore plus marquées, puisque 7 000 personnes sont concernées dans chaque cas. Aussi, les effectifs concernés, par rapport aux effectifs du secteur sont très élevés, 4 % pour le textile et même 5 % pour l'habillement contre 1,5 % en moyenne pour l'ensemble de l'industrie française. On notera que les industries de consommation sont généralement plus frappées, notamment le cuir et les chaussures parmi les industries de la personne, de même que le travail du bois. Aussi, le nombre des entreprises, dans les industries du textile et de l'habillement, se réduit-il inexorablement.

Cette évolution négative est liée aux mauvais résultats de la production industrielle, comme le montrent les indices trimestriels depuis 1980. S'il est plus difficile de mesurer la production du secteur de l'habillement, le recul de la production de fils et de tissus ne souffrent aucune contestation. Après être passée de 28 000 tonnes, en 1962, à près de 135 000 en 1972, la production de fibres discontinues synthétiques stagne actuellement à moins de 130 000 tonnes. Or c'est une des rares fibres pour lesquelles la demande reste forte. Le déclin de la filature de coton est évident; 284 000 tonnes étaient travaillées dans les années 1960, plus de 250 000 au milieu des années 1970, moins de 170 000 actuellement. De même la filature de la laine, qui représentait 150 000 tonnes jusqu'au début des années 1970, s'effondre à moins de 60 000 tonnes en 1990. Comme pour le coton, le recul est très marqué au cours des cinq dernières années, ce qui est le signe d'une tendance lourde qui devrait se poursuivre encore. Les mêmes observations valent pour le tissage.

B. Les effets de la conjoncture et de la concurrence internationale

Lors des négociations du GATT (Accord général sur les tarifs douaniers et le commerce) en 1993, les industries du textile ont manifesté leurs craintes, en menant une campagne publicitaire de grande ampleur dans la presse, tandis que le couturier Yves Saint-Laurent s'inquiétait, dans un placard publicitaire, des conséquences des contrefaçons de plus en plus nombreuses. Autant d'éléments qui traduisent la sensibilité de la profession à une crise dont on craint que les effets ne soient aggravés par les accords du GATT. De fait, la concurrence des pays extérieurs à l'Union européenne se fait de plus en plus forte, mais d'autres éléments entrent en compte qui permettent de comprendre la situation actuelle.

Comme la moitié de la production des industries textiles est destinée à l'habillement, toute évolution défavorable de la demande des consommateurs à des effets néfastes, en amont. Or la consommation des articles d'habillement stagne, de manière inquiétante, depuis plus de 10 ans, au rythme de 1 % par an contre 4 à 5 % dans les années soixante et soixante-dix. Parallèlement, la part des produits textiles et du cuir dans les dépenses des ménages se restreint régulièrement pour plafonner à 7 % du budget moyen.

Cette tendance tient certainement à la structure démographique de la population française. On sait que les personnes de 18 à 30 ans restent les plus gros acheteurs de vêtements. Or la part de cette tranche d'âge demeure stable aujourd'hui, après avoir connu une forte augmentation après la période du « baby boom ». De plus, la crise économique a un effet immédiat sur le niveau des dépenses dans le textile. Pour les ménages, c'est un des postes sur lesquels on peut facilement reporter les achats, pour les jeunes, c'est une réduction de leurs moyens financiers, et donc, de moindre tentation, pour le produit mode.

Les dépenses vestimentaires sont particulièrement sensibles aux variations des prix, or c'est un secteur où la hausse a été plus forte que celle de l'ensemble des autres produits manufacturés et la majoration a été encore plus forte, à la fin des années 1980, au moment de la libération totale des prix en France. Cette relative inflation qui pénalise la demande n'est pas de la seule responsabilité des entreprises de production, elle tient également beaucoup au mode de distribution. En effet, contrairement à d'autres pays européens, la France se signale par la part encore dominante des magasins spécialisés qui pratiquent des marges élevées, en recourant à un coefficient multiplicateur appliqué au prix d'achat. Face à la diminution des achats, ces magasins augmentent encore un peu plus les prix et recourent ensuite à des soldes massives qui ont lieu de plus en plus tôt.

Certes, on assiste à la montée en puissance des hyper et supermarchés ainsi que de la vente par correspondance, au cours des dernières années, mais cela ne suffit pas pour renverser la tendance chez les consommateurs. Les professionnels relèvent un désintérêt croissant pour les dépenses vestimentaires et considèrent qu'il s'agit d'une tendance lourde. En 1991 les dépenses dans le domaine des vêtements féminins ont stagné à + 0,1 % tandis que celles des hommes ont baissé. L'acheteur est de plus en plus attentif au rapport qualité-prix, ce qui le conduit à préférer les chaînes spécialisées où les marges sont plus faibles et à privilégier les soldes.

Le rôle de la mode est également considérable pour comprendre les variations de la clientèle. La mode permet de déclasser des produits, pourtant en bon état, et d'inciter ainsi les consommateurs à renouveler leur garde-robe. Mais en même temps des changements trop rapprochés incitent souvent les personnes, dans une plus ou moins forte proportion, à différer leurs achats ou à choisir des vêtements de moindre qualité puisqu'ils seront rapidement périmés. Au total, la mode rapproche les biens d'habillement des denrées périssables et nécessite des circuits courts dans la fabrication dont on verra plus loin l'importance dans le cas du Sentier à Paris.

Toutefois, cette reconquête des consommateurs nationaux est secondaire par rapport au principal défi que doivent relever les industries du textile et de l'habillement, en arrêtant la pénétration étrangère sur le marché national et en gagnant des positions sur le marché international. Au milieu des années 1970, la part de la concurrence étrangère estimée à 33 %, s'établit aujourd'hui à plus de 50 %.

Cette percée étrangère se retrouve dans l'analyse de la balance commerciale. Le taux de couverture de l'industrie textile était encore de 90 % en 1980, date à laquelle le déficit commercial restait limité à deux milliards de francs. En 1991, le taux de couverture a chuté à 75 % et le déficit s'est creusé pour atteindre 13 milliards de francs. Malgré les efforts de redressement, les industries de l'habillement enregistrent des déficits commerciaux tout aussi grands, plus de 10 milliards de francs pour un taux de couverture qui est passé, en dix ans, de 95 % à 65 %.

Si la concurrence des pays en voie de développement est constamment évoquée, l'étude des principaux courants commerciaux montre que les plus importants partenaires demeurent les pays de l'Union européenne. L'Allemagne est le premier client des industriels français, 18 % des exportations, tandis que l'Italie est de loin le premier fournisseur, avec 19 % des importations. En fait, les échanges sont croisés puisque ces deux pays sont à la fois nos acheteurs et nos fournisseurs, de même que dans une moindre mesure la Belgique, les Pays Bas ou le Portugal. Si le Maroc apparaît comme un client et un importateur non négligeable du fait de la présence d'établissements français délocalisés, les principaux fournisseurs appartenant au tiers monde sont la Tunisie pour 4 % des importations en 1991, suivie de la Chine avec 3 %.

Les vieux pays industrialisés, dont la France, ont mis en place au cours des vingt dernières années toute une série d'accords spécifiques portant sur les produits du textile et de l'habillement. De manière générale, il s'agit de permettre aux nouveaux pays industrialisés et aux pays en voie de développement de pénétrer le marché européen tout en exerçant un contrôle sur le volume des importations. Ces accords multifibres (AMF) se sont succédé à partir de 1974, date à laquelle le pays concerné était le Japon ce qui montre l'ampleur des changements intervenus sur le marché international du textile. La mise au point de ces accords et leur renouvellement sont du ressort de l'Union européenne ce qui explique, tout comme pour le GATT, que les industriels français s'en prennent régulièrement à la commission chargée de cette responsabilité.

Les récentes discussions, dans le cadre du GATT, sont d'autant plus importantes qu'elles s'accompagnent d'une suppression des accords multifibres et de l'insertion des produits français dans le commerce mondial. Les professionnels français font deux lectures de ces nouveaux accords. Certains notent que des pays, jusqu'alors difficilement pénétrables, comme les États-Unis et le Japon doivent s'ouvrir à la concurrence européenne et que les industriels disposent d'une dizaine d'années de transition pour devenir plus compétitifs. Les plus nombreux estiment qu'on ouvre la porte à la concurrence de l'Asie et font observer que cette zone géographique dégage, déjà, un excédent de plus de 300 milliards de francs, loin devant les pays méditerranéens comme le Maroc, la Tunisie et la Turquie. Ne faut-il pas craindre de nouveaux transferts d'établissements, et donc, de nouvelles pertes d'emplois dans les années à venir? C'est le problème de la délocalisation qui est ainsi posé.

C. Le mouvement de délocalisation est-il inéluctable?

Deux exemples pour illustrer une question qui suscite de vives réactions, chez les syndicats et les élus, touchés par une fermeture d'usine. Lorsque Lee Cooper Grande-Bretagne décide de conquérir le continent, il reprend une affaire familiale d'Amiens et le groupe conquiert 10 % du marché français. Aussi, des investissements sont réalisés pour ouvrir trois nouvelles usines dans la Somme et dans le Pas-de-Calais. Les effectifs bondissent à plus de 1 000 salariés. Mais le marché s'est retourné, les acheteurs trouvant des jeans bas de gamme, dans les grandes surfaces dont la part dans les ventes ne cessent de croître. La mode permet également à des concurrents de gagner des parts de marché. Aussi, Lee Cooper a décidé de produire les jeans et blousons classiques, les moins sujets à la mode dans son usine de Bizerte (Tunisie) où d'habiles ouvrières gagnent moins de 1 000 F mensuellement, contre 5 700 dans la Somme. Le reste est confié à des sous-traitants ou acheté tout fait. En ce qui concerne l'emploi, il est ramené à 300 en 1990, et deux des usines ont été fermées.

De son côté, Chantelle, spécialisée dans la lingerie féminine, a décidé de fermer son unité de production de Saint-Herblain, dans la banlieue nantaise afin de regrouper ses effectifs dans les autres usines situées dans le Morbihan, la Somme et la Marne. En fait, sous la pression de la concurrence, qui fabrique dans des pays où la main-d'œuvre est moins coûteuse, Chantelle accorde de plus en plus d'importance à la production des usines que le groupe a implantées progressivement dans les pays mieux placés. En dix ans, Chantelle a ouvert deux usines en Tunisie, une en Hongrie et une au Costa-Rica, et les syndicats estiment que 60 % de la production provient, déjà, de ces établissements délocalisés.

La délocalisation semble donc inéluctable quand on compare les coûts de production des établissements en France avec ceux de l'étranger. Dans ces coûts, entrent les salaires qui restent plus faibles dans les pays en voie de développement, malgré une augmentation souvent forte, consécutive à l'amélioration du niveau de vie. Ainsi, en dix années, les coûts horaires de travail (charges sociales comprises) se sont accrus de 313 %, en Corée du Sud contre 48 % en France. Mais, ils demeurent plus bas qu'en France, de l'ordre de 3 $, contre plus de 10 $ dans notre pays. Que dire alors des coûts horaires dans d'autres pays comme le Portugal (moins de 3 $), le Maroc, la Hongrie où ils sont inférieurs à 2 $, et surtout le Sri Lanka, 0,25 $ en 1990. Certes, le coût horaire n'est qu'un élément du calcul du prix de revient. Il faut y ajouter le prix de la non-qualité, les frais de transport, de stockage, les aléas du change… mais en définitive la différence est telle que les firmes françaises ne peuvent éviter que la marge unitaire soit plus avantageuse dans les pays en voie de développement. Un chemisier de femme en polyester dégage une marge unitaire de 64 francs, quand il provient d'Indonésie, de 55 francs en provenance du Maroc, contre 38 francs, quand il est sorti d'un établissement situé en France.

Dans une certaine mesure, la France paie son souci de préserver l'emploi au moment où la crise des industries du textile et de l'habillement poussait d'autres pays, comme l'Allemagne, à favoriser le finissage passif en autorisant la couture et l'assemblage dans des pays où la main-d'œuvre est meilleur marché. C'est sur cette voie que les entrepreneurs français se sont engagés comme le montre la progression tout à fait spectaculaire des importations de produits fabriqués à l'étranger en TPP (trafic de perfectionnement passif), c'est-à-dire de biens exportés semi-finis et réimportés finis. Le montant des importations en TPP a plus que doublé en cinq ans, passant de un milliard de francs à près de trois milliards. Il représente aujourd'hui près de 12 % des importations totales de l'habillement et participe, comme nous l'avons, vu au creusement de la balance commerciale.

Cependant, la délocalisation ne s'impose véritablement que pour la production de masse. Tout dépend de la place des entreprises sur le marché des produits standardisés ou sur celui de la mode. Ce dernier représente 35 % environ du marché et constitue l'élément le plus porteur, celui, où du fait de délais très courts, on peut envisager un maintien des unités de production en France. D'autre part, les entreprises tentent de réaliser des gains de productivité pour réduire l'avantage du coût de main-d'œuvre des pays en voie de développement. Quelle sera la place de la mode dans quelques années sur le marché? Quels seront les gains de productivité? Face à des questions pour le moment sans réponse, les entreprises délocalisent, mais prudemment. Chez Intexal du groupe VEV (Vitos Établissement Vitoux) comme chez un spécialiste pour enfant comme Catimini, on choisit de concentrer la production dans des ateliers bénéficiant d'investissements importants afin d'améliorer la productivité et de conserver sur place un savoir-faire qui se révélera utile le jour où les délocalisations ne s'imposeront plus.

Si, du fait des nouveaux accords conclus dans le cadre du GATT, se vérifient les hypothèses les plus pessimistes, à savoir que 55 % des tissus seulement et 30 % des vêtements (46 % en 1990) seront produits en Europe (70 % en 1990), ce qui devrait se traduire par de nouvelles suppressions d'emplois dont 150 000 en France, alors, les délocalisations vont s'accélérer. De plus, la montée en puissance de la zone asiatique va obliger les entreprises qui opèrent en amont de la filière textile à ouvrir des usines dans ces nouveaux pays. C'est ce que s'apprête à réaliser DMC, avec une usine d'impression de tissu à Hangzou en Chine. Ainsi, le rôle de l'Asie s'impose à tous. Dans ce cas, les réductions de capacité vont se multiplier et le patronat demande déjà l'aide de l'État pour y faire face.

2. Une filière complexe qui autorise des stratégies segmentées

Menacées par l'émergence de nouveaux producteurs, confrontées aux modifications de consommation de leur clientèle, les entreprises du textile et de l'habillement doivent opter pour de nouvelles stratégies de reconquête des marchés. Or, cette activité se distingue des autres par une certaine atomisation de la profession, principalement dans le domaine de l'habillement. Il paraît, en effet, moins aisé de construire une riposte quand on est une petite affaire de quelques salariés, que lorsqu'on est un grand groupe. Cela explique certainement le grand nombre de restructurations intervenues ces dernières années, de nouveaux groupes se constituant, tandis que des PMI se positionnaient sur des créneaux très spécialisés.

Mais, il faut auparavant évoquer la complexité de la filière textile-habillement. Car elle est la source des difficultés mêmes de cette activité. En effet, il faut procéder à un très grand nombre d'opérations avant de passer de la fibre au vêtement. Cela signifie que le cycle de production est extrêmement long, il faut près de deux ans entre la mise au point d'une nouvelle fibre et son apparition dans un vêtement. Les améliorations que l'on peut apporter à ce secteur doivent intervenir à tous les stades. Cela explique la moindre efficacité des politiques des pouvoirs publics, appuyés par les professionnels, dans ce domaine. Des progrès ont été réalisés pour moderniser les établissements, pour introduire un peu plus de productivité. Mais la pénétration de la modernisation est inégale car les stratégies sont conduites sur des segments de la production, et non sur l'ensemble de la filière.

A. La filière textile-habillement

De manière schématique, l'industrie du textile et de l'habillement connaît trois grandes étapes. Les fibres passent de l'état de fil à celui d'étoffe, avant d'entrer dans l'ultime phase de la confection au cours de laquelle sont créés les vêtements ainsi que de nombreux accessoires. On doit d'abord relever qu'il s'agit d'une filière relativement autonome qui consomme les deux tiers des productions intermédiaires réalisées par la branche et qui est ainsi peu dépendante des autres secteurs industriels. Certes, la chimie tient une place non négligeable en livrant des fibres synthétiques ainsi que des colorants, mais on est loin du schéma de

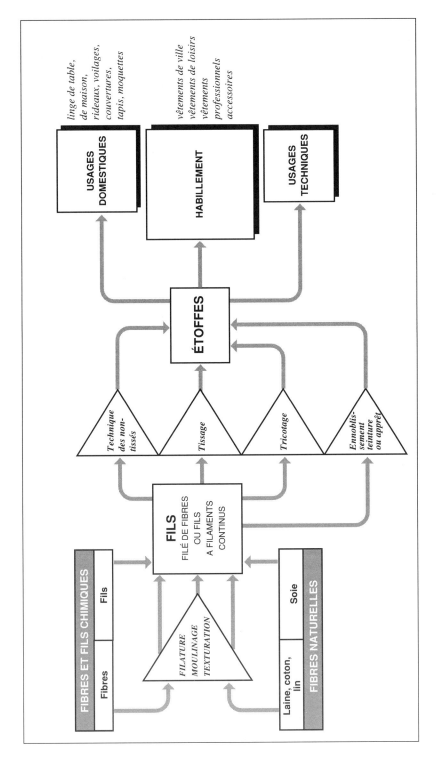

Fɪɢ. 14. — *La filière textile-habillement.*

l'industrie automobile qui fait appel à un grand nombre de branches. Les effets d'entraînement sont donc très limités, de même que les progrès dans l'électronique sont peu intégrés, si ce n'est dans de nouveaux types de matériels. Ensuite, cette filière fournit trois marchés, parmi lesquels celui de l'habillement représente environ 50 % du total. Mais, 30 % de la production est destinée à des usages domestiques tels le linge de maison, les voilages, les moquettes et le reste est orienté vers des usages techniques, notamment la fourniture en tissus de l'industrie automobile, comme nous l'avons déjà montré, ainsi que l'ameublement.

Malgré l'unité de cette filière, il est nécessaire de présenter séparément les industries du textile de celles de l'habillement. Certes, les industriels de la maille (ou tricotage) livrent des produits finis, comme les pulls, au même titre que les entreprises de l'habillement, mais globalement on a bien deux entités distinctes, en raison de caractéristiques propres.

Les industries du textile

Alors que l'industrialisation du textile au XIXe siècle s'est réalisée en sous-branches très distinctes autour, notamment, du coton et la laine, ces cloisonnements se révèlent aujourd'hui parfaitement obsolètes en raison de la place prise par les fibres chimiques. Ainsi l'industrie lainière, définie comme étant celle qui dispose d'un matériel apte à travailler la laine, utilise en fait des fibres chimiques de mêmes dimensions. Les fibres chimiques représentent plus de 62 % de la matière première de l'industrie lainière, près de 95 % de celle de la soie, 65 % du tricotage et près de 25 % des activités cotonnières. Comme on peut en juger les différences sont devenues minimes en raison de la multiplication des mélanges de matières premières et les fibres chimiques sont désormais prépondérantes.

La part des fibres chimiques dans la consommation de matières par les industries du textile (585 000 tonnes) est passée de 58 % en 1980 à près de 65 % actuellement. Ce succès est d'autant plus net que la consommation de fibres s'est fortement réduite puisqu'elle dépassait 700 000 tonnes en 1980. Ce sont les fibres synthétiques qui s'imposent, puisqu'elles comptent pour plus de la moitié, alors que la part des fibres artificielles se réduit sans cesse, pour plafonner à 10 %. Dans le groupe des fibres naturelles, le coton est la seule fibre à maintenir ses positions. Il représente, en effet, un quart de la consommation, alors que le poids de la laine s'estompe avec 5 % des matières transformées contre près de 10 % en 1980. Le rôle des autres fibres naturelles est anecdotique, notamment le lin, le chanvre, le sisal et le jute.

Pour satisfaire cette consommation, l'industrie des textiles doit s'approvisionner à l'étranger. Si cela paraît normal dans le cas des fibres naturelles, notamment pour le coton qui provient essentiellement de l'ancienne URSS, d'Afrique noire et des États-Unis, il faut relever que la France achète plus de 200 000 tonnes de fibres chimiques, principalement chez nos partenaires de l'Union européenne. Cette situation, dans le domaine des fibres chimiques, est une des conséquences des chocs pétroliers des années 1970. En effet, l'Union européenne a dû adapter sa production de fibres à un marché en récession et faire face à l'apparition de nouveaux producteurs. Des réductions de capacité ont dû être réalisées par l'ensemble des entreprises. Ainsi, la production de fibres en France, essentiellement assurée par Rhône-Poulenc et le britannique Courtaulds, a diminué pratiquement de moitié, tout en se spécialisant sur une seule fibre chimique à usage textile. Les concurrents européens ont fait de même, ce qui conduit à des échanges commerciaux très denses entre les pays européens. Rhône-Poulenc écoule l'essentiel de sa production à l'exportation et la France achète massivement aux autres pays européens pour couvrir ses besoins.

Si les fibres chimiques peuvent être utilisées directement dans les ateliers de filature, les fibres naturelles doivent subir une série de préparations. C'est plus particulièrement le cas de la laine qui doit être lavée pour éliminer environ 50 % d'impuretés. Les fibres doivent être cardées pour écarter les fibres trop courtes et peignées afin de séparer les fibres les plus longues qui pourront donner des fils fins. Les gros rubans ainsi obtenus doivent encore subir de nombreux étirements, sur les machines, avant d'atteindre une certaine cohérence. C'est au cours de ces manipulations qu'on peut introduire des fibres synthétiques pour réussir les mélanges recherchés. En définitive, on obtient une mèche étirée et tordue, sur le continu à filer. Viennent ensuite d'autres opérations comme le rebobinage, qui permet le transfert du fil sur des bobines plus grosses et plus faciles à manipuler, et le retordage. De la qualité des opérations, de la variété des fibres obtenues, de la réussite des teintes, dépend le succès du produit auprès des clients.

Des innovations ont été introduites dans les métiers de la filature. La plus pratiquée, la filature « open-end » consiste à introduire la mèche dans une turbine qui tourne à 80 000 tours/minute, ce qui permet de plaquer les fibres sur la paroi où elle s'emmêle, ce qui donne un fil homogène et régulier, directement placé sur de grosses bobines, ce qui supprime une opération. Mais cette technique n'est pas applicable à la laine, à moins de la « craquer », car les fibres sont trop longues et elle n'est valable que pour de gros volumes car les investissements sont coûteux. De ce fait, elle n'est pas introduite dans l'industrie linière en raison de son marché réduit. Ainsi, un certain nombre de bouleversements peuvent se produire dans la filature si les investissements deviennent rentables et si les nouveaux fils trouvent preneurs chez les tisseurs et les tricoteurs.

Les fibres chimiques se présentant en filaments de très longues dimensions, il faut les couper afin d'apporter plus de confort au consommateur car le fil constitué de fibres discontinues contient plus d'air, ce qui améliore son pouvoir d'isolation. Mais, on peut également conserver au filament sa longueur en ayant recours à la texturation. Il s'agit de donner plus de gonflant, en lui faisant subir une forte torsion, pendant quelques instants. Cette technique est réalisée au sein des firmes de production des fibres synthétiques ou bien dans les établissements qui travaillaient la soie.

Les fils qui sortent des filatures deviennent des étoffes à l'étape suivante. C'est l'objet du tissage, du tricotage (ou industrie de la maille) et des techniques du non-tissé. Le tissage consiste à entrelacer deux nappes de fils disposés perpendiculairement l'un à l'autre. Les fils placés dans la longueur forme la chaîne et ceux qui leur sont perpendiculaires constituent la trame. L'entrecroisement peut se faire de manière très différente et les mouvements étaient commandés, il y a encore peu de temps, par un système de cartes perforées dont les premiers exemplaires ont été mis au point par Jacquard. En jouant sur la couleur des fils, il est ainsi possible de réaliser des dessins très complexes.

Si le tricotage permet d'obtenir une étoffe comme précédemment, celle-ci a moins de tenue en raison de la technique utilisée. Le bonnetier dispose d'un métier composé d'aiguilles montées sur un bâti métallique appelé jauge. Dans le cas des chaussettes, par exemple, le procédé de fabrication est très court et on obtient un produit quasiment fini. Mais dans la majorité des cas on tricote des panneaux de dimension variable qui sont ensuite assemblés par remaillage. Aussi, l'usine de bonneterie dispose presque toujours d'un atelier de tricotage et d'assemblage, ce qui offre des analogies avec la confection.

L'électronique a évidemment fait son apparition dans le tissage et le tricotage car les microprocesseurs remplacent avantageusement les cartes perforées. On peut changer très rapidement de modèle et pratiquer des tests sur un certain nombre de dessins, avant de lancer la production de tissus pour une collection. De même, la conception assistée par ordinateur (CAO) intervient dans la création des dessins et les recettes de teinture correspondantes. Le progrès est réel, quand on sait que les coûts de création et d'échantillonnage peuvent représenter jusqu'à 15 % du prix final, dans le tissage, et même 20 % dans l'impression.

La révolution technologique est indéniable dans les industries du textile et cela s'est traduit par un accroissement notable de la productivité. Au cours des quinze dernières années on a ramené, de onze heures à une heure, le temps nécessaire pour produire 100 kg de fil cardé. La production annuelle de tissus par métier est passée de 14 300 à près de 44 000 mètres carrés et celle des filatures, de 6 à 16 tonnes par salariés. Nous avons déjà signalé que la vitesse en filature « open-end » est dix fois supérieure à la technique traditionnelle.

Mais ces nouveautés ont un coût d'entrée très élevé, ce qui limite leur introduction à quelques grandes usines appartenant à de grands groupes. Le coût d'un poste de travail en filature-tissage est passé de 500 000 francs à deux millions en quinze ans. Rien d'étonnant que l'essentiel des investissements soient le fait des industries textiles, soit 4,5 milliards sur près de 6 milliards pour la totalité de la filière. Pourtant, les entreprises françaises ont pris un sérieux retard sur leurs concurrents et les importants investissements, réalisés ces dernières années, ne servent qu'à éviter que le fossé se creuse, par rapport à la concurrence européenne et internationale. Le ratio investissement sur chiffre d'affaires était inférieur à 3 % en France, à la fin des années 1970, contre 3,5 % en RFA et plus de 4 % en Italie. Actuellement les entreprises françaises ont fait un effort qui les hisse au rang des Allemands, ratio de 4 %, mais loin derrière l'Italie avec 5,3 %.

Dans le domaine de l'emploi, cette évolution technologique pousse à des suppressions de postes puisque la productivité progresse. On comptait plus de 500 000 employés dans les années 1950, il n'y en a plus que 200 000 actuellement, parmi eux, une moitié de femmes et même plus de 70 % dans le tricotage. Mais, ces changements se traduisent aussi par une modification dans le recrutement et la formation des personnels. Ce qui faisait la spécificité du métier dans le textile s'estompe rapidement devant les connaissances nécessaires en mécanique et électronique. De même, la part des emplois de maintenance augmente. Mais les industries du textile se signalent toujours par le rôle des petites et moyennes entreprises, malgré la concentration intervenue au cours des vingt dernières années. Ainsi, plus de 2 000 entreprises comptent moins de 200 salariés, contre 80 plus de 500.

Les industries de l'habillement

Cette atomisation de la profession est encore plus forte dans les industries de l'habillement. Mais cela tient à la nature de la production qui demeure artisanale et qui ne fait pas appel à des matériels complexes et coûteux. Pour l'essentiel, les ateliers utilisent encore des machines à coudre et des presses pour l'apprêt. L'opération la plus délicate, en raison des pertes qui peuvent atteindre 20 % des quantités achetées de tissus, est la coupe. C'est donc dans ce domaine que l'informatisation a fait une entrée en force. Des programmes permettent de déterminer le placement optimal des pièces à découper et de calculer la dimension de chaque pièce, en fonction de la taille des individus. Toutefois, le coût de ces technologies réserve leur utilisation à des usines de confection livrant des vêtements en grande série, ce qui constitue la principale différence, par rapport aux petites affaires artisanales, comme dans le quartier du Sentier à Paris.

Plus que sur la description de techniques comme dans le textile, l'accent doit être mis sur les différents métiers des entreprises de l'habillement ainsi que sur la manière dont elles se sont restructurées, face à la concurrence internationale. En effet, le recours à la sous-traitance est l'élément essentiel de cette activité de telle sorte que cette dernière approche 20 % de la production, alors que cette part est inférieure à 10 % pour l'ensemble des activités manufacturières.

Le nombre de donneurs d'ordre augmente régulièrement pour atteindre 28 % des entreprises de l'habillement, alors que régressent ceux qui travaillent à façon (34 %) ou qui opèrent en compte propre (38 %). Les donneurs d'ordre concentrent leur activité sur la conception et la commercialisation du produit et s'adressent à des entreprises spécialisées nationales ou internationales, les façonniers, pour la production proprement dite. De leur côté, des entreprises en compte propre ont complètement abandonné leur activité à façon et sont venues grossir les rangs des donneurs d'ordre.

Cette relation, de plus en plus forte entre le donneur d'ordre et le façonnier, s'accompagne d'une désindustrialisation partielle. En effet, le recours à la sous-traitance étrangère est devenu la règle depuis le début des années 1980, si bien que le nombre de façonniers ne s'accroît pas tandis que leurs effectifs sont en recul. Il est clair que les industries de l'habillement sont de plus en plus portées par le dynamisme de donneurs d'ordre en raison de leurs activités commerciales, et non par des activités de production.

La contrainte de la mode a également conduit les industries de l'habillement à se restructurer sur des circuits courts en supprimant les stocks dans le cas des entreprises importantes, ou en optant pour un modèle particulier du type «Sentier» à Paris qui correspond à de toutes petites entreprises, proches de la création, travaillant avec des façonniers de toute petite taille pouvant fournir rapidement des séries courtes, dans un nombre de modèles relativement élevé. La moitié des firmes du Sentier compte moins de cinq personnes et près de 80 % moins de 10.

En se restructurant en quelques années, les industries de l'habillement affichent un dynamisme certain et résistent mieux que l'industrie textile à la crise. Mais, les stratégies choisies conduisent à deux modèles tout aussi destructeurs d'une certaine manière : celui du Sentier fondé sur l'adaptation au marché, sans respecter toujours les législations sociales et fiscales, celui de la logique du commerce international, en poursuivant la délocalisation massive.

B. Des stratégies entrepreneuriales très diverses

Les stratégies diffèrent suivant le segment de la filière textile-habillement. Les grands groupes disposent de moyens financiers pour se moderniser, mais ne se montrent pas toujours aptes à s'adapter rapidement aux évolutions du marché. L'agonie du groupe Boussac-Saint-Frères, à la fin des années 1980, l'illustre de manière presque caricaturale. Pour ne pas avoir adapté sa production à des ventes stagnantes, pour avoir refusé de proposer des collections répondant aux nouveaux besoins des consommateurs, pour avoir cru que les stocks se valorisaient quand on disposait d'un bon produit «made in France», la principale affaire textile des années 1960, à la tête de plus de 20 000 salariés, propriétaire du groupe Dior, a été dépecée.

A la fin des années 1970, trois firmes dominaient l'industrie du textile. DMC (Dolfus Mieg Cie) était présent surtout dans le coton, du fil à coudre à l'impression, en passant par le linge de maison et les tissus d'habillement. Agache-Willot s'intéressait au lin, au jute et au non-tissé (couches culottes de bébé) avant d'ajouter les départements textiles du groupe Boussac, à la fin des années 1970. Quant à Prouvost, il était présent dans la filière laine, à tous les stades de la production et du négoce. Ces trois grands groupes ont pu se constituer avec la bénédiction des pouvoirs publics qui souhaitaient que quelques grandes affaires puissent assurer la résistance de l'industrie textile, au moment de l'ouverture des frontières au sein de l'Union européenne.

Ce panorama a été profondément bouleversé, dans les années 1980, avec l'irruption des Chargeurs Réunis et le succès de B. Arnault, dans le secteur du luxe. Ces changements illustrent les conditions nouvelles de la production des textiles et des vêtements, sur le marché national et international. Pour les grands groupes opérant dans la filature et le tissage, les stratégies reposent sur la recherche d'un volume important, en jouant sur les économies d'échelle, en améliorant la productivité et en obtenant un rapport qualité/prix qui permette de se poser face à la concurrence. Pour d'autres, notamment dans la branche habillement, plus sensible à la mode et aux renouvellements fréquents, il s'agit de se spécialiser, de choisir les créneaux les plus porteurs en usant de la flexibilité et de l'innovation, tout en s'appuyant sur une gestion rigoureuse des approvisionnements et des stocks. Sur ces bases, peuvent être présentés quelques grands types d'entreprises.

Né de la fusion, dans les années 1960, de deux firmes alsaciennes, le groupe DMC poursuit sa diversification et procède à des acquisitions pour être présent sur les marchés européens. Ses fondements restent le fil à coudre, le linge de maison et surtout l'impression sur étoffe, domaine pour lequel il occupe la première place en Europe, grâce à l'acquisition d'une firme allemande. Les dernières prises de contrôle montrent que le groupe poursuit toujours la même politique car les sociétés rachetées en Irlande, Pays-Bas, Allemagne, Angleterre... viennent compléter, à chaque fois, une des spécialités.

Le groupe Prouvost a éclaté après l'OPA lancée par le patron des Chargeurs SA, J. Seydoux. Chargeurs SA a choisi de conserver la dominante laine et a accentué cette spécialisation en reprenant des firmes comme Roudière en France, ainsi que des sociétés européennes, afin d'accentuer sa domination dans l'Union européenne. Il est ainsi devenu un des premiers au monde sur le créneau du peignage (probablement 20 % du marché mondial) et du tissage de la laine (10 % de la production en Europe). Ainsi, les activités textiles de Chargeurs SA sont passées de 500 millions de francs à plus de 12 milliards, à la fin des années 1980. La fraction du groupe Prouvost qui a échappé à l'OPA et appartient aujourd'hui à l'ancien PDG Ch. Deverloy, a conservé l'activité maille et s'est étoffée de la partie textile du groupe Agache-Willot-Boussac : filature, tissage et impression.

Une toute autre manière de gagner des parts de marché, en profitant de la segmentation de la filière textile-habillement, est offerte par la percée d'un spécialiste de la finance, B. Arnault, qui contrôle le groupe LVHM (Louis Vuiton-Moët-Hennessy) présent sur toute la gamme des produits de luxe, et non sur le seul créneau de l'habillement. C'est en 1984 que ce jeune polytechnicien obtient du gouvernement de L. Fabius le droit de reprendre les reste de l'empire Boussac. Tout en apportant de nouveaux moyens financiers avec l'aide des banques, B. Arnault a délesté le groupe de toute la partie textile, ne gardant que les magasins (Belle Jardinière...), tout en faisant de Christian Dior le symbole et le pivot financier de son entrée dans le monde du luxe.

En dépit des démêlés avec les actionnaires de Louis Vuiton, malgré les effets de la crise économique du début des années 1990, LVMH continue de renforcer sa part dans les industries du luxe. Les dernières opérations sont, de ce point de vue, significatives. En 1993, en rachetant la Financière Truffaut à la banque Worms, LVMH s'enrichit du couturier japonais Kenzo qui réalise un milliard de chiffre d'affaires. Plus récemment, le groupe a absorbé les parfums Guerlain, une des dernières entreprises indépendantes françaises dans ce domaine.

Le luxe appartient donc à ces segments sur lesquels on peut bâtir une réussite, comme le montre la reprise de Yves Saint-Laurent par Sanofi (Elf-Aquitaine). Face à la production à bas prix venant d'Asie, les 70 grands noms français du luxe, adhérents du Comité Colbert, défendent la qualité, la griffe sur le vêtement, les bagages ou le parfum. Mais, cette stratégie exige d'importants moyens financiers pour réussir. Le lancement d'un parfum coûte une fortune, les maisons de haute couture peuvent perdre de l'argent comme Christian Lacroix dans LVHM. Mais, en réunissant plusieurs segments, on peut perdre sur l'un d'eux et gagner sur les autres. C'est tout le succès de LVHM qui réalise plus de 20 milliards de chiffre d'affaires et que d'autres tentent d'imiter comme Sanofi, la filiale de Elf-Aquitaine, qui cherche des synergies entre la parachimie et les vêtements de luxe en reprenant Yves Saint-Laurent.

Si les industries de l'habillement offrent des réussites spectaculaires à quelques entrepreneurs ayant su se spécialiser et imposer leurs marques tels NAF-NAF, Chevignon et Manoukian, pour s'en tenir à quelques noms, ce secteur de la filière ne permet pas la constitution de très grands groupes. Ce qui prime, comme nous l'avons déjà noté, c'est l'adaptation très rapide au renouvellement de la demande dans des circuits courts. Cette réaction est plus facile dans les petites affaires que dans les grandes.

Biderman, numéro un du prêt-à-porter masculin, est une exception à cette règle avec quatre milliards de chiffre d'affaires et plus de 8 000 salariés. Mais sa taille est aujourd'hui une source de difficultés. En effet, souhaitant renforcer sa position en étant présent dans le domaine des «marques», le groupe Biderman acquiert l'américain Cluett Peabody propriétaire des chemises Arrow et des chaussettes Gold Toe, pour 2,5 milliards de Francs. Or cet achat se révèle trop important pour Biderman qui doit faire appel aux banques, dont le Crédit Lyonnais, et à Elf Aquitaine pour faire face à une dégradation générale des comptes en Europe comme aux États-Unis. Il est question que Celio reprenne Biderman.

Tout comme Biderman, NAF-NAF a débuté au Sentier, mais cette affaire est plus représentative de la réussite des concepteurs qui fondent la production sur un réseau de sous-traitance. La griffe n'apparaît qu'en 1978 et la réussite en 1982 avec une chaîne de franchise, une usine de fabrication et une autre de teinture. De manière générale, l'entreprise-mère fait œuvre de création, accorde des licences de fabrication pour des vêtements qui sont conçus à l'extérieur de l'entreprise. C'est la place majeure de la création et du négoce sur la production qui classe NAF-NAF dans la logique du Sentier, même si la production se réalise dans un rayon de 100 km autour de Paris et qu'il est fait appel à la sous-traitance internationale. Aujourd'hui NAF-NAF montre qu'il est possible de s'adapter à la crise puisque la firme des frères Pariente possède plus de 140 magasins en France, une trentaine à l'étranger et s'apprête à reprendre Chevignon.

Il n'est pas nécessaire d'être du Sentier pour parvenir au même résultat, comme le montre le parcours de Manoukian dont le premier magasin est ouvert à Colmar en 1972. Mais l'état d'esprit est le même : «notre atout c'est d'être avant tout des commerçants. Un fabricant enfermé dans les murs de son usine ne peut pas percevoir l'évolution de la mode. Seuls les distributeurs peuvent le sentir». Ainsi s'affirme un autre modèle d'entreprise au sein de la filière textile-habillement.

3. Les conséquences spatiales des restructurations en cours

Les difficultés conjoncturelles et structurelles des industries du textile et de l'habillement ne se mesurent pas seulement aux pertes d'effectif, à la stagnation, à la réduction du chiffre d'affaires ou à la recomposition des entreprises. Toutes ces mutations ont aussi des conséquences spatiales, dans la mesure où les effets ne sont pas les mêmes suivant les régions, suivant les spécialisations dans tel ou tel segment de la filière et suivant la capacité de réaction des entrepreneurs. Or les industries du textile et de l'habillement sont présentes dans presque toutes les régions si bien que les retombées négatives sur l'emploi sont sensibles partout, mais en même temps elles sont relativement concentrées dans un petit nombre de régions et de villes où l'impact social est fort. Ce dernier peut s'exprimer sous la forme de la montée du chômage quand les établissements ferment. Mais cela peut également se manifester sous la forme d'une montée des précarités, de la baisse des revenus dans les cas où les adaptations conduites par les entreprises sont fondées sur la flexibilité et le travail plus ou moins clandestin.

A. La répartition des effectifs

Trois régions s'imposent nettement si on s'en tient aux seuls effectifs de l'ensemble de la filière. Le Nord-Pas-de-Calais rassemble plus de 17 % des personnes, Rhône-Alpes et l'Ile-de-France de 14 à 16 %. Un peu plus du tiers des emplois est donc concentré dans ces trois régions avec des effectifs supérieurs à 50 000 personnes dans chacune d'elles. Viennent ensuite des régions du Bassin parisien, telles Champagne-Ardennes, Centre, Picardie, ou de ses marges comme les pays de Loire et la Lorraine, où la part dans l'effectif national reste supérieure à 3 %. Dans les régions situées au sud de la Loire, seule Midi-Pyrénées fait exception avec plus de 4 %, tandis que pour toutes les autres cette part est comprise entre 1 et 2 %.

On peut donc constater que la répartition des industries du textile et de l'habillement n'a pas été véritablement affectée par les bouleversements intervenus au cours des vingt dernières années. La spécialisation de certaines régions demeure toujours aussi forte. La place de la région du Nord et de Rhône-Alpes s'est affirmée dès le XIXᵉ siècle et, c'est également durant cette période, que Paris apparaît comme une grande capitale de la mode. Toutefois, des différences sensibles persistent dans la répartition, suivant que l'on observe les industries du textile ou celles de l'habillement.

Dans un contexte de forte réduction des emplois, entre le début des années 1970 et aujourd'hui, puisque l'industrie du textile a perdu la moitié de ses effectifs pour se stabiliser à 200 000 actuellement, la suprématie du Nord-Pas-de-Calais a été légèrement entamée. Cette région rassemblait près de 30 % de l'effectif national de cette branche en 1972 alors que cette part est tombée à 24 % aujourd'hui. Dans le même temps, Rhône-Alpes fait preuve d'une meilleure résistance puisqu'en reculant en valeur absolue, l'effectif de cette région représente toujours 20 % des effectifs du pays. On peut observer également que la Lorraine, la Haute-Normandie ainsi que l'Ile-de-France sont les régions qui régressent le plus en valeur relative. Au contraire, les régions moins dépendantes de l'industrie textile améliorent leur position relative, probablement parce que les petites entreprises locales ont mieux su s'adapter à la crise.

Tout au contraire des industries du textile, la suprématie de l'Ile-de-France et des pays de la Loire n'a pas été remise en cause par la régression, il est vrai un peu moins forte, des emplois au cours des vingt dernières années dans l'habillement. Certes, cinq régions se détachent avec plus de 5 % des effectifs nationaux et, parmi elles, on retrouve bien sûr le Nord-Pas-de-Calais et Rhône-Alpes. Mais, l'Ile-de-France avec 16 % des emplois totaux et les pays de Loire avec 14 % font toujours preuve d'une grande vitalité. Si on y ajoute la région Centre qui dépasse 8 % on est en présence d'un véritable axe de développement.

Ces transferts dans la répartition des emplois dans l'espace national sont la traduction des restructurations analysées auparavant. En schématisant, on peut

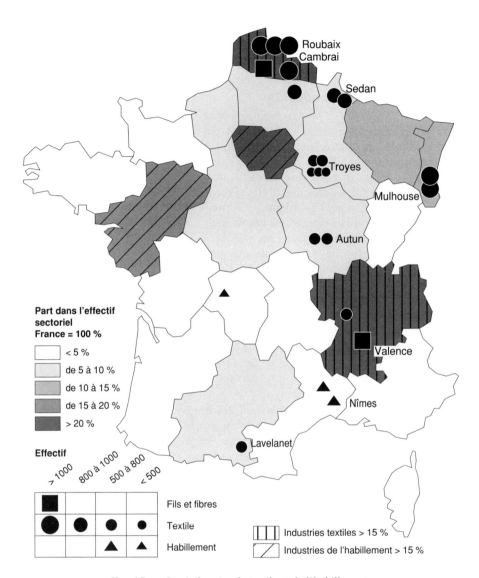

FIG. 15. — *Les industries du textile et de l'habillement.*

avancer que les régions trop orientées dans le travail du textile sont plus pénalisées que celles qui fabriquent des vêtements. De même, au moins pour le moment,
les régions où les entreprises travaillent selon des circuits courts semblent dotées
d'un dynamisme plus grand. A ce titre, les grandes villes semblent privilégiées
pour la confection, à moins de se trouver dans le cadre de districts industriels
comme celui du Choletais. Ceci nous amène donc à faire une analyse régionale
plus précise des évolutions en cours et de leurs conséquences spatiales.

B. Le recul de la plupart des vieilles régions d'industrie textile

La localisation des industries du textile et de l'habillement s'est donc peu modifiée puisque les grandes régions de production correspondent à celles du XIXᵉ siècle. Si de nombreux établissements ont été fermés, peu ont été créés, ce qui participe à cette stabilité géographique. Les implantations actuelles résultent pourtant de longues évolutions et dépendent de facteurs forts différents. A l'origine, les entreprises se sont développées dans les régions qui disposaient de la matière première : la laine dans les piémonts montagnards, la soie dans la vallée du Rhône ou encore le lin dans les Flandres. Tout aussi importante a été la fonction commerciale, la position sur quelques grandes routes des échanges, pour expliquer par exemple, le développement de la bonneterie dans la région de Troyes. Par la suite, d'autres facteurs se sont ajoutés, telle la présence de sources d'énergie, — hydroélectricité et surtout de gisements charbonniers —, ou encore les possibilités d'importation qui ont permis à quelques régions proches des ports de renforcer leurs activités.

Tous ces facteurs expliquent la diffusion des industries du textile et de l'habillement dans la majeure partie du territoire. De plus, pour des raisons techniques, qui tiennent au fonctionnement de la filière telle que nous l'avons présenté, il est possible de scinder les différentes opérations et la plupart du temps les entreprises ne doivent pas mobiliser d'importants capitaux, ce qui joue en faveur de l'éparpillement sur le territoire national.

Dans les faits, on constate cependant une réelle concentration qui s'explique par des phénomènes de polarisation qui jouent en faveur du rapprochement des entreprises. On sait que la création d'entreprises s'est souvent réalisée, tout particulièrement dans les Vosges, autour de contremaîtres qui avaient acquis leur savoir-faire auprès de leurs patrons. D'autre part, l'atomisation des structures de production peut être largement compensée par une concentration des firmes dans une même région. Leurs clients et leurs fournisseurs les joignent plus facilement. Surtout, les petites affaires peuvent bénéficier d'un environnement de services, dans des domaines aussi divers que la maintenance du matériel, la commercialisation et de la gestion.

Actuellement la plupart de ces éléments pèsent moins puisque la révolution des moyens de communication et surtout la rapidité des échanges d'information ne poussent plus à cette concentration. Dans les faits, on observe qu'elles perdurent, mais les régions qui s'en tirent le mieux sont celles qui sont les plus diversifiées, qui ont su ajouter l'industrie de la maille et les industries de l'habillement à la filature et tissage. Ainsi s'explique le déclin presque irrémédiable des vallées vosgiennes, alors que le Nord-Pas-de-Calais et la région Rhône-Alpes se maintiennent. Enfin, le Choletais plus spécialisé dans l'habillement continue de faire preuve de réelles capacités d'adaptation.

Avec respectivement 17 % des emplois du textile et plus de 6 % de ceux de l'habillement, la région du *Nord-Pas-de-Calais* demeure la première de France et cette activité reste la première de la région. C'est une des rares régions où toutes les branches de production sont représentées, à l'exception de la soierie, même si le travail de la laine constitue toujours un point fort aux côtés du coton et des fibres chimiques. Peu concentrée jusqu'au XVIIIᵉ siècle, telle qu'on la retrouve encore aujourd'hui dans le Cambraisis, l'industrie textile de la région a présenté un caractère urbain de plus en plus accusé. L'agglomération Lille-Roubaix-Tourcoing rassemble la majorité des travailleurs de ce secteur. A la suite d'un certain nombre de transferts, Roubaix s'est spécialisé dans le coton alors que Lille optait plutôt pour la soie. Cette industrie textile a pu bénéficier d'une main-d'œuvre abondante, constituée, d'abord par les migrants belges franchissant quotidiennement la frontière, puis par des femmes venant des bassins charbonniers. Le recul de l'emploi est tel qu'il n'y a plus de problèmes pour trouver de la main-d'œuvre. Celle-ci se masculinise en raison d'un travail en continu et des progrès de l'automatisation. On comptait 190 000 personnes en 1954, alors qu'aujourd'hui on approche 60 000. Au sein de l'agglomération, Roubaix et Tourcoing ont été les plus touchées, avec des effectifs ramenés à 23 000 et un taux de chômage parmi les plus élevés de France.

L'industrie textile du Nord-Pas-de-Calais pâtit de sa trop forte orientation dans la filature du coton et de la laine. Elle possède en effet les trois quarts des filatures de laine et de coton contre 1/3 et 1/4 des usines de tissage. L'utilisation de fibres chimiques a pris du retard, la région ne possédant d'ailleurs que deux importantes unités dont celle de Rhône-Poulenc à Saint-Laurent-Blangy qui compte 1 000 salariés. Le travail du lin dans la vallée de la Lys est en déclin, la filature se faisant à Lille et le tissage à Armentières. Quant aux transformations du jute, elles sont en voie de disparition.

Les grands établissements ont vu fondre leurs effectifs et la lainière de Roubaix (anciennement Prouvost et aujourd'hui du groupe VEV), principale usine textile locale ne compte que 1 600 personnes. Elle souffre du déclin du tricotage à domicile. Un réel effort a été fait pour redéployer les activités textiles vers l'industrie de la maille. Aussi, la part de la bonneterie a progressé, tant dans l'agglomération de Lille que dans ses alentours. Intexal du groupe (marques Rodier, Vitos…) est la première usine dans cette branche, avec 1 000 emplois à Cambrai. Le textile anime donc toujours les villes de toute la région. Il est ainsi présent à Calais et constitue une des activités majeures de Saint-Quentin en Picardie.

La région *Rhône-Alpes* talonne le Nord-Pas-de-Calais en rassemblant près de 50 000 emplois dans les industries du textile et de l'habillement. Cependant les industries du textile et de l'habillement n'occupent pas la première place dans la région, largement devancées par des industries métallurgiques et d'équipement, voire talonnées par la construction de véhicules terrestres. Plus que de Rhône-Alpes il conviendrait, par ailleurs, de parler de Lyon et de l'axe rhodanien, tant cette activité demeure concentrée dans la partie ouest de cette région. De fortes spécialisations locales demeurent, le plus souvent liées à des héritages ou à l'introduction de la chimie dans le couloir rhodanien. Ainsi, l'ennoblissement et la filature des fibres chimiques se localisent entre les trois grands centres de cette activité que sont Roanne, Lyon et Valence. Le moulinage et la texturation se réalisent plutôt dans la Drôme et l'Ardèche. On relève aussi quelques spécialisations locales comme la rubanerie à Saint-Étienne, les voilages à Tarare et la bonneterie à Roanne.

Bénéficiant de l'implantation de la raffinerie de Feyzin, cette région a pu se diversifier et devenir le principal pôle de production de fibres synthétiques. De tous les établissements de Rhône-Poulenc, celui de Valence reste le plus important et compte actuellement 1 200 salariés. Cette orientation vers les fibres synthétiques a permis à l'industrie textile locale de se renouveler et de s'adapter aux changements intervenus sur le marché. La région a perdu des emplois mais a conservé sa place dans la hiérarchie nationale.

L'ensemble constitué par *l'Alsace* (plus précisément le Haut-Rhin), les vallées vosgiennes lorraines et le nord de la Franche-Comté, est marqué par l'industrie cotonnière. Rappelons que le développement de cette industrie textile doit beaucoup à l'histoire. Mulhouse était, au XVIIIe siècle une république indépendante où des manufactures d'indiennes ont pu prospérer, quand leur fabrication était interdite dans toute la France afin de protéger la soierie. Bénéficiant, ensuite, du dynamisme des entrepreneurs, d'une main-d'œuvre disponible en montagne, de la présence d'eau dans le massif vosgien, cette industrie textile a essaimé notamment dans les vallées occidentales des Vosges. Ce schéma est aujourd'hui remis en cause. Le déclin de l'activité dans les Vosges semble irrémédiable, tandis que les usines se regroupent autour de quelques grandes villes, Mulhouse avec deux usines DMC de plus de 1 000 salariés ainsi que secondairement Épinal pour les filatures et le tissage, tandis que Nancy et Besançon possèdent surtout une activité dans la maille et l'habillement.

Parmi les autres régions de moindre importance, on relève des situations très contrastées. L'industrie lainière de *Midi-Pyrénées* est en crise. Fondée par la bourgeoisie protestante, l'activité de Castres et de Mazamet reste marquée par le délainage. De son côté le pays d'Olmes, autour de la ville de Lavelanet (9 000 habitants), dans la vallée pyrénéenne de la Touyre, entièrement vouée au textile depuis près de deux siècles, donne une parfait exemple de la crise qui frappe de petites régions marquées par la monoactivité. Depuis longtemps, jusqu'à 70 entrepreneurs drainaient des commandes pour faire vivre une multitude de filatures, de métiers à tisser, de teintureries et autres fabriques liées. Au sein de ces petites affaires, surgissait, en fonction de la conjoncture, un groupe plus important tel Roudière actuellement, qui employait 2 400 personnes en 1985, dans un bassin d'emploi qui n'en compte pas plus de 20 000. Entre 1988 et 1989, le pays d'Olmes a perdu une trentaine d'affaires en faillite, quelque 1 500 postes de travail auxquels s'ajoutent ceux liés au plan de redressement de Roudière qui prévoit quelque 750 chômeurs de plus. Or le textile a tellement atrophié l'économie locale que plus rien ne peut se construire sans lui, ce qui rend difficiles les projets de reconversion, dans une petite région dangereusement enclavée.

Heureusement, la région de *Troyes* et le *Choletais* ont fait preuve de qualité d'adaptation. Troyes reste la capitale de la maille, depuis le développement des métiers à tricoter au cours du XVIIIe siècle, et le textile représente aujourd'hui plus de 15 % des emplois de la région Champagne-Ardennes. Devanlay SA est le premier employeur local avec plus de 3 300 salariés, répartis dans des unités de dimension modeste, comme les ateliers de Troyes, Saint-Dizier et Romilly-sur-Seine. Pour sa part Poron-Diffusion a deux usines à Troyes. Le cas du Choletais est plus étonnant, en ce sens que les industries de l'habillement et de la chaussure y occupent une grande place et débordent même sur la Vendée, tandis que les entreprises de la petite ville de Cholet continuent de jouer un rôle de donneurs d'ordre et y ajoutent des fonctions de négoce, de services et de création, pour toute la région. Si quelques affaires comptent plus de 500 salariés, ceux-ci se répartissent entre plusieurs ateliers dispersés dans le Choletais. Cette structure n'exclut pas la crise qui se traduit, ici aussi, par des pertes d'emplois, mais les effets en sont limités par un effort d'adaptation permanent.

C. La dynamique « Sentier » dans les grandes villes

La place de l'Ile-de-France est tout à fait exceptionnelle en raison de sa spécialisation dans l'habillement (près de 20 % des emplois français) et de la concentration des activités dans un quartier de Paris, le Sentier, dont le nom désigne, aujourd'hui, un modèle de fonctionnement valable dans d'autres grandes villes, en France et en Europe. Les très grandes villes possèdent des avantages qui expliquent le maintien des activités d'habillement alors que, par ailleurs, toutes les autres parties de la filière ont disparu. Parmi ces atouts on soulignera la qualité de l'information, si importante pour apprécier les effets de mode, la présence de classes aisées mais aussi de catégories sociales ouvertes au changement dans l'habillement, ainsi que l'existence de populations récemment fixées qui sont souvent utilisées parce qu'elles ne peuvent ou ne veulent pas défendre leurs droits sociaux de la même manière que les autochtones. Tous ces éléments se retrouvent à Paris, secondairement à Lyon et Marseille.

Le Sentier, à Paris, correspond aux quartiers orientaux du 2ᵉ arrondissement. Il s'est constitué, surtout après 1850, par implantation de commerces textiles et de fabricants de vêtements qui colonisent les rues Grenata, du Caire, Sébastopol, Réaumur... Ce quartier a fonctionné surtout comme une structure commerciale pendant la période du prêt-à-porter qui facilitait l'industrialisation de la production, grâce à de longues séries de vêtements. Les usines sont en banlieue ou en province à la recherche de terrains et d'une main-d'œuvre bon marché. L'irruption du prêt-à-jeter et l'avènement du circuit court dans la filière, à partir de la crise de 1973, donnent naissance à la vocation de production actuelle.

Sur un peu plus de 50 ha, on compte près de 1 500 entreprises employant plus de 13 000 personnes, soit une concentration exceptionnelle qui se traduit aujourd'hui par un manque d'espace et des difficultés dans les déplacements. Mais la faiblesse des loyers a permis aux industriels ou négociants d'occuper des immeubles entiers. Leur maintien est assuré tant que la rénovation n'aura pas atteint le secteur. Alors que le circuit productif long, qui a bénéficié de l'aide de l'État pour se restructurer, ne parvient pas à enrayer la crise, les entrepreneurs du Sentier ont mis en place un circuit court, rassemblant tous les éléments de la filière : du commerce de tissus jusqu'à la vente, en passant par la production. En ce qui concerne cette dernière, les « fabricants » ne produisent aujourd'hui plus rien puisque leur rôle se limite au choix des tissus, à la création des modèles et parfois à la coupe. Le reste est confié à des sous-traitants, les « entrepreneurs », qui opèrent dans des structures très artisanales, souvent clandestines, quand ils ne résident pas dans le Sentier où les contrôles sont aisés. Ces producteurs sont souvent des « étrangers » qui embauchent des membres de leur famille ou des proches afin justement d'échapper aux règles sociales trop strictes dans la profession, quand il s'agit de répondre à une demande très mouvante. C'est à ce titre que le Sentier a pu être qualifié « d'espace ambigu ».

La clandestinité correspond alors à du travail à domicile, hors du Sentier, où le contrôle est plus difficile, souvent en banlieue. L'installation dans un pavillon rend toute surveillance impossible et c'est à la périphérie de Paris qu'a été découverte la majorité des ateliers clandestins. NAF-NAF, qui est une sorte de référence dans le Sentier, possède une boutique-entrepôt rue du Caire, un atelier dans le 10e arrondissement de Paris, six établissements de production dans l'est parisien, dont deux à Villers-Cotterêts et à la Fère-en-Tardenois. C'est un exemple de la manière dont les entreprises du Sentier étendent leur aire de fonctionnement.

Dans un excellent travail sur le Sentier à Paris, on a pu affirmer que «la souplesse du Sentier, pour indispensable qu'elle soit dans un contexte législatif obsolète, n'en repose pas moins sur le non-respect des règles en vigueur et constitue un facteur de désorganisation sociale ainsi qu'un délit condamnable en droit». De fait, la fraude sous toutes ces formes est considérable : travail clandestin, fraude sur les charges sociales, fraude fiscale, fausses factures, copies de vêtements de luxe... Et ce système encourage l'immigration puisqu'on puise dans cette main-d'œuvre pour produire à bas prix. Pourtant, le modèle est toléré parce qu'on mesure mal les conséquences de sa disparition, ce qui pousse les pouvoirs publics à fermer les yeux, reconnaissant, par la même, la réussite momentanée du Sentier.

Beaucoup plus récemment, les industries de l'habillement ont occupé le 1er arrondissement de Lyon, à la fin des années 1970, en donnant ainsi naissance à un «Sentier». Les activités d'assemblage ont dû s'expatrier, faute de place. Mais pour les reste, le quartier de Lyon anime commercialement toute la région du Sud-Est de la France, en matière de confection. Implanté dans le 1er arrondissement de Marseille, le «Sentier» marseillais regroupe 80 % des entreprises de l'habillement des Bouches-du-Rhône. Mais il a surtout la particularité de couvrir les besoins de deux marchés, dont celui d'Afrique du Nord, de loin le plus important.

L'ensemble des acteurs s'accorde pour reconnaître que toute la filière textile-habillement s'affaiblit. On peut en effet faire un bilan particulièrement sombre des dernières années qui viennent de s'écouler. Chaque année la filière perd de 10 000 à 20 000 personnes, chaque année le taux de couverture commercial se réduit du fait de la poussée des importations, le chiffre d'affaires des firmes est en baisse et les investissements restent insuffisants pour redynamiser la profession et moderniser l'appareil de production. Les dévaluations monétaires des pays du sud de l'Union européenne n'arrangent rien car la compétitivité des concurrents espagnols, portugais et surtout italiens devient plus forte encore. Sans compter que les firmes asiatiques ne se contentent plus d'être présentes sur le seul marché de l'habillement puisque plusieurs pays constituent une filière complète.

En outre, l'intervention de l'État a été modeste, le dernier grand plan textile-habillement remontant au début des années 1980. Cette action est par ailleurs limitée par le fonctionnement même de l'Union européenne qui ne tolère pas une atteinte à la libre concurrence et qui favorise une meilleure circulation des produits avec l'achèvement du grand marché intérieur. Certes, la partie amont de la filière a amélioré ses positions en Europe grâce à la concentration de la production, organisée autour de trois grands groupes de taille européenne : Chargeurs SA, Prouvost-Deverloy et DMC. Du côté des entreprises de la confection, le luxe se vend toujours aussi bien à l'étranger ce qui permet à LVMH de construire un ensemble cohérent sur un des segments les plus porteurs de la filière. De même, quelques petites entreprises étonnent par leurs capacités à s'imposer sur des créneaux, grâce au succès d'une marque.

Mais tout cela ne suffit pas à enrayer un recul que les dernières négociations internationales rendent peut-être encore plus inéluctables. Certains pensent que les pouvoirs publics et le patronat doivent désormais accompagner le repli de la filière sur ses meilleures positions, sauver ce qui peut l'être, comme la mode parisienne et le luxe. Au moins pour les prochaines années, les délocalisations vont s'accélérer. Pour les entreprises qui utilisent encore beaucoup de main-d'œuvre, c'est l'obligation de faire quelques économies en s'implantant dans les pays du sud de l'Union européenne et dans les pays du bassin méditerranéen. Pour les entreprises les plus puissantes, ces délocalisations permettront d'être présent sur les nouveaux pôles de production du textile et de l'habillement, notamment en Asie et en Amérique latine. Cette stratégie ne fera qu'accroître la crise des régions trop dépendantes d'une monoactivité dans le textile ou l'habillement.

Références bibliographiques

BIALOBOS Ch., L'industrie française des produits de luxe et les investisseurs étrangers, *L'Expansion*, 12 mars 1989, 3 pages.

DUBOIS P., L'industrie de l'habillement, l'innovation face à la crise, *Notes et Études documentaires*, n° 4852, 1988, 142 pages

Économie et géographie, L'industrie textile française, n° 257, septembre 1988, 16 pages.

Économie et Géographie, Les textiles chimiques, n° 226, juin 1985, 12 pages.

LOIZEAU H., La délocalisation est-elle encore la clé de la réussite dans l'industrie de l'habillement?, *L'Usine nouvelle*, 28 mars 1991, 3 pages.

MONTAGNÉ-VILLETTE S., Crise et adaptation du prêt-à-porter français, *L'Information géographique*, n° 4, 1985, p. 137 à 142.

MONTAGNÉ-VILLETTE S., *Le Sentier, un espace ambigu*, Masson, Paris, Recherches en géographie, 1990, 142 pages.

NOBLOT T., L'adaptation de l'industrie textile à la concurrence internationale, *Analyse financière*, 2e trimestre 1985.

SESSI, *L'industrie de l'habillement : une mutation obligée*, Collection Chiffres et documents, juin 1991, 4 pages.

Conclusion générale

Activités industrielles et aménagement du territoire

Durant la phase de développement industriel et de concentration de l'appareil de production qui va de 1965 à 1974, l'État apporte son aide aux régions affectées par le déclin de leurs activités et pratique surtout une politique volontariste de décentralisation industrielle. Les premières zones menacées par l'ouverture du marché national à la concurrence étrangère correspondent à des bassins miniers vétustes, des territoires trop spécialisés dans les industries du textile, de l'habillement et du travail du cuir. L'aide à la reconversion des forges de Hennebont, à celle du bassin minier de Decazeville, illustre les premières formes d'actions pour atténuer les effets de la crise.

La politique de décentralisation est au centre de la politique industrielle de l'État, favorable à un rééquilibrage du territoire. Dès 1954, des prêts sont accordés à des entreprises qui acceptent de s'installer dans des emplacements recommandés, tandis que l'agrément préalable est exigé en région parisienne dès 1955. De 1960 à 1967, plus de cent établissements quittent tous les ans la capitale, le mouvement se ralentissant ensuite fortement avant même le déclenchement de la crise. Ces transferts ont profité principalement aux régions qui cernent l'Ile-de-France et, plus particulièrement, au Centre et aux régions de l'Ouest. Ce sont les industries productrices de biens d'équipement qui ont le plus participé à cette redistribution spatiale. Les effectifs des industries de biens d'équipement ont en effet été multipliés par quatre en Bretagne et par huit en Normandie et nous avons déjà indiqué que l'industrie automobile a joué un rôle essentiel dans ces transferts. Elle n'est pas la seule, car les industries de l'électronique ont également ouvert des établissements dans le grand Bassin parisien. Ce qui peut être considéré comme un succès pour l'État doit être relativisé, car la politique de décentralisation est intervenue au moment où l'industrie des biens d'équipement connaît une transformation dans ses méthodes de production, ce qui autorise l'éparpillement spatial et la recherche d'une main-d'œuvre meilleur marché.

La période 1974-1981 est celle du recul de l'industrie dans l'économie française. Mais, nous avons déjà vu que ces évolutions négatives affectent surtout les industries de base, les industries traditionnelles comme le textile. Dès 1980, le comité d'aménagement du territoire prend acte qu'il «ne disposera plus des bataillons de l'industrie pour mener sa politique de décentralisation et d'équilibrage de l'emploi entre les régions». L'État doit mobiliser des sommes considérables en faveur des pôles de conversion pour tenter de sauver les bastions industriels les plus anciens et les plus puissants, tels la Lorraine et le Nord-Pas-de-Calais.

L'évolution de l'emploi salarié par région, entre 1967 et 1982, reflète parfaitement ces nouvelles tendances sectorielles dans l'industrie et leurs conséquences spatiales. Si pour l'ensemble de la France la variation est de − 3 %, pendant la période considérée, cinq régions enregistrent un recul plus marqué. Ce dernier, de l'ordre de 20 % pour la Lorraine et le Nord-Pas-de-Calais, est le signe de l'ampleur de la crise des industries de base et du textile. En revanche, la forte déperdition de l'Ile-de-France, en effectif, traduit bien les résultats de la politique de décentralisation industrielle. Rhône-Alpes (− 8 %) et Franche-Comté (− 2 %) ont limité les dégâts. Si toutes les autres régions enregistrent des gains entre 1967 et 1982, on doit souligner les progrès spectaculaires des régions proches de l'Ile-de-France : 33 % pour la Bretagne et entre 20 et 25 % pour pays de Loire, Basse-Normandie, Centre, Poitou-Charentes. Il s'agit d'un effet de rattrapage dans des régions jusqu'alors peu industrielles.

S'appuyant sur ces oppositions, on a pu avancer qu'on se trouvait devant un profond mouvement de rééquilibrage des activités industrielles dans l'espace français, au profit des régions du Sud et de l'Ouest. Au fond, les régions les plus rurales sont moins spécialisées, disposent d'un tissu de petites et moyennes entreprises industrielles plus aptes à s'adapter au nouvel environnement international. Juste revers de la médaille, les régions les plus anciennement industrialisées sont doublement pénalisées par leur monoactivité et le rôle des grands groupes qui opèrent de nombreux licenciements. C'est le succès de la « France inverse ».

C'est l'époque de la formule « small is beautiful », non seulement parce que la taille permet la flexibilité mais surtout parce que les entreprises de haute technologie, le plus souvent des PMI innovantes, font la démonstration de leur dynamisme. Cela correspond à une nouvelle organisation du travail et de la production, fondée sur un dépassement du fordisme, sur l'externalisation des fonctions et sur un renforcement du rôle des PMI.

Aussi, s'intéresse-t-on aux « systèmes productifs localisés » qui se définissent par le regroupement d'entreprises sur un territoire, autour d'un ou plusieurs métiers industriels, dans le cas d'activités pour lesquelles il est possible de morceler le processus de production en phases et en produits. Dans un tel système, les échanges d'informations jouent un rôle fondamental et il est localisé, car il convient de réduire les coûts des transactions. De tels systèmes localisés, le plus souvent hérités, sont observés dans le Choletais, à Thiers (coutellerie), dans la vallée de l'Arve (décolletage), la construction de bateaux de plaisance (Vendée et La Rochelle)…

D'autres travaux insistent sur le resserrement de la croissance économique autour de grands pôles métropolitains, alors que les années précédentes se caractérisaient par une croissance plus harmonieuse sur l'ensemble du pays. Les liens étaient alors puissants entre le centre et sa périphérie et c'est selon ce modèle que le redéploiement des activités de Paris a été conduit. Dans le contexte actuel on peut penser que ce « couplage » entre le pôle et sa région est moins fort. Au plan régional ce sont les grandes villes qui font preuve de dynamisme et leur trajectoire peut complètement diverger de celle de leur région. Dans nos économies industrielles actuelles le coût et la qualité dépendent des capacités d'organisation, c'est-à-dire de la faculté de combiner de manière efficace plusieurs ressources. Dans ce domaine, les villes, surtout les métropoles régionales sont mieux placées car elles peuvent offrir aux entreprises les services dont elles ont besoin. Les villes possèdent un patrimoine de compétences, notamment en matière de recherches pour les activités de haute technologie et sont aptes à les mobiliser en raison de l'implication de plus en plus forte des responsables économiques et politiques.

Cette relecture du rôle du territoire, celui des villes comme des systèmes de production localisés est à mettre en relation avec les nouvelles réflexions sur l'aménagement du territoire. La politique industrielle ne peut être seulement fondée sur les créations d'entreprises et sur la chasse aux entreprises étrangères. Il y a des progrès à faire pour améliorer l'environnement des entreprises existantes afin de consolider les tissus industriels locaux existants et jusqu'alors un peu négligés. Profitant des lois de décentralisation, les collectivités territoriales se sont engouffrées dans cette brèche, appuyées par les actions de l'Union européenne, dans le cadre du Fonds européen de développement régional (FEDER). Leur intervention est d'autant plus forte que l'État se désengage depuis quelques années.

On peut mesurer cette mobilisation des collectivités territoriales et de l'État à partir des politiques menées dans le domaine de la recherche et du développement et de leurs résultats en taux d'innovation. Les régions les plus innovantes forment une couronne au sud et à l'est de l'Ile-de-France, seule la Picardie en fait partie dans la moitié nord du Bassin parisien. Ces oppositions tiennent à la fois au tissu industriel régional et à la politique locale en faveur de la R et D. Dans le cas des biens d'équipement professionnel, domaine où l'innovation est importante, quatre (Nord-Pas-de-Calais, Rhône-Alpes, Provence Alpes-Côte-Azur et Bretagne) des cinq régions, où les effets positifs sont importants correspondent à celles où les collectivités territoriales se sont le plus engagées pour améliorer l'environnement des firmes et favoriser la R et D. Moins sensible que dans les quatre premières, l'action des collectivités a des effets non négligeables en Aquitaine, Picardie, Bourgogne et Franche-Comté. Bien que l'enquête ne permette pas de le vérifier, il est certain que ces politiques ont avant tout favorisé les grandes villes de chaque région.

Le succès des technopoles relève du même engagement de la collectivité pour créer un cadre favorable à la naissance d'entreprises de haute technologie. Leur mode de création et leur dispersion sur le territoire français indiquent également que ce sont des logiques urbaines qui priment aujourd'hui, au moins dans les secteurs industriels les plus porteurs. «Les technopoles sont des réalisations mises en œuvre par les villes dont les stratégies de développement économique s'appuient sur la valorisation de leur potentiel universitaire et de recherche». C'est un lieu où les synergies peuvent s'exprimer, les échanges se multiplier. L'objectif est de reconstruire un tissu industriel nouveau au sein duquel les activités de haute technologie tiendront une place déterminante.

Limité d'abord aux métropoles possédant des universités et des laboratoires, porté par les succès de Sophia-Antipolis à Nice, de la ZIRST de Grenoble ou de Labège-Innopole à Toulouse, le concept a gagné les villes de second rang. Comme on ne peut envisager de concurrencer les métropoles et faute de laboratoires, les villes moyennes ont choisi d'être présentes sur un créneau et se sont battues pour créer un embryon d'équipement universitaire : IUT pour la plupart, université dans le meilleur des cas. Ceci prouve bien que les tendances organisationnelles nouvelles favorisent la concentration des activités de services de haut niveau dans une ville. A ce titre, la meilleure résistance du Choletais tient peut-être au rôle joué par Cholet.

Tous ces éléments semblent aller dans le sens d'une différenciation spatiale favorable aux villes et aux régions du sud de la France. Les travaux des géographes de la Maison de la Géographie de Montpellier font clairement ressortir «la ceinture dorée des villes de haute technologie» qui va de Nice à Rennes, alors que le nord et l'est appartiennent aux territoires en reconversion.

Les analyses plus récentes indiquent que cette recomposition spatiale est plus compliquée qu'on ne le pensait. Certes, l'héliotropisme a joué en faveur des régions du Sud, d'autant que les villes n'étaient pas frappées par les stigmates de la crise industrielle comme dans le Nord et offraient un environnement intellectuel et culturel de haute qualité. Mais, la globalisation de l'économie continue de favoriser les espaces les mieux placés par rapport au «centre» de l'Union européenne. Le Nord-Pas-de-Calais accumule les handicaps : friches industrielles, main-d'œuvre inadaptée aux nouveaux métiers de l'industrie… Mais, Lille est en train de devenir une plaque tournante pour le trafic intracommunautaire et se dote d'équipements, tels ceux d'EuraLille qui attireront de nouvelles entreprises. D'ailleurs une carte des points nodaux en France fait clairement ressortir qu'après Paris dont la domination est totale, seule Lille et Lyon offrent de grandes potentialités. A un niveau inférieur viennent ensuite Strasbourg, Marseille, Montpellier et Bordeaux qui sont correctement placés sur les grandes voies méridiennes qui desserviront l'Europe. Or, pour passer d'un «territoire-zone» à un «territoire-réseau», il vaut mieux être placé sur des nœuds.

Comment ne pas souligner également que plus de vingt années de bouleversements industriels n'ont pas vraiment modifié la carte des spécialisations régionales définies par le ratio effectif employé de la région rapporté à celui de la France entière divisé par l'effectif de l'ensemble des secteurs de la région rapporté à l'effectif global du pays. Les régions situées au nord de l'axe Paris-Lyon-Marseille demeurent marquées par leurs anciennes activités : sidérurgie et métallurgie en Lorraine, Nord-Pas-de-Calais, Bourgogne, Champagne-Ardennes ; chimie de base en Basse-Normandie et en Provence-Alpes-Côte-d'Azur ; verre en Picardie ; textile dans la région Rhône-Alpes. Il en est de même dans les régions situées à l'Ouest de la ligne Paris-Lyon-Marseille car les spécialisations appartiennent à l'industrie de consommation. Toutefois, des greffes ont plus ou moins réussi avec la composante aéronautique en Midi-Pyrénées et en Aquitaine. Les événements récents ont d'ailleurs montré la fragilité de ces activités orientées assez fortement vers le militaire si bien que leurs difficultés actuelles peuvent remettre en cause leur effort de développement des hautes technologies.

On ne doit pas perdre de vue non plus que l'Ile-de-France reste la première région industrielle de France avec 18 % de l'emploi industriel national, suivie par Rhône-Alpes (12,7 %) alors que le Nord-Pas-de-Calais apparaît très distancé (8 %). En revanche, les pays de Loire et le Centre qui devancent la Lorraine et l'Alsace montrent l'effet positif du redéploiement des activités de Paris vers le Centre-Ouest. La suprématie de la capitale ne tient pas seulement à l'emploi, elle s'exprime plus encore par la nature des activités. La spécialisation régionale est désormais l'informatique. Mais de manière générale, l'Ile-de-France a conservé les activités à haute valeur ajoutée et les emplois qualifiés correspondants. On y trouve toujours plus de 50 % des sièges d'entreprises de plus de 500 salariés alors que le nombre de celles-ci s'est réduit d'un tiers. Plus de la moitié des chercheurs

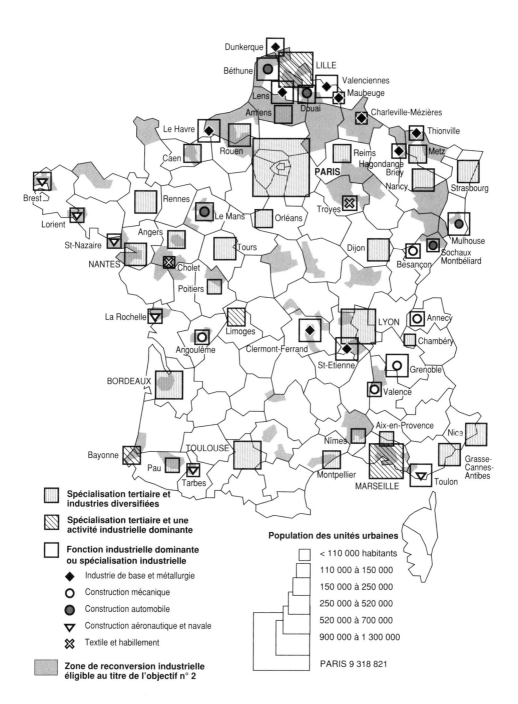

Spécialisation tertiaire et
industries diversifiées

Spécialisation tertiaire et une
activité industrielle dominante

Fonction industrielle dominante
ou spécialisation industrielle

◆ Industrie de base et métallurgie

○ Construction mécanique

● Construction automobile

▽ Construction aéronautique et navale

✖ Textile et habillement

Zone de reconversion industrielle
éligible au titre de l'objectif n° 2

Population des unités urbaines

< 110 000 habitants

110 000 à 150 000

150 000 à 250 000

250 000 à 520 000

520 000 à 700 000

900 000 à 1 300 000

PARIS 9 318 821

FIG. 16. — *Villes et industrie : spécialisation dominante.*

des industries manufacturières vit dans la région parisienne et cela s'accompagne d'une forte proportion de cadres, d'ingénieurs, de commerciaux. Au total l'industrie de l'Ile-de-France apparaît «propre», dotée d'un personnel bénéficiant de revenus plus élevés que dans n'importe qu'elle autre région, ce dont rêve tous les élus d'ailleurs.

L'étude des activités industrielles permet d'apprécier l'ampleur des changements intervenus dans l'industrie depuis maintenant près de 20 ans. Aucun secteur n'est épargné par la globalisation de l'économie, la course à la productivité, la recherche de nouveaux produits, le tout étant accompagné d'une modification des méthodes de production et de gestion au sein des entreprises. La forte demande en services, tant internes qu'externes, pour répondre à ces exigences nouvelles a de rudes conséquences dans l'occupation du territoire. Durant la révolution industrielle et même pendant les «Trente Glorieuses», l'industrie a été le moteur de la croissance démographique et économique des villes et de leurs régions. Aujourd'hui, les activités industrielles tiennent toujours leur place, mais c'est l'environnement qui compte le plus pour réussir une adaptation ou pour attirer de nouveaux entrepreneurs. A ce titre, seules quelques villes possèdent pour le moment les capacités nécessaires en matière de services : Paris et les principales métropoles régionales.

La géographie des activités industrielles débouchait auparavant sur une étude régionale, même si au sein de ces dernières les villes les mieux dotées en usines connaissaient la plus forte croissance. Peut-on aujourd'hui considérer qu'il en est toujours ainsi? Certes, les héritages ne sont pas gommés en quelques années et on retrouve maintenant comme hier les mêmes concentrations de la production et de la population ouvrière dans les régions qui ont bénéficié de la révolution industrielle du XIXᵉ siècle. Mais il s'avère que la mutation en cours profite avant tout aux villes disposant des services aux entreprises, des laboratoires de recherche et des équipements universitaires de haut niveau. Sur ce point, l'analyse des activités industrielles rejoint celle des villes et conforte l'idée que ces dernières sont en compétition, moins dépendantes des territoires environnants tout en étant dans l'obligation de tisser des réseaux de coopération avec leurs principales concurrentes. Ainsi s'affirme le rôle des grandes villes dans la réussite des activités industrielles et dans les dynamiques territoriales.

Références bibliographiques

BENKO G., *Géographie des technopôles*, Masson, Paris, 1991, 223 pages.

BROCARD M., L'innovation dans les régions, in *L'Innovation technologique*, SESSI, ministère de l'Industrie, 1993-1994, p. 175 à 190.

BRUNET R.,*Voir la France autrement*, La Documentation Photographique, 1989.

BRUNET R. et SALLOIS J., *France : les dynamiques du territoire*, DATAR/RECLUS, 1986, 250 pages.

DUPUY Cl. et GILLY J.-P., *Industrie et territoire en France, dix ans de décentralisation*, La Documentation Française, Notes et Études documentaires, n° 4969-70, 1993, 216 pages.

GUESNIER B., Recomposition spatiale de l'appareil de production, *in : Industrie et territoire en France, dix ans de décentralisation*, La Documentation Française, Notes et Études documentaires, n° 4969-70, p. 15 à 37.

L'industrie dans les régions, SESSI, ministère de l'Industrie, 1993-1994, 460 pages.

LABORIE J.-P., LANGUMIER J.-F. et DE ROO P., *La politique française d'aménagement du territoire de 1950 à 1985*, La Documentation française, 1986, 124 pages.

QUÉLENNEC M., *Géographie industrielle Paris-Province : évolution depuis 20 ans, Quatre pages de statistiques industrielles*, SESSI, mars 1994.

ULRICH R., *La France inverse*, Economica, 1987.

SANDERS L., *Système de villes et synergétique*, Collection villes, Anthropos, 1992, 274 pages.

SAVY M. et VELTZ P., *Les nouveaux espaces de l'entreprise*, Édition de l'Aube/DATAR, 1993.

VELTZ P., *Métropolisation et dynamique d'organisation des firmes*, Colloque international Université de Paris Dauphine, Mai 1993, 15 pages.

WQUAN QUI J.-L., Aménagement du territoire et développement industriel sont-ils compatibles? *Annales des Mines, Réalités industrielles*, novembre 1991, p. 54 à 56.

Visages de la France, *Contribution au débat national sur l'aménagement du territoire*, DATAR/RECLUS/La Documentation française, décembre 1993, 64 pages.

Liste des figures

Liste des tableaux

Index des lieux* et des entreprises

* Les noms de lieux sont indiqués en italique.

MASSON Éditeur
120, boulevard Saint-Germain
75280 Paris Cedex 06
Dépôt légal : mars 1995

SNEL S.A.
rue Saint-Vincent 12 - 4020 Liège
février 1995